1 Einfache und verteilte Informatiksysteme

1.1 Informatiksysteme näher unter die Lupe genommen

Wenn bereits im Titel dieses Buches der Begriff „Informatik" genannt wird, ist es sinnvoll, sich mit diesem Begriff näher zu beschäftigen.

Planen, analysieren, entscheiden, informieren, überwachen und regeln – das sind nur einige der unzähligen Dienstleistungen, die Computersysteme heute für den Menschen übernehmen. Informatiker sind die Architekten solcher Systeme, die aus mathematischen Modellen, Algorithmen und Hardware- und Softwarekomponenten hochkomplexe Systeme zur Verarbeitung von Informationen schaffen.

Leitet man den Begriff *Informatik* von seiner Wortbedeutung (etymologisch) ab, setzt er sich zusammen aus den beiden Worten:

Information und Automatik = Informatik

Oft wird der Begriff *Information* (Informationsverarbeitung) fälschlicherweise mit dem Begriff *Daten* (Datenverarbeitung) gleichgesetzt.

Arbeitsauftrag

Es darf geschätzt werden: Wie viele Ergebnisse erhalten Sie, wenn Sie in eine Suchmaschine zuerst den Begriff *Information* und danach den Begriff *Daten* eingeben? Versuchen Sie es! Sie werden staunen.

Daten, Daten, Daten, Daten, ... Was versteht man darunter?

Informationen, Informationen, Informationen ... Was versteht man darunter?

Verdeutlichen Sie sich folgende Situation:

PROBLEMSTELLUNG

Die Berger OHG, ein Sportartikelhändler mit Versandhandel in Rastatt, bietet in einem Hauptgeschäft in der Innenstadt und in einer Filiale in einer Nachbargemeinde Sportartikel an. Die beiden Gesellschafter haben beschlossen, die Geschäftsaktivitäten auszubauen. So sollen in Zukunft u. a. Fitnesskurse, Skikurse im Schwarzwald, Wasserskikurse auf dem Rhein und Surfkurse in den umliegenden Baggerseen angeboten werden. In einem weiteren Schritt sollen Angebote aus dem Bereich Sport-Touristik hinzukommen. Um all diese Pläne realisieren zu können, ist es unumgänglich, von der teilweise noch manuellen Verwaltung der Geschäftsabläufe zu einer computerunterstützten Datenverwaltung überzugehen. In vielen kleinen Einzelschritten versucht Herr Berger, seine Mitarbeiter von diesem Konzept zu überzeugen. Er erinnert sich an seinen langjährigen Sachbearbeiter Hans Schlau, der als PC-Freak in der Firma gilt. Herr Berger **informiert** ihn von seiner Absicht, einige „Computer-Neulinge" davon zu überzeugen, dass es unumgänglich ist, in die „tieferen Geheimnisse" der **Datenverarbeitung** vorzudringen.

So banal es auch klingen mag: Lösungen auf elektronischem Wege zu erreichen ist nur möglich, wenn es gelingt, eine Kommunikation mit dem Computer aufzubauen, denn die so oft formulierte These trifft wohl mit Einschränkungen zu:

Der Computer kann nicht einmal so viel wie der dümmste unter den Menschen ...?

Vordergründig gesehen stimmt obige Aussage, denn wenn wir Menschen miteinander kommunizieren, stehen uns – neben unserer Sprache – Mimik und Gestik, die Buchstaben des Alphabets, viele Sonderzeichen und die bekannten zehn Ziffern zur Verfügung. Aus diesem „Verständigungsvorrat" heraus können wir jede beliebige Aussage formulieren.

Somit stellt sich die Frage: *Wie versteht der Computer uns Menschen?*

Informationsverarbeitung im Alltag:

Herr Berger erhält von dem Lieferanten Schuhgroßhandel KG ein Angebot über Trekking-Schuhe mit 10 % Preisnachlass und Sicherheits-Arbeitsschuhe mit 15 % Preisnachlass.	Eine Nachricht/ein **Signal** trifft ein.
Er heftet das Angebot – ohne den beiliegenden Katalog – in einem Ordner ab.	Er beschränkt sich auf alphabetische und numerische **Zeichen,** Bilder und Ausschmückungen lässt er weg.
Er speichert in seiner Datei die Adresse des Lieferanten.	Er speichert **Daten,** um diese be- und verarbeiten zu können.
Er entscheidet sich, Trekking-Schuhe zu bestellen.	Die gespeicherten Daten werden als zweckbezogene **Informationen** genutzt.
Er kann seine Verkaufspreise neu kalkulieren.	Das **Wissen** über den günstigen Einkauf versetzt ihn in die Lage, selbst Sonderangebote zu formulieren.

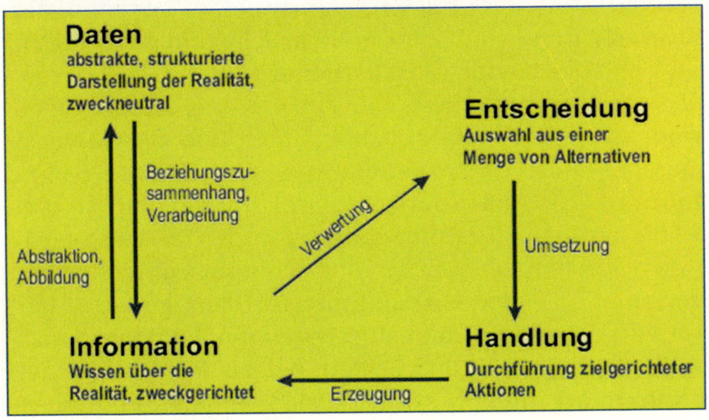

Information = Inhalt bzw. Bedeutung einer Nachricht, also Wissen, das zweck- und zielgerichtet ist.

Eine **Nachricht** ist eine weitergeleitete Information, die vom Empfänger interpretiert werden muss.

Der Austausch von Informationen bezeichnet man als **Kommunikation.**

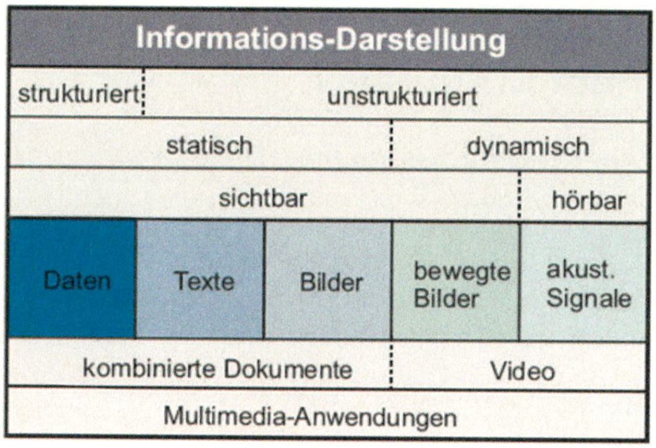

Wissen = nach qualitativen Bewertungskriterien beurteilte Information

Daten = Nachrichten, die durch Informationstechnik erkannt, verarbeitet, gespeichert und übertragen werden können.

Warum dieser Unterschied zwischen Information und Wissen?

Die Unterscheidung von Information und Wissen trennt, mit einfachen Worten gesagt, die Spreu vom Weizen. Die Fähigkeit dazu nennt man Urteilsvermögen, was offenkundig etwas ganz anderes als die Fähigkeit ist, Information oder Wissen verfügbar zu speichern.

Für Letzteres eignen sich menschliche Gehirne zwar auch, aber meist viel schlechter als dauerhafte Datenträger wie Bücher, Festplatten, ...

Aber Gehirne können eben wesentlich mehr als nur speichern und auf Ab- oder Zuruf Gespeichertes reproduzieren. Sie können nämlich genau das, was Information zu Wissen machen kann, indem sie sie bewerten und beurteilen. Dazu müssen diese Gehirne allerdings erst durch Lebenserfahrung oder Schulunterricht oder beides ertüchtigt oder, wie wir meist ein wenig altmodisch sagen: *gebildet werden.*

Merke

In diesem Zusammenhang ist **Informatik** die Wissenschaft von Entwurf und Gestaltung von Informatiksystemen, also die spezifische Zusammenstellung von Hardware, Software und Netzverbindungen zur Lösung verschiedener Anwendungsprobleme.

46607

1.2 Von Bits und Bytes – oder: Wie sage ich es meinem Computer?

Daten sind **Zeichen** oder **Zeichenketten,** die **Informationen** darstellen und zum Zweck der **Verarbeitung** im Computer **gespeichert** werden.

Beispiele für Zeichen sind:

Buchstaben, Ziffern, Sonderzeichen, aber auch Bildpunkte oder akustische Signale. Somit können Daten sowohl in schriftlicher, bildlicher oder sprachlicher Form vorliegen.

Daten können auf **Datenträgern,** wie z. B. CDs, Notizzetteln, in Aktenordnern, auf Memory-Sticks, Festplatten, Magnetbändern gespeichert werden. Im Bereich der EDV sind nur solche Daten von Bedeutung, die digital vorliegen und somit ohne weitere Zwischenschritte elektronisch verarbeitbar sind.

Unser Auge, Ohr und Tastsinn erfassen die Welt **analog.** In unserer technologischen Welt wird alles mehr und mehr **digital.** Es scheint selbstverständlich, dass digital besser ist. In der Werbung werden digitale Fernseher und Toaster angeboten, man trägt eine Digitaluhr am Handgelenk, und doch kennen viele die grundsätzlichen Unterschiede zwischen digital und analog nicht.

Sicher kennen Sie mechanische, stufenlos arbeitende Gaszähler, Drehzahlmesser von Wellen, herkömmlich arbeitende Wasseruhren, Fieberthermometer und vieles andere mehr. Sie arbeiten stufenlos nach dem analogen Prinzip. Im Gegensatz hierzu arbeiten elektrisch angesteuerte Anzeigen ohne bewegte Teile wie z. B. Leuchtdioden oder Flüssigkristallanzeigen nach dem binären Prinzip nicht stufenlos, sondern in Einzelschritten.

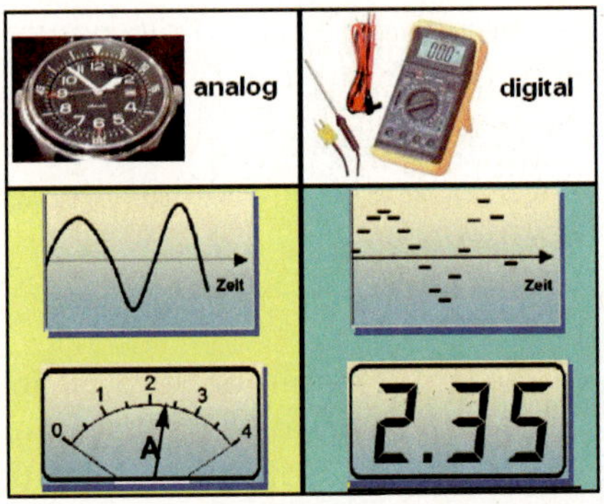

Ganz wichtig!

Mit **digital** bezeichnet man die Darstellung von Daten, Signalen oder Schwingungen durch mehrstellige Ziffernfolgen eines Zahlensystems in Einzelschritten. Digitale Daten werden als Abfolge von Null- oder Eins-Signalen übermittelt.

Der Begriff **analog** stammt aus dem Griechischen und bedeutet „entsprechend" oder „kontinuierlich" und bedeutet eine ganzheitliche, gleichförmige Darstellung aller vorhandenen Informationen innerhalb seiner Grenzen, ohne künstliche Abstufungen.

Ein Computer kann Daten nur in binärer Form verarbeiten, d. h.:
„Strom fließt" oder „Strom fließt nicht".

Mit einem **Bit** lassen sich diese zwei Zustände darstellen:

1 = Strom fließt

1 = Ein

0 = Strom fließt nicht

0 = Aus

Dementsprechend müssen sämtliche Daten mit diesen zwei Ausdrucksmöglichkeiten dargestellt werden. Ein Speicherelement, das nur zwei Zustände kennt, nennt man **binäres Element** bzw. **Bit** (binary digit). Zwei Elemente lassen vier Kombinationsmöglichkeiten zu (00, 01, 10, 11). Acht Bits werden als ein **Byte** bezeichnet. Somit ist eine Darstellung von $2^8 = 256$ Zeichen möglich.

Ganz wichtig!

Bei der Digitalisierung erfolgt eine Verschlüsselung über einen sog. Binär**code** (engl. binary code), bei der die zu codierenden Ausdrücke als logisch binäre Zeichen (0 und 1) bzw. Zeichenketten dargestellt werden. Ein einzelnes Binärzeichen (engl. binary digit) nennt man ein **Bit.** Die zusammengefasste Menge von **8 Bit ergibt 1 Byte.** Mithilfe der sog. **Binärcodes** können numerische und alphanumerische Zeichen codiert werden. Ein wichtiger Binärcode für alphanumerische Zeichen ist der **ASCII-Code** (**A**merican **S**tandard **C**ode for **I**nformation Interchange) bzw. unter Windows der ANSI-Code (**A**merican **N**ational **S**tandards **I**nstitute, vgl. Anhang zu diesem Buch). Bei diesem Code entspricht z. B. der Buchstabe „A“ dem Byte 01000001, das „B“ wird mit 01000010 codiert.

Es gilt folgende Einteilung:

1 Byte	Zusammenfassung von 8 Bits, 28 = 256 Zustände darstellbar.	
1 Kilobyte (KB)	1 024 Byte	2^{10} Byte
1 Megabyte (MB)	1 024 Kilobyte	2^{20} Byte = 1 048 576 Byte (1 024 · 1 024)
1 Gigabyte (GB)	1 024 Megabyte	2^{30} Byte = 1 073 741 824 Byte
1 Terabyte (TB)	1 024 Gigabyte	2^{40} Byte = 1 099 511 627 776 Byte

(Tera mit einem „r“, hat nichts mit lat. *terra* zu tun)

Sie finden diese Zahlen wieder, wenn es um die Speicherkapazität von Datenverarbeitungsanlagen geht.

1 Byte	Eine Textdatei mit dem Umfang „ABC“ ist 3 Bytes groß.
1 Kilobyte (KB)	Größe einer Schreibmaschinenseite mit einfachem Text = 2–3 KB
1 Megabyte (MB)	Kapazität einer CD = 700 MB
1 Gigabyte (GB)	Kapazität einer DVD ungefähr 4,7 GB

1.3 Hardwarekomponenten eines PCs

Werden Daten von einem Computer be- und verarbeitet, sind (neben Programmen) am Rechner **Eingabe-, Verarbeitungs-** und **Ausgabegeräte** erforderlich. All diese Geräte – vom kleinsten Spielcomputer bis zur EDV-Großanlage – nennt man **Hardware.** Programme und Daten, mit denen gearbeitet werden, bezeichnet man als **Software.**

Peripheriegeräte sind an den Computer angeschlossene Komponenten z. B. für visuelle oder akustische Ausgabe von Texten, Grafiken, Bildern, Audio u. v. m., ohne selbst Bestandteil der Zentraleinheit des Computers zu sein.

Hier eine Auswahl:

- Drucker
- Plotter
- Keyboard
- Mouse
- Joystick
- Scanner
- externe Datenträger wie z. B. Wechselfestplatten
- USB-Geräte (z. B. Kartenleser)
- FireWire-Geräte
- Bluetooth-Geräte
- IrDa-Geräte (Infrarot-Datenübertragungs-Geräte)

Merke

Unter Hardware versteht man alle technischen Geräte einer Rechenanlage, die zur Durchführung von DV-Aufgaben notwendig und sinnvoll sind.

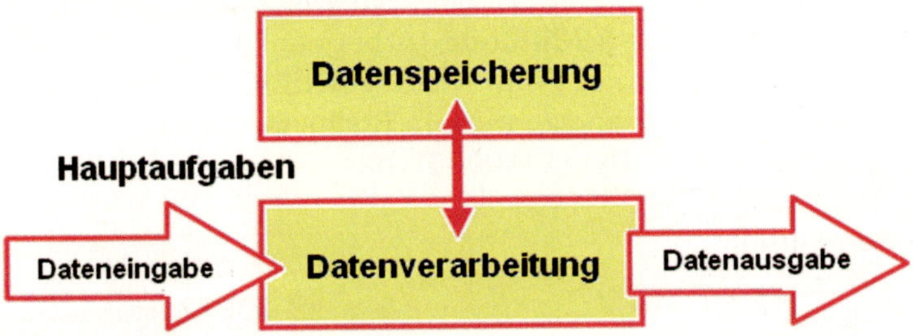

Und nun die Frage des Herrn Schlau:

Welche Hardwarekomponenten sollen gekauft werden und wie sollen diese Bauteile/Geräte zusammengestellt werden um einen optimalen Einsatz zu gewährleisten?

Hier geht es um das Problem der Hardwareauswahl und **Konfiguration.**

1.3.1 Die Leitzentrale auf dem Mainboard

Mainboard (Motherboard) ist die Bezeichnung für die **Hauptplatine** bei einem Computer, auf dem sich alle wichtigen Schaltungen und Komponenten befinden.

Hierzu zählen u. a. die Controller für die Festplatten, Schnittstellen für Peripheriegeräte wie z. B. USB (Universal Serial Bus), Bluetooth-Geräte, IrDa (Infrarot Datenübertragungs-Geräte) und die Speicherbänke für den Hauptspeicher. Ferner befinden sich auf dem Mainboard der Prozessorsockel, auf den der Prozessor gesteckt wird, der BIOS-Chip (Basic Input/Output) sowie weitere Slots für Erweiterungskarten, wie z. B. Grafikkarten, u. v. m.

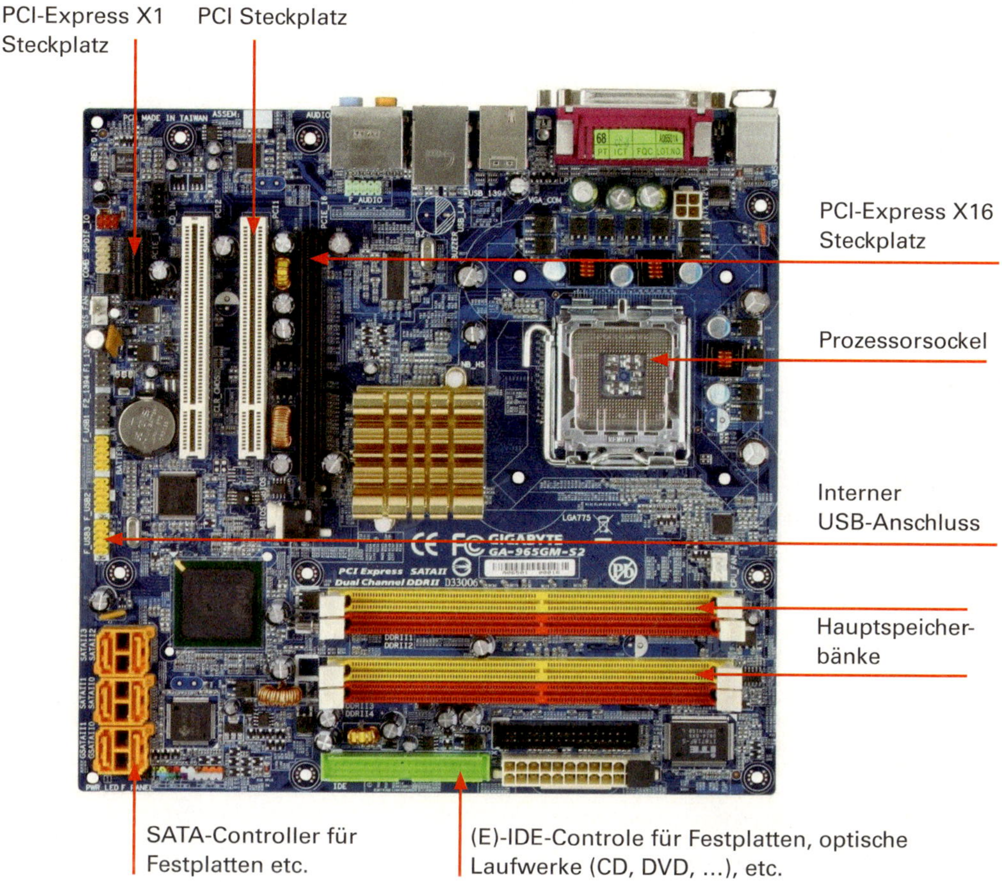

- PCI-Elemente bilden einen Bus-Standard zur Anbindung von Peripherie-Geräten an den Prozessor.
- SATA-Controller ermöglichen es, Massenspeichermedien wie z. B. Festplatten anzuschließen und auf deren Daten zuzugreifen. Hierbei kommuniziert und steuert der Prozessor zusammen mit dem SATA-Controller den Datenaustausch.
- Eine etwas ältere, aber dennoch weit verbreitete Technologie stellt der (E)IDE-Anschluss dar. Auch er gewährleistet einen Datentransfer zwischen den daran angeschlossenen Massenspeichermedien und den restlichen Systemkomponenten.

Mainboards können verschiedene Komponenten schon integriert haben, wie z.B. den Grafikchip oder ein Netzwerkmodul als Onboard-Version. Hier wird die Funktionalität nicht durch eine gesonderte Erweiterungskarte, sondern von einem Chip und zum Teil vom Prozessor auf dem Mainboard bereitgestellt.

Hier wichtige Komponenten im Einzelnen:

BIOS

Das **BIOS** ist ein hardwaregebundenes Kernsystem zur Kontrolle und Steuerung des Datenstroms zwischen den einzelnen Hardwarekomponenten. Im Gegensatz zum Arbeitsspeicher werden die im BIOS gespeicherten Einstellungen nach dem Abschalten des Systems nicht gelöscht, da diese in einem sogenannten **EPROM** (Erasable Programmable Read Only Memory, also ein lösch- und programmierbarer Festwertspeicher) gespeichert sind. Bei jedem Neustart des Rechners führt das BIOS einen Selbsttest durch und ist anschließend dafür zuständig, die Grafikkarte, Maus, Tastatur, RAM, die Erweiterungskarten und die Festplatten sowie andere Laufwerke zu erkennen und danach den Datenstrom zu diesen zu kontrollieren, bis diese Aufgabe vom Betriebssystem übernommen wird.

Steckplätze

Bei elektronischen Geräten bezeichnet **Steckplatz** oder **Slot** (engl. für *Schlitz, Platz)* eine physikalische Schnittstelle, in die weitere Komponenten hineingesteckt werden können, um das Gerät zu erweitern. Typische Beispiele sind Steckplätze für Speichererweiterungen, Erweiterungskarten u. Ä.

Bus
(Er befördert ...)

Die zentrale Kommunikationsverbindung auf dem Mainboard bezeichnet man als **Bus.** Ein Bus besteht in der Regel aus einer Reihe paralleler Leitungen oder Signalkanäle, die die CPU und den Hauptspeicher mit der Peripherie verbinden. Jedes Bussystem besteht aus dem Adressbus (Verwaltung des Speicherortes von Daten), Steuerbus (Weiterleitung von Steuersignalen) und Datenbus (Datenübertragung). Der Einfachheit halber kann man sich ein Bussystem wie einen Kreisverkehr vorstellen, wo die Daten auf die Reise geschickt werden. Je breiter der Bus, desto mehr Pakete können zur gleichen Zeit übertragen werden. Wenn es an irgendwelchen Stellen eng wird, kommt es zum Stau.

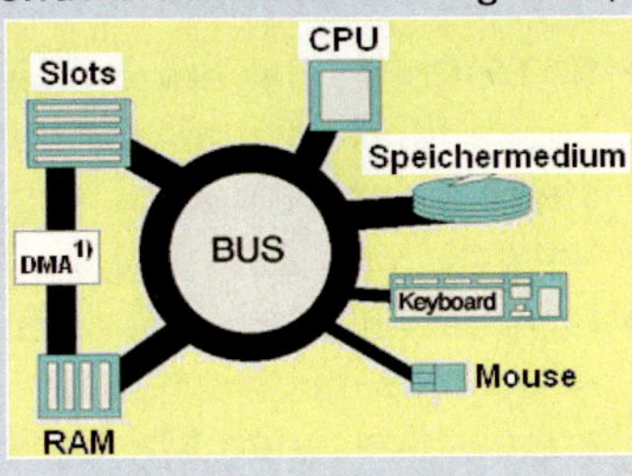

Damit es dabei keine Probleme mit der Vorfahrt gibt, werden Interrupts vergeben und die Bereiche in drei Teile aufgeteilt:

Steuerbus für die Zugriffssteuerung,

Adressbus für den Adresstransfer (Nur hier wird so richtig gerechnet) sowie dem

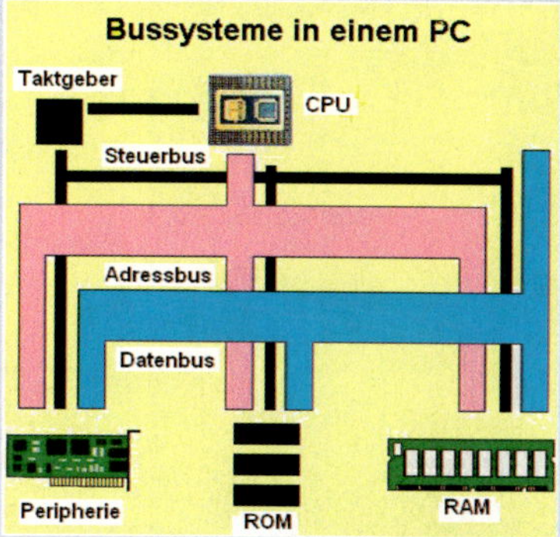

Datenbus für den Datentransfer – hier werden die Nutzdaten hin und her geschoben.

An dem Steuerbus sitzt ein Taktgenerator, das ist unser Trommler – wie bei der römischen Galeere wird hier der Rudertakt vorgegeben und alles hört auf sein Kommando. Rechenaufgaben selbst werden über den Adressbus transportiert, schließlich kann die CPU nur mit Adressen rechnen. Die Ergebnisse werden schließlich über den Datenbus zu den Geräten transportiert.

Prozessor

Er gibt den Takt an!

Der **Prozessor** ist als zentrale Recheneinheit **(CPU)** das Herzstück eines Computers. Er besteht aus Schaltkreisen, die die Arbeit von Millionen winziger Transistoren erledigen. Die Abläufe im Computer werden durch den Prozessor in kleinere Operationen unterteilt, die in einem zeitgleichen Takt ablaufen. Als Taktfrequenz wird die Anzahl der Taktimpulse pro Sekunde bezeichnet.

Hauptspeicher

Im **Hauptspeicher** (auch Arbeitsspeicher genannt) werden Datenobjekte, z. B. Programme, zwischengespeichert, damit sie dem Prozessor bei Bedarf schnell zur Verfügung gestellt werden können. Der Hauptspeicher ist ein sog. flüchtiger Speicher. Im Gegensatz zu nichtflüchtigen Speichern wie z. B. einer Festplatte oder einer CD gehen die gespeicherten Informationen beim Abschalten des Stroms verloren. Den Arbeitsspeicher bezeichnet man auch als RAM (Random Access Memory). Da die RAM-Elemente wahlfreien Zugriff gewähren, kann die CPU von jeder beliebigen Position oder Adresse innerhalb des RAM-Speichers Daten abrufen. ROM-Bausteine hingegen (Read Only Memory) sind „Nurlesespeicher", also eine Art Handbuch, das nicht veränderbare Arbeitsanweisungen enthält, wie z. B. das BIOS.

Cache

Der **Cache** ist ein extrem schneller Speicher, der Daten puffert und diese bei Bedarf sehr schnell zur Verfügung stellt. Hauptaufgabe des Cache ist es, den Prozessor mit den am häufigsten verwendeten Anweisungen und Daten zu versorgen. Der Cache-Speicher kann um ein Vielfaches schneller als die Verarbeitungsprozesse des RAM-Speichers sein.

Festplatte

Eine **Festplatte** ist ein physikalischer Massenspeicher, der große Datenmengen dauerhaft speichern kann. Die Daten werden auf magnetische Scheiben übertragen, die sich wie bei einer CD drehen. Lese- und Schreibköpfe sind für das Lesen und Beschreiben zuständig. Die Köpfe sind jeweils ein winziger Magnet und sind in der Lage, eine Metallbeschichtung dauerhaft zu polarisieren bzw. diese Polarisierung wieder in ein elektrisches Signal zu verwandeln, also zu lesen.

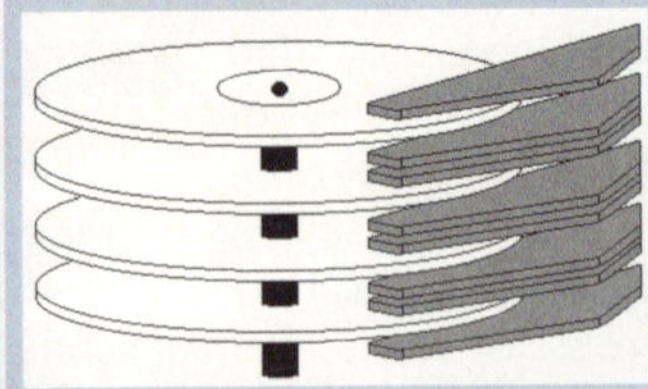

Grafikkarte

Die **Grafikkarte** übernimmt die Berechnungen von Bilddaten, die später auf den Monitor ausgegeben werden. Sie ist für die meisten Multimediaanwendungen ein unentbehrlicher Bestandteil eines Computers, da sie z. B. eine komplette virtuelle 3-D-Welt berechnet. Um dieser Aufgabe nachzukommen, verfügt sie über einen eigens hierfür entwickelten Grafikprozessor und über einen eigenen RAM, wodurch der Hauptprozessor entlastet wird.

Soundkarte

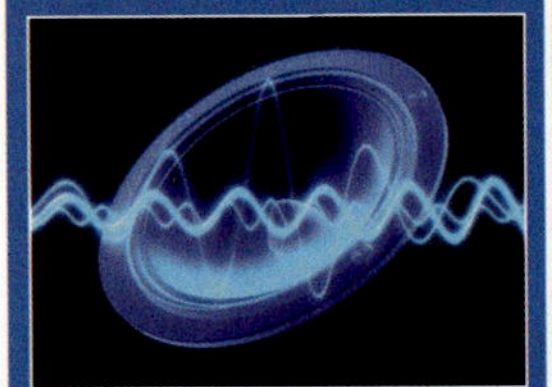

Eine **Soundkarte** – wenn nicht bereits als Onboard-Lösung auf der Hauptplatine vorhanden – ist eine PC-Erweiterungskarte für die akustische Wiedergabe. Computer sind heute auch im Bereich der Soundtechnik wahre Alleskönner. Eine Soundkarte erweitert den PC um eine akustische Schnittstelle. Soundkarten können mittlerweile fünf und mehr Soundkanäle gleichzeitig erzeugen und sind somit in der Lage, richtigen Raumklang zu erzeugen.

USB

Der **Univeral Serial Bus (USB)** ist dazu da, externe Peripheriegeräte an den Computer anzuschließen. Vorteile der USB-Schnittstelle sind zum einen die relativ hohe Geschwindigkeit (seit USB 2.0) und die einfache Handhabung durch die sogenannte „hot plug"-Technologie. Diese ermöglicht es, ohne Betriebsunterbrechung ein USB-Gerät ein- oder auszustecken. (Neustart ist in der Regel nicht erforderlich.)

Das nebenstehende Bild zeigt die wesentlichen Bestandteile eines PC-Systems, gegliedert nach dem **EVA-Prinzip.**

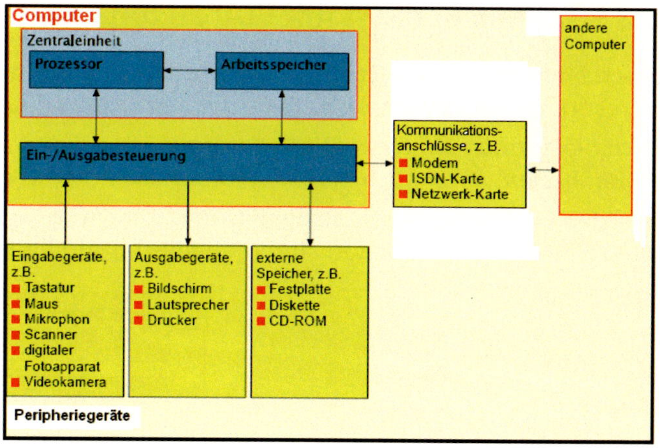

1.3.2 Leistungsmerkmale von Hardwarekomponenten

Hardware	Leistungsmerkmale
Prozessor	Eine geeignete Kennziffer zur Bewertung der Leistungsfähigkeit von Prozessoren ist die Maßzahl MIPS (Million Instructions Per Second). Sie beschreibt, wie viele Befehle einer gegebenen Anweisungsfolge pro Sekunde vom Prozessor verarbeitet werden können. Hersteller drücken die Leistungsfähigkeit ihrer Prozessoren i. d. R. durch die Maßzahl Megahertz (MHz) aus, dadurch wird die Taktfrequenz des Prozessors angegeben. Die Angabe MHz erlaubt jedoch keinen direkten Rückschluss auf die Verarbeitungsgeschwindigkeit eines Prozessors. Vielmehr hängt die Verarbeitungsgeschwindigkeit auch von anderen Faktoren, etwa der Architektur des Prozessors, der Integrationsdichte der Schaltkreise und dem Mix der zum Einsatz kommenden Programme ab. Darüber hinaus kommt es darauf an, wie rasch zwischen Rechenwerk und Steuerwerk, den beiden Komponenten des Prozessors, sowie zwischen Prozessor und Hauptspeicher kommuniziert werden kann. Diese Einheiten sind mit sogenannten Bussen verbunden, wobei sich die Bitangabe auf die Breite des Datenbusses, z. B. 64 Bit bezieht.
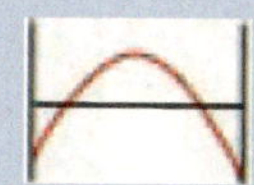	Eine Schwingung pro Sekunde = 1 Hertz. Somit führt der Prozessor 1 Anweisung pro Sekunde aus.
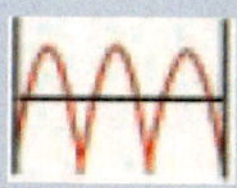	1 024 Schwingungen pro Sekunde = 1 KiloHertz (KHz). Somit führt der Prozessor 1 024 Anweisungen pro Sekunde aus.
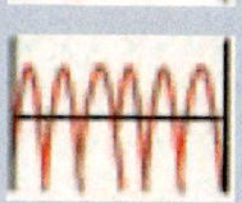	ca. 1 Mill. Schwingungen pro Sekunde = 1 MegaHertz (Mhz). Somit führt der Prozessor 1 Mill. Anweisungen pro Sekunde aus.
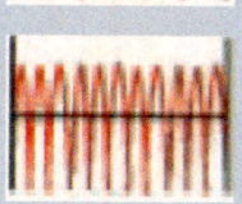	ca. 1 Mrd. Schwingungen pro Sekunde = 1 GigaHertz (Ghz). Somit führt der Prozessor 1 Mrd. Anweisungen pro Sekunde aus.

1.3.3 Was hat EVA mit EDV zu tun?

Nach einem längeren Gespräch mit Herrn Berger über die geplanten Hardware-Investitionen kommt Herr Schlau zu einem ganz und gar lapidaren Ergebnis:

*„Ich biete Ihnen ein System an, das genauso arbeitet, wie Sie bisher selbst gearbeitet haben, denn auch bisher sind Sie nach dem **EVA-Prinzip** vorgegangen."*

Werden Daten an einem einzigen Computer (Arbeitsplatzrechner/Personal Computer) be- bzw. verarbeitet, sind (neben Programmen)

- **E** eingabe-,
- **V** erarbeitungs- und
- **A** usgabegeräte

erforderlich.

Nebenstehende Darstellung zeigt die Anwendung des EVA-Prinzips auf Hard- und Software.

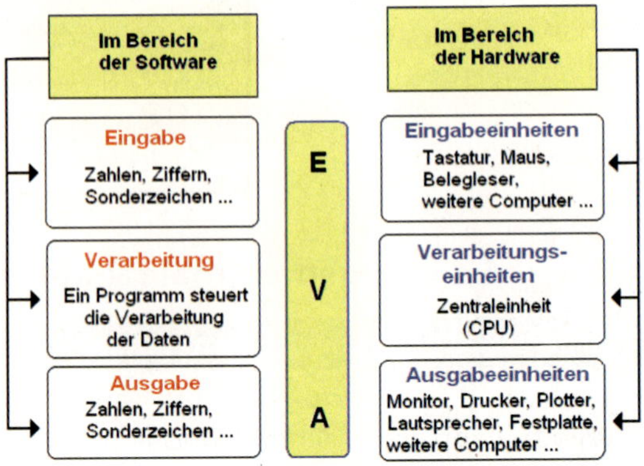

1.4 Ohne Programm läuft nichts

Was nützt ein Porsche ohne Treibstoff?

Auf die PC-Welt übertragen bedeutet das: Selbst der teuerste PC ist ohne Programme (Software) wertlos!

PROBLEMSTELLUNG

„Daten, nichts als Daten ...", so stöhnt Hans Schlau immer wieder. Er hat recht, denn Programme müssen nicht nur bedient werden, sie kosten auch Geld.

Er schlägt vor, für die Berger OHG folgende Anwendungen neu anzuschaffen:

Programme

- zur Erstellung von Werbeplakaten, Preislisten, Angeboten, Bestellungen, ...
- zur Kalkulation von Angebotspreisen, Durchführung der Buchführung, ...
- zur Kommunikation mit Kunden und Lieferanten, Vereinen, Medien, ...
- zur Verwaltung der Lagerbestände

Da die Vielzahl der am Markt angebotenen Programme kaum mehr überschaubar ist, lohnt es sich, diese in Hauptgruppen einzuteilen.

Zur **Software** zählen:

- Programmiersprachen (Sie werden in diesem Buch nicht behandelt.),
- das Betriebssystem
- und Anwenderprogramme.

1.4.1 Anwendersoftware

Anwenderprogramme werden vom Benutzer einer EDV-Anlage entweder selbst erstellt oder fertig gekauft. Mit ihnen lassen sich bestimmte Aufgaben lösen, beispielsweise Kalkulationen erstellen, Buchhaltung durchführen, Datenbestände verwalten usw.

Bezogen auf die formulierte Problemstellung könnte Herrn Schlau bereits an dieser Stelle geraten werden, er möge ein Tabellenkalkulationsprogramm kaufen, das die einzugebenden Umsatzdaten der wichtigsten Warengruppen in Diagrammform darstellt.

Merke

Anwendersoftware wird in Form von **Individualsoftware, Standardsoftware** und **Tools** angeboten.

Individualsoftware

Individualsoftware besteht aus Programmen, die für einen einzigen Anwender und dessen spezielle Probleme erstellt werden. Da das Schreiben größerer Programme sehr zeit- und personalintensiv ist, ist die Verwendung von Individualsoftware sehr teuer.

Beispiele hierfür sind:

- Ein Arzt lässt sich nach seinen Vorstellungen für die Praxis ein Verwaltungsprogramm programmieren.
- Ein Architekt lässt sich nach seinen Wünschen Konstruktionssoftware und grafische Anwendungen programmieren.
- Eine Direktmarketing-Firma lässt sich für eine Kundenzeitschrift Präsentationsprogramme erstellen.
- Herr Schlau programmiert für die Berger OHG ein Vereinsverwaltungsprogramm zur Betreuung verschiedener Sportvereine.

Standardsoftware

Solche Programme sind für mehrere Anwender geschrieben, die ähnliche Probleme zu lösen haben.

Das oben genannte Programm für die Praxis eines Arztes könnte auch bei anderen Ärzten – nachdem kleine Änderungen vorgenommen wurden – eingesetzt werden.

Lagerverwaltung, Finanzbuchhaltung, Mahnwesen sowie Lohn- und Gehaltsabrechnungen sind weitere typische Anwendungen. Hier genügt es oft, das fertige Programm den eigenen Erfordernissen anzupassen bzw. anpassen zu lassen.

Tools

In englischen Wörterbüchern wird der Begriff *tool* mit „Werkzeug" übersetzt. Also: Hammer, Zange und Schraubenzieher sind demnach tools.

Was hat dies mit EDV zu tun?

Herr Schlau erklärt Herrn Berger, dass es sich lohnt, für relativ wenig Geld Programme zu kaufen, die den Umgang mit der Hardware bzw. anderen Programmen erleichtern.

Solche Programme

- optimieren den Speicherplatz der Festplatte,
- optimieren den Arbeitsspeicher,
- erleichtern eine Adressverwaltung

u. v. m.

Zurzeit sind unzählige Hilfsprogramme **(Utilities)** auf dem Markt.

Die Tendenz bei der Softwareentwicklung geht heute dahin, dass oben beschriebene Einteilung immer mehr verwischt, da namhafte Softwarehersteller dazu übergehen, sogenannte Alleskönner auf den Markt zu bringen.

Merke

Unter dem Begriff **Software** versteht man alle Arten von Programmen und auch Daten, die ein Rechner zum sinnvollen Einsatz braucht. Software ist damit das Gegenstück zur Hardware, die die materiellen Bestandteile eines Rechnersystems umfasst. Software gibt es in den unterschiedlichsten Formen – ob Betriebssystem, Gerätetreiber oder Anwendungsprogramm, alles fällt unter den Begriff Software.

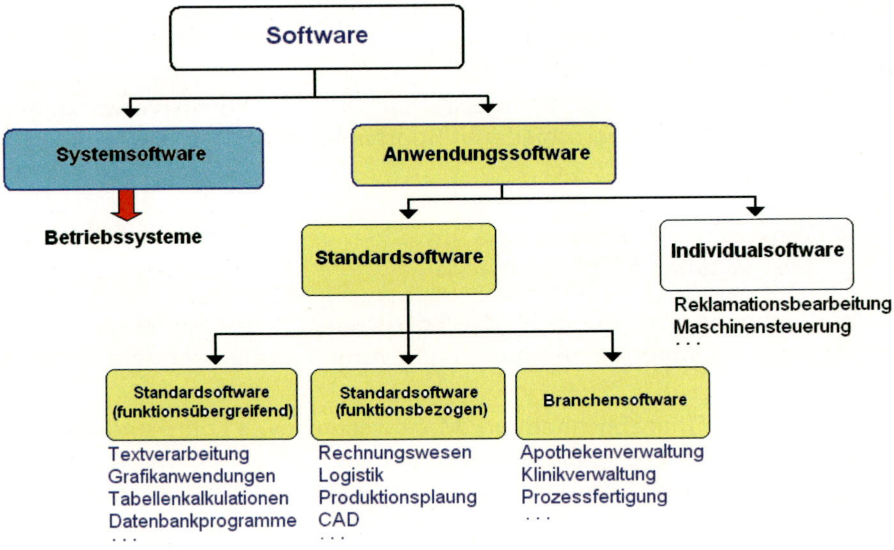

1.4.2 Betriebssysteme im Einsatz: Systemsoftware

Jedes Betriebssystem besteht aus einer Sammlung von Programmen, die die Steuerung der Hardware und Software ermöglichen und bestimmte Dienstleistungen bereitstellen. Es ist das Bindeglied zwischen den Programmen des Benutzers und der Hardware und enthält Dienst-, Hilfs- und Organisationsprogramme. Solche Programme sind nötig, um rechnerinterne organisatorische Aufgaben zu bewältigen und die Kommunikation zwischen Anwender und Rechner zu ermöglichen. **Ein Betriebssystem steuert und koordiniert Prozessabläufe und verwaltet die Ressourcen.**

Hier könnte die Frage lauten:

Was nützt einem Autofahrer ein 540 PS starker Motor eines Sportwagens, wenn der Tank zwar voll ist, die Batterie aber den Geist aufgegeben hat?

Genauso stellt sich dem PC-Anwender das Problem.

Was nützt der teuerste PC mit allen Raffinessen wie z. B. Großbildschirm, superschnellem Prozessor und tollen Programmen, wenn kein System da ist, das dies alles ***betreibt?*** *Es fehlen also Betreibersysteme, wie man Betriebssysteme salopp nennen könnte.*

Das Betriebssystem kann als Vermittler zwischen Hard- und Software gesehen werden, da Anwendungen nicht direkt (unkontrolliert) auf Hardware zugreifen können.

Es übernimmt u. a.

- die Steuerung der rechnerinternen Abläufe.
- die Koordination der verschiedenen abzuarbeitenden Programme.
- die Steuerung der Ein- und Ausgabe.
- die Überwachung und Protokollierung der Systemaktivitäten.
- die Ermittlung und Behebung eventueller Fehler.

PROBLEMSTELLUNG

Hans Schlau organisiert auf dem Firmengelände seit vielen Jahren ein Frühlingsfest mit vielfältigen Aktivitäten. Neben der Warenpräsentation werden musikalische und kulinarische Leckerbissen angeboten. Der Auszubildende Werner Zeichenkunst wird beauftragt, für alle Lieferanten, die von auswärts anreisen, eine Skizze mit dem PC anzufertigen, aus der die Lage der Firma hervorgeht. Er soll die erstellte Zeichnung Hans Schlau vorlegen und ihn um Korrektur- bzw. Verbesserungsvorschläge bitten. Zu diesem Zweck muss er die Datei speichern. Hans Schlau meint, er solle den USB-Stick mit der gespeicherten Datei auch der Kollegin Rosi Ideenreich geben, damit sie die Skizze noch verbessern kann. Er soll danach die Zeichnung nochmals ausdrucken. Da Hans Schlau der ursprüngliche Dateiname nicht gefiel, soll Werner Zeichenkunst die Datei umbenennen und sowohl auf der Festplatte als auch auf einer CD archivieren. Zu guter Letzt wird er beauftragt, die Skizze mit einem Einladungstext zu versehen und sie Faxinhabern zuzufaxen und an alle anderen per Post bzw. E-Mail zu verschicken.

Solche und ähnliche Tätigkeiten sind ein typischer Fall für Windows-Anwendungen. Hieraus folgt, dass Windows nicht nur ein Betriebssystem ist; es enthält mehrere weitergehende Programme, wie z. B. ein Zeichenprogramm (Paint), ein Datenverwaltungsprogramm (Explorer), ein Kommunikationsprogramm (Internet-Explorer), ein Textverarbeitungsprogramm (Editor), Spiele und natürlich Systemprogramme u. v. m.

1.5 Einstieg in die Windows-Welt

Seit dem Erscheinen des Betriebssystems Windows 95 im Herbst 1995 hat dieses Produkt – ebenso wie sein Vorgänger MS-DOS – seinen Siegeszug in der PC-Welt angetreten. Dieses Betriebssystem mit seinen vielfältigen Hilfs- und Dienstleistungsangeboten wird im Folgenden näher besprochen.

Damit es nicht zu unliebsamen Abstürzen kommt, üben wir den sicheren **Umgang mit Fenstern,** einem Grundbaustein von Windows.

STOP

Immer wenn in diesem Buch folgender Pfeil (→) erscheint, bedeutet dies, dass der Benutzer eine Aktion auszuführen hat. Dies ist meist ein Mausklick. Wenn Sie die rechte Maustaste benutzen, wird ein sog. Kontextmenü eingeblendet. Hier sind nur die jeweils sinnvollen Punkte auswählbar. Sollte der Bildschirm bei Ihnen anders aussehen, so experimentieren Sie bitte mit dem Menüpunkt ANSICHT. Dort können Sie z. B. die Symbolgröße ändern bzw. anders darstellen lassen.

1.5.1 Windows im Alltagseinsatz

Erinnern Sie sich noch an die Problemstellung? Herr Berger will, dass der Azubi Werner Zeichenkunst eine Lageskizze für das Frühjahrsfest der Firma erstellt. Hierzu muss er ein Zeichenprogramm öffnen, z. B. das im Lieferumfang von Windows enthaltene Zeichenprogramm **Paint.**

Arbeitsauftrag

Starten Sie Windows und danach das Zeichenprogramm Paint. Versuchen Sie mit den von Paint angebotenen Werkzeugen eine Skizze für Herrn Berger zu entwerfen.

Es erscheint folgende – je nach Installation auch abweichende – Menüauswahl:

→ Start
→ Alle Programme
→ Zubehör
→ Paint

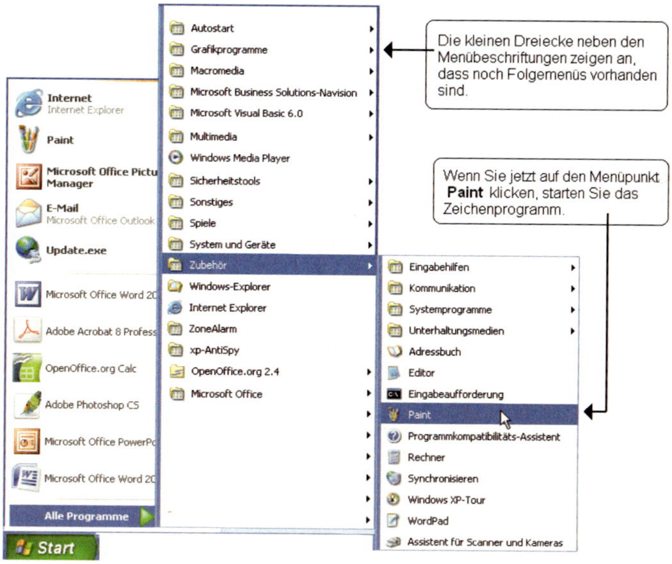

1.5.2 Die Maus, ein unentbehrliches „Nagetier“

Beim Arbeiten mit der Maus werden grundsätzlich folgende Aktionen unterschieden:

Begriff	Aktion/Tätigkeit	Anwendungsbeispiele
Zeigen	Den Mauszeiger auf eine bestimmte Stelle positionieren.	Mauszeiger auf ein Objekt (z. B. Fenster, Fensterrahmen oder Menüpunkt) setzen.
Klicken	Ein bestimmtes Objekt (Symbol oder Befehl) ansteuern und mit der linken Maustaste einmal anklicken.	Befehl aus der Menüleiste auswählen, Schaltfläche Einfügen klicken. →

Begriff	Aktion/Tätigkeit	Anwendungsbeispiele
Doppelklicken	Zweimaliges schnelles Klicken mit der linken Maustaste.	Doppelklick auf Programmsymbol, z. B. auf Paint, um das Zeichenprogramm zu starten.
Ziehen	Auf ein bestimmtes Objekt zeigen, die linke Maustaste gedrückt halten und den Mauszeiger an eine andere Stelle bewegen.	Verschieben/Kopieren von Objekten, Größe/Position von Fenstern verändern.

Tipp:

Gewöhnen Sie sich an, möglichst viele Aktionen mit der **rechten Maustaste** auszuführen. Mit dieser Methode können Sie keine Irrtümer begehen, denn Sie wählen immer die jeweils anwendbaren Befehle aus. Man spricht in diesem Zusammenhang von einem **Kontextmenü**.

Jedes Programm läuft in Fenstern ab, sodass es jetzt gilt, sich mit wesentlichen Fensterinhalten vertraut zu machen.

Hier gilt, dass unter der Titelleiste eines Fensters sich die Menüleiste befindet. Fast alle Menüs beginnen mit dem Menüpunkt DATEI. Menüs sind in der Regel geschlossen. Ein einfacher Mausklick genügt, um ein Menü zu öffnen. Alternativ lässt sich ein Menü auch öffnen, indem Sie die Taste Alt gedrückt halten und zusätzlich den unterstrichenen Buchstaben des Menübegriffs drücken, z. B. den Buchstaben D bei Datei.

1.5.3 Wichtige Fensterelemente

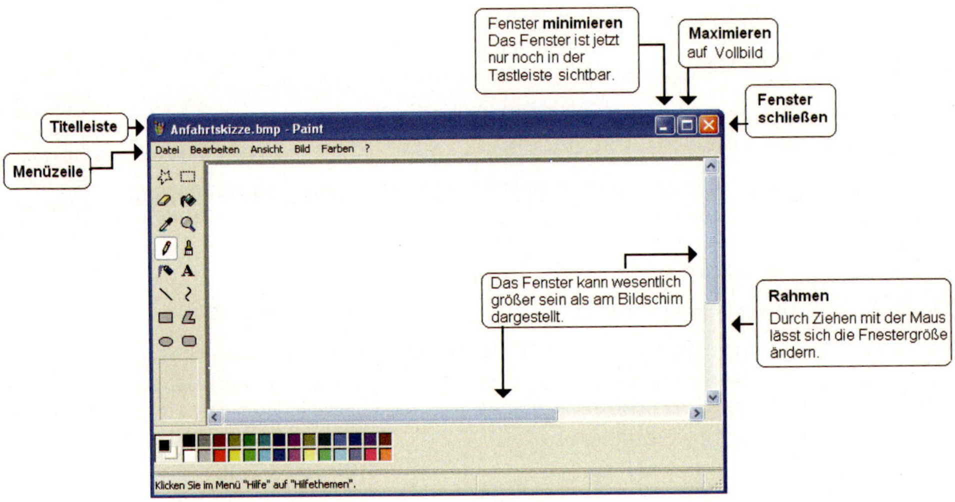

Fast alle Windows-Fenster sind nach oben beschriebenem Prinzip aufgebaut. Der Paint-Bildschirm enthält zusätzlich noch links die Werkzeugpalette zum Auswählen verschiedener Optionen (Pinsel, Stift, Radiergummi, ...) und unten die Farbpalette. Ferner besitzen die meisten unter Windows laufenden Programme eine oder mehrere Symbolleisten, die ein schnelles Arbeiten mit häufig benutzten Befehlen ermöglichen.

Folgende Abbildung zeigt einen Teil der Standard-Symbolleiste, zusammen mit der Menüleiste des Textverarbeitungsprogramms Word. Wenn Sie die Maus wenige Sekunden auf einem Symbol ruhen lassen, erhalten Sie eine kurze Inhaltsangabe des jeweiligen Symbols.

Arbeitsauftrag

Erstellen Sie einen groben Lageplan, wobei nebenstehende Abbildung lediglich als Anhaltspunkt dienen soll. Hierzu wurden in die Suchmaschine *google* die Suchbegriffe *Rastatt Stadtplan* eingegeben. Weiteres erfahren Sie im Abschnitt 1.8.2.

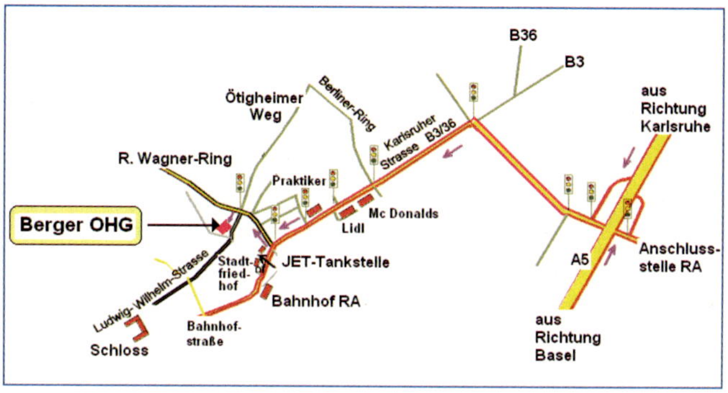

Zeichentipps

Um Linien exakt waagerecht, senkrecht oder im 45-Grad-Winkel verlaufen zu lassen, sollten Sie:

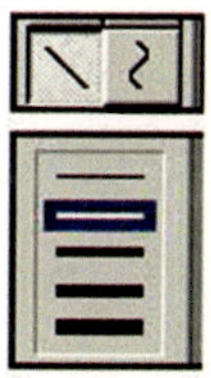

- ➔ Liniensymbol auswählen.
- ➔ Die Strichstärke bestimmen.
- ➔ Den Mauszeiger an die gewünschte Zeichenstelle positionieren.
- ➔ Die Tasten Shift + Strg gleichzeitig drücken.
- ➔ Bei gedrückten Tasten die Linie(n) zeichnen.

Dasselbe gilt auch für exakt zu zeichnende Kreise und Quadrate.

PROBLEMSTELLUNG

Werner Zeichenkunst ist sauer. *Muss ich denn jede Line mehrfach zeichnen?*, so seine Frage. Ferner fragt er sich, wie er das fertige Bild in ein Textverarbeitungsprogramm übertragen kann.

Beides ist mit der ***Windows-Zwischenablage*** *leicht lösbar,* so die Worte von Rosi Ideenreich.

Und hier die Lösung:

- → Zu übertragendes Element markieren. Hier z. B. Linie zeichnen und mit dem Markierungswerkzeug (erstes Symbol mit dem Titel „Auswahl") markieren.
- → In die Zwischenablage übertragen.
Hier: Menüpunkte BEARBEITEN/KOPIEREN
- → Einfügen mit den Menüpunkten: BEARBEITEN/EINFÜGEN
- → Objekt in gewünschte Position ziehen.

> **Tipp**
> Wer nicht gerne mit der Maus arbeitet, verwendet zum Kopieren die Tastenkombination Strg + C und die Tastenkombination Strg + V zum Einfügen.

Arbeitsauftrag

Erstellen Sie die Zeichnung und übertragen Sie diese in ein Textverarbeitungsprogramm.

Lösungshinweise

- → Sicher ist sicher: Vergessen Sie nicht, die Zeichnung abzuspeichern. Wählen Sie hierzu: DATEI/SPEICHERN UNTER ... Wählen Sie den Speicherort aus (Laufwerk/Ordner) und geben Sie einen Dateinamen ein.
- → Markieren Sie die Zeichnung.
- → Übertragen Sie die Zeichnung in die Zwischenablage (Strg + C).
- → Starten Sie ein Textverarbeitungsprogramm.
- → Positionieren Sie den Cursor an die Einfügestelle.
- → Fügen Sie die Zeichnung ein (Strg + V).
- → Bestimmen Sie die Größe der Zeichnung, indem Sie die Anfasspunkte am besten über die Diagonale ziehen.

Wenn Sie den Feierabend herbeisehnen, gilt:

Ein Mausklick auf nebenstehendes Symbol schließt das jeweils aktuelle Fenster bzw. beendet eine offene Anwendung.

Bei der Lösung obiger Problemstellung wurden bereits **zwei** Windows-Anwendungen benötigt, nämlich ein Zeichen- und ein Textverarbeitungsprogramm, weshalb es wichtig ist, sich mit dem „Zusammenspiel" verschiedener Anwendungen zu befassen.

1.5.4 Wechseln zwischen Anwendungen

Um schnell zwischen diesen beiden Anwendungen wechseln zu können – ohne die jeweilige Anwendung zu verlassen –, genügt ein Mausklick auf dem jeweiligen Symbol der Task-Leiste.

1.5.5 Das Hilfesystem nutzen

Kennen Sie den schönen Oldie: *Help, I need somebody, Help ...?*

Man könnte es direkter ausdrücken: *Wer noch keine Hilfe benötigt hat, hat wohl noch nie mit einem PC gearbeitet.*

Fast jede Anwendung besitzt den Menüpunkt **Hilfe,** den Sie über die **Funktionstaste F1** aktivieren können. Oft genügt auch ein Mausklick auf das Fragezeichensymbol in der Symbolleiste.

Wichtiges auf einen Blick

- Fast alles, was unter Windows geschieht, spielt sich in Fenstern ab. Jedes Fenster besteht in der Regel aus einer *Titelleiste,* einer *Menüleiste* und einer *Arbeits- oder Anzeigefläche* mit dem entsprechenden *Fensterrahmen.* Mausziehen des Fensterrahmens bedeutet eine Größenveränderung des Fensters.
- Die Position eines Fensters kann verändert werden, indem die Titelleiste mit der Maus „gepackt" und das Fenster anschließend an die gewünschte Stelle gezogen wird. Dann wird die Titelleiste wieder losgelassen.
- Am rechten und am unteren Rand der meisten Fenster sehen Sie vertikale und horizontale Bildlaufleisten. Sie dienen dazu, den sichtbaren Bildausschnitt der gesamten Arbeitsfläche zu verschieben. Sie erscheinen automatisch, wenn ein Dokument größer als die Arbeitsfläche eines Fensters ist.

1.5.6 Arbeiten mit Datenträgern: Der Explorer im Einsatz

Erinnern Sie sich noch an den Ausgangsfall? Dort musste Werner Zeichenkunst Tätigkeiten ausführen wie:

- Dateien erstellen und auf andere Datenträger kopieren,
- neue Ordner (und Unterordner) anlegen,
- Texte und Zeichnungen ausdrucken,
- Dateien umbenennen,
- Dokumente in Ordner ablegen,
- das Inhaltsverzeichnis von Datenträgern anschauen
- usw.

Für solche und ähnliche Tätigkeiten eignet sich der **Windows-Explorer.**

Merke

Der Explorer ist ein **Dienstprogramm,** das beim Kopieren, Umbenennen, Löschen usw. gute Dienste leistet. Er zeigt im „Arbeitsplatz" das gesamte Ordner- bzw. Dateisystem an.

Solange Werner Zeichenkunst noch an dem Dokument arbeitet und er es noch nicht gesichert hat, befindet sich seine Anwendung im Hauptspeicher und führt den vom System vorgegebenen Namen, z. B. *Dokument1*. Beim Speichern legt das System eine Kopie des Dokuments auf dem Datenträger ab. Dadurch erhält man eine **Datei,** die ihrerseits in der Regel in einem Ordner untergebracht ist.

Dass die Unterscheidung zwischen *Dokument* und *Datei* Sinn macht, verdeutlicht folgende nicht zu unterschätzende Situation:
Wenn Sie an einem neuen Dokument arbeiten, es aber noch nicht gespeichert haben, existiert zwar dieses Dokument und kann bearbeitet werden, ohne dass eine Datei dazu existiert. Bei einem Systemabsturz oder Stromausfall führt das aber zum Totalverlust der bisherigen Arbeit. Haben Sie dagegen eine Datei angelegt, so ist zumindest der Teil der Arbeit gerettet, den Sie als Letztes gesichert haben. In der Sprache der Objektorientierung heißt das:

Ganz wichtig!

Beim Aufruf der Methode *Speichern* eines Dokumentes wird auf dem Speichermedium eine neue Datei erzeugt bzw. eine vorhandene überschrieben. Dadurch entsteht ein Objekt der *Klasse Datei.* Die Methode *Speichern unter* bietet die Möglichkeit, der Datei einen neuen Namen zu geben. Beim *Speichern* eines neuen Dokumentes wird automatisch *Speichern unter* aufgerufen.

Starten Sie den Explorer.

→ Mit rechter Maustaste auf Start-Symbol klicken.

→ Mit linker Maustaste „Explorer" aktivieren.

Es erscheint ein Anwendungsfenster, das natürlich bei jedem PC anders aussehen wird.

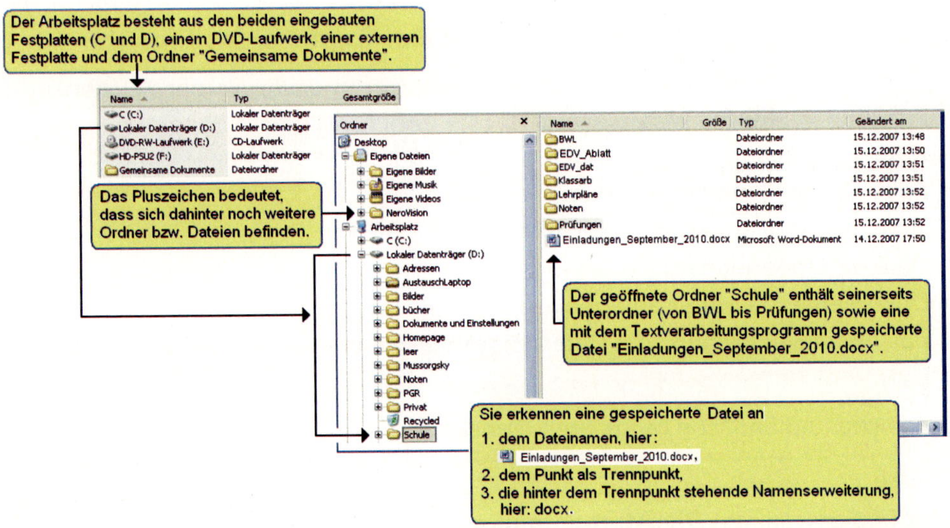

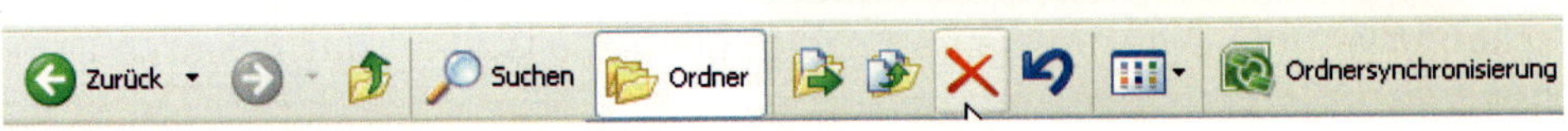

Um die hierarchische Struktur des Ordnersystems in verschiedenen Darstellungsformen anschauen zu können, genügt ein Mausklick auf dem Menü: ANSICHT.

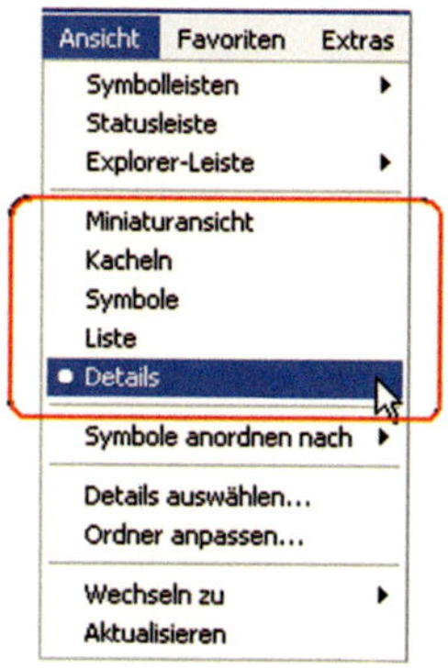

Bitte probieren Sie die verschiedenen Ansichten aus.

1.5.6.1 Ordnung halten ist (fast) alles

Arbeitsauftrag

Richten Sie auf einem USB-Stick Ordner mit folgenden Untergliederungen ein:

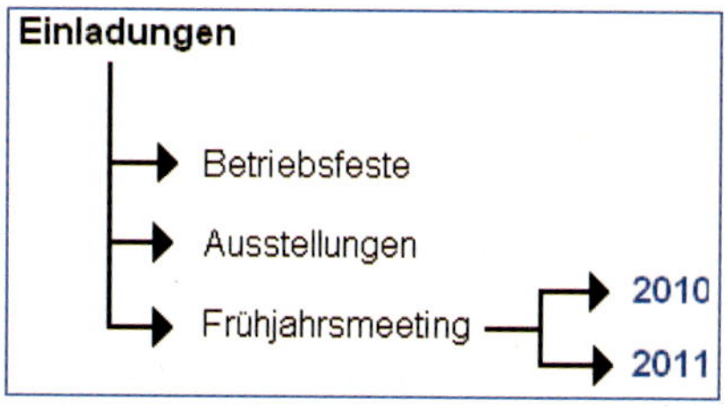

Wie würden Sie ohne PC vorgehen?

Sie besorgen sich einen Ordner für Einladungen. Danach fügen Sie je ein Registerblatt für Betriebsfeste, Ausstellungen und Frühjahrsmeeting ein, wobei sie das Register Frühjahrsmeeting mit zwei Unterregistern für 2010 und 2011 unterteilen.

Lösung am PC

Lösung Teil 1:

- ➔ Explorer starten
- ➔ Laufwerksymbol für USB-Stick doppelklicken
- ➔ DATEI
- ➔ NEU
- ➔ ORDNER
- ➔ Eingabe des Namens; hier: *Einladungen*

Lösung Teil 2:

- ➔ Markieren Sie den Ordner *Einladungen.*
- ➔ DATEI
- ➔ NEU
- ➔ ORDNER
- ➔ Eingabe des Namens; hier: *Betriebsfeste*

Lösung Teil 3:

- ➔ Gehen Sie wie oben vor, jedoch geben Sie nacheinander ein: *Ausstellungen* und *Frühjahrsmeeting.*

Lösung Teil 4:

- ➔ Markieren Sie den Ordner *Frühjahrsmeeting.*
- ➔ DATEI
- ➔ NEU
- ➔ ORDNER
- ➔ Eingabe des Namens; hier: 2010 (und danach 2011)

Ganz wichtig!

Ordner können Dateien und/oder andere Ordner enthalten. Jede Datei und jeder Ordner ist aber genau in einem Ordner enthalten. So entsteht ein **Ordnerbaum,** der genau eine **Wurzel** (Hauptverzeichnis, Stammverzeichnis) hat.

1.5.6.2 Wer sucht, der findet

PROBLEMSTELLUNG

Werner Zeichenkunst geht auf Suche: Er weiß genau, dass er seine Zeichnung unter dem Namen *stadtplan_1.bmp* abgespeichert hat; er hat aber den genauen Speicherort vergessen. Was tun?

Wenn Sie wissen, dass eine bestimmte Datei auf Ihrem Datenträger ist, aber die genaue Stelle nicht kennen, können Sie mit dem Befehl

- → SUCHEN auf „Fährtensuche“ gehen.
- → Öffnen Sie im Explorer den „Arbeitsplatz“.
- → (nur wenn bekannt) Wählen Sie mit der rechten Maustaste ein Laufwerkssymbol aus.
- → SUCHEN
- → Name der zu suchenden Datei eingeben.

Tipp

Kennen Sie nicht alle Elemente des zu suchenden Dateinamens, so lohnt der Einsatz von Platzhaltern. Der Stern (*) ist ein Platzhalter, ein sogenanntes Stellvertreterzeichen.

Beispiel

Werner Zeichenkunst weiß lediglich, dass die Datei mit s beginnt und die Namenserweiterung *bmp* hat, den Rest hat er vergessen. Vergeben Sie jetzt für den vergessenen Teil den Stern und schreiben: *s*.bmp.* Jetzt sucht das System alle Dateien mit den ersten Buchstaben s und der Namenserweiterung *bmp.* **Der Punkt trennt den eigentlichen Namen von der Namenserweiterung.**

1.5.6.3 Dateien kopieren und verschieben

PROBLEMSTELLUNG

Werner Zeichenkunst hat aus Versehen den erstellten Stadtplan im Ordner 2011 gespeichert, obwohl er in den Ordner 2010 gehört. Was ist zu tun?

Sie können Dateien von einer Stelle (Quelle genannt) an eine andere Stelle (Ziel genannt) verschieben oder kopieren, indem Sie die Quelldatei mit der Maus ziehen oder die Befehle KOPIEREN oder VERSCHIEBEN verwenden.

Ganz wichtig!

Beim **Kopieren** bleibt die Datei an der ursprünglichen Stelle, beim **Verschieben** wird sie an der Ursprungsstelle entfernt.

Arbeitsauftrag

Kopieren Sie die Datei mit dem Namen *stadtplan1.bmp* vom Ordner 2011 in den Ordner 2010. Beide Ordner sind Unterordner von *Einladungen/Frühjahrsmeeting,* die sich auf der Festplatte befinden.

Lösung

- ➔ Starten Sie den Explorer.
- ➔ Doppelklicken Sie auf dem Laufwerksymbol (z.B. C oder D). Es erscheint das Inhaltsverzeichnis der Festplatte mit diversen Ordnern bzw. Dateien.
- ➔ Aktivieren Sie mittels Doppelklick den Ordner *Einladungen.*
- ➔ Doppelklicken Sie auf dem Ordner *Frühjahrsmeeting.*
- ➔ Doppelklicken Sie auf dem Ordner 2011.
- ➔ Markieren Sie die Datei *stadtplan1.bmp.*
- ➔ Übertragen Sie die Datei in die Zwischenablage (Strg + C).
- ➔ Aktivieren Sie mittels Doppelklick den Zielordner 2010.
- ➔ Fügen Sie die Datei aus der Zwischenablage ein (Strg + V). Jetzt ist die Datei sowohl im Ordner 2011 als auch im Ordner 2010.

Alternative

- ➔ Datei markieren.
- ➔ Bei gedrückter Taste Strg in den Zielordner ziehen.

Wenn Sie die Datei im Ordner 2011 nicht belassen wollen, können Sie genauso vorgehen wie oben, jedoch drücken sie nicht die Taste Strg. **Jetzt wird die Datei verschoben.**

Wollen Sie mehrere Dateien auf einen anderen Datenträger kopieren bzw. verschieben, brauchen Sie wegen des Arbeitsaufwandes nicht zu verzweifeln, denn fast alle Windows-Programme kennen die **Mehrfachmarkierung**.

- ➔ Erste Datei markieren.
- ➔ Taste Strg drücken und gedrückt lassen.
- ➔ Weitere Dateien markieren.
- ➔ Am Schluss Taste Strg loslassen.

1.5.6.4 Löschen von Dateien: Papierkorb mit grünem Punkt

Leichter geht es kaum mehr!

- ➔ Markieren Sie die zu löschende(n) Datei(en).
- ➔ Drücken Sie die Taste Entf.
- ➔ Alternative: Ausschneiden (Strg + X)

Das ist auch schon alles!

Gibt es Heulen und Zähneknirschen, wenn versehentlich etwas Wertvolles gelöscht wurde? Nein, denn der Dateimüll aus dem Papierkorb lässt sich nervenschonend recyceln. Sicher haben Sie auf dem Desktop das Symbol für den Papierkorb entdeckt. Er enthält alle gelöschten Dateien; diese sind vorläufig vor dem Überschreiben geschützt. Möchten Sie ein gelöschtes Objekt wiederbeleben, doppelklicken Sie auf den Papierkorb und lassen sich alle gelöschten Dateien anzeigen. Markieren Sie eine Datei und rufen Sie die Option *Wiederherstellen* im Dateimenü auf. *Der Löschkandidat ist wieder da!*

So praktisch der Papierkorb ist, die gelöschten Dateien belegen trotz des Löschens weiterhin Platz auf dem Datenträger. Damit dieser nicht überläuft, sollten Sie den Papierkorb hin und wieder leeren. Klicken Sie hierzu mit der rechten Maustaste auf den Papierkorb und wählen Sie „Papierkorb leeren".

1.5.6.5 Umbenennen von Dateinamen

PROBLEMSTELLUNG

Hans Schlau ist mit dem Dateinamen *stadtplan_1.bmp* nicht zufrieden. Er wünscht sich einen aussagekräftigeren Namen, z. B. *stadtplan1_Rastatt.bmp.*

- → Windows-Explorer starten.
- → Wählen Sie das infrage kommende Laufwerk und die Ordner.
- → Klicken Sie auf die umzubenennende Datei.
- → DATEI
- → UMBENENNEN
- → Überschreiben Sie den alten Dateinamen mit dem aktuellen Namen.
- → Bestätigen Sie mit der Taste Return.

1.5.6.6 Wichtige Dateien als Symbol auf dem Desktop anordnen

PROBLEMSTELLUNG

Da die Berger OHG eine Stadtplanskizze sehr oft benötigt, möchte Herr Berger, dass diese Skizze gleich bei Beginn des Systemstarts auf dem Windows-Desktop erscheint.

Lösungshinweise

- → Windows-Explorer öffnen.
- → Mit rechter Maustaste gewünschte Datei markieren.
- → SENDEN AN
- → Desktop

alternativ:

- → Verknüpfung erstellen.

1.5.7 Aufgaben zur Lernzielkontrolle

1. Nennen Sie die wichtigsten Aufgaben des Windows-Explorers.
2. Welches Symbol müssen Sie anklicken, um das Vollbild herzustellen?
3. In welchen Situationen müssen Sie mit der Maus doppelklicken?
4. Beschreiben Sie die Vorgehensweise, wie Sie in einen mit dem Textverarbeitungsprogramm Word geschriebenen Brief ein Bild, erstellt mit Paint, einbinden können.
5. Erklären Sie die zwei Hauptaufgaben von Ordnern auf Datenträgern.
6. Nehmen Sie an, Sie haben auf Ihrem USB-Stick folgende Ordner: *Englisch, Deutsch, Mathe* und *EDV.*
   Auf dem Desktop befinden sich die Dateien: *grammar1, grammar2, Goethe1, Goethe2, Goethe3, Quadrat, Sinus, Kosinus, Hardware, Software* und *Tabellen.*
   Beschreiben Sie den schnellsten Weg, die Dateien in die jeweiligen Ordner zu kopieren und vom Desktop zu löschen.
7. Was ist der Unterschied zwischen Dateien verschieben und Dateien kopieren?
8. Erstellen Sie auf dem USB-Stick nebenstehende Ordnerstruktur.

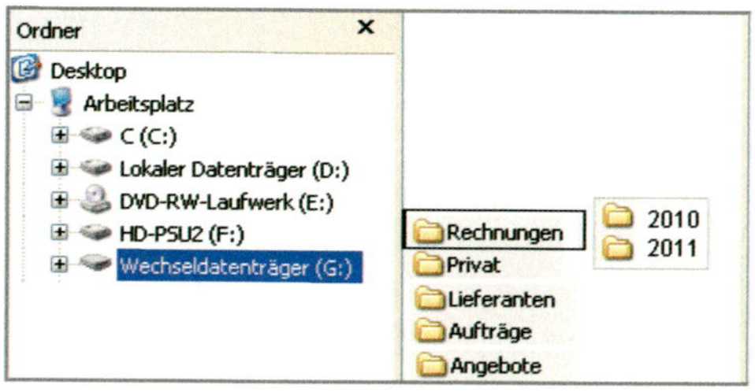

9. Aktivieren Sie das Textverarbeitungsprogramm Word und geben Sie einige Adressen ein, die Sie im Ordner *Privat* unter dem Dateinamen *adress.doc* speichern.
10. Da es sich um Lieferantenadressen handelt, übertragen Sie diese in den Ordner *Lieferanten*, aber gleichzeitig sollen sie noch im Ordner *Privat* vorhanden sein.
11. Beschreiben Sie die Vorgehensweise, wie Sie die Datei *adress.doc* im Ordner *Lieferanten* umbenennen in *lieferer.doc.*
12. Kopieren Sie aus dem Ordner *Windows* alle Dateien mit der Namenserweiterung *exe* in den Ordner *Experimente* des lokalen Datenträgers C.
13. Beschreiben Sie, wie Sie am schnellsten ordnungsgemäß das System von der jetzigen Position (Aufg. 12) aus beenden.

1.6 Kommunikation in Informationssystemen

1.6.1 Betriebsinterne Kommunikation

PROBLEMSTELLUNG

Werner Zeichenkunst ärgert sich, dass er – nur um Daten von einem PC zu einem anderen zu übertragen – immer wieder CDs anfertigen muss.

Warum kann ich Daten nicht von einem PC zu einem anderen übertragen, ohne mit externen Datenträgern auf Wanderschaft zu gehen?, fragt er Hans Schlau.

Grundsätzlich gilt:

Sind Rechner durch ein Kommunikationsnetz untereinander verbunden, ist ein Informationsaustausch zwischen räumlich getrennten Hard- und Softwarekomponenten möglich. Man spricht in diesem Zusammenhang von **verteilten Systemen.** Somit besteht ein verteiltes System

- aus einer Menge autonomer Computer, die durch ein Computernetzwerk miteinander verbunden und
- mit einer Software zur Koordination ausgestattet sind.

Verteilte Systeme erlauben u. a.:

- **Interaktion** im Datenverbund, d. h., räumlich getrennte, aber logisch zusammenhängende Daten werden gemeinsam benutzt.
- **Kooperation:** Alle im Netz zur Verfügung stehenden Kapazitäten sollen gleichmäßig ausgelastet werden. Sind einzelne Geräte zu stark belastet, muss eine Umverteilung der Aufträge an weniger benutzte Geräte erfolgen.
- **Funktionsverbund** bedeutet die gemeinsame Nutzung von Ressourcen. Spezielle Rechner und Peripheriegeräte werden allen Nutzern zur Verfügung gestellt. Bestimmte Funktionen, z. B. Faxgeräte, müssen innerhalb eines Netzwerkes nur einmal zur Verfügung stehen und können von allen benutzt werden.

1.6.2 Systemarchitekturen für verteilte Anwendungen

Die Funktionsweise von Netzwerken kann sehr unterschiedlich sein. Es gibt

- das hierarchisch aufgebaute Netzwerk,
- Peer-to-Peer-Architekturen,
- das File-Server-Prinzip,
- Client-Server-Netzwerke u. v. m.

Bei all den doch so unterschiedlichen Netzwerktypen sind sog. **Router** im Einsatz.

Router regeln den Datenverkehr

Es handelt sich dabei entweder um ein spezielles Gerät, das zwei Netzwerke verbindet, oder aber um einen besonders eingerichteten Rechner, der dieselbe Aufgabe übernimmt. Grundsätzlich können Rechner, die sich in verschiedenen Netzwerken befinden, einander nicht erreichen, selbst wenn irgendeine Art von Verbindung zwischen beiden Netzwerken bereits besteht. Damit die beiden Netzwerke und alle ihre angeschlossenen Rechner bzw. Geräte sich erreichen und Daten austauschen können, muss ein Router zwischengeschaltet werden, der die Sendungen vom einen ans andere Netzwerk jeweils an die richtige Adresse ‚leitet'.

1.6.2.1 Das hierarchisch aufgebaute Netzwerk

Die gesamte Rechnerleistung liegt in einem zentralen System, dem **Host.** Hier werden die wichtigsten Funktionen abgewickelt. Diese Systeme sind streng hierarchisch aufgebaut. Am Ende der Hierarchie stehen die sogenannten Terminals, die keine eigenen Rechenleistungen besitzen, sondern lediglich für die Ein- und Ausgabeoperationen geeignet sind.

1.6.2.2 Peer-to-Peer-Architekturen

Merke

Grundsätzlich versteht man unter dem Begriff **Server** jene Prozesse oder Komponenten, die Dienste für andere Netzwerkkomponenten (Clients) anbieten. Als **Client** versteht man hingegen jene Prozesse und Komponenten, die Dienste von anderen Netzwerkkomponenten (Server) in Anspruch nehmen, zu Deutsch etwa Kunde.

Im Begriff „Peer" steckt das Wort „ebenbürtig" und genau dies können im Netzwerk vorhandene Stationen sein. Hier ist jeder angeschlossene Computer zu den anderen gleichberechtigt, d. h. gleichzeitig Server und Client. Jeder Computer stellt den anderen Computern seine Ressourcen zu Verfügung. Einen Netzwerkverwalter gibt es nicht, deshalb muss jeder Netzwerkteilnehmer selber bestimmen, welche Ressourcen er freigeben will. Auf einen zentralen Server, dessen Kosten und die aufwendige Administration, wird verzichtet.

Diese Architektur ist eine kostengünstige Alternative für kleine Netze mit zehn oder weniger Stationen, bei denen kein größerer Wert auf Sicherheit gelegt wird und die Administration an allen Computern noch individuell vorgenommen werden kann.

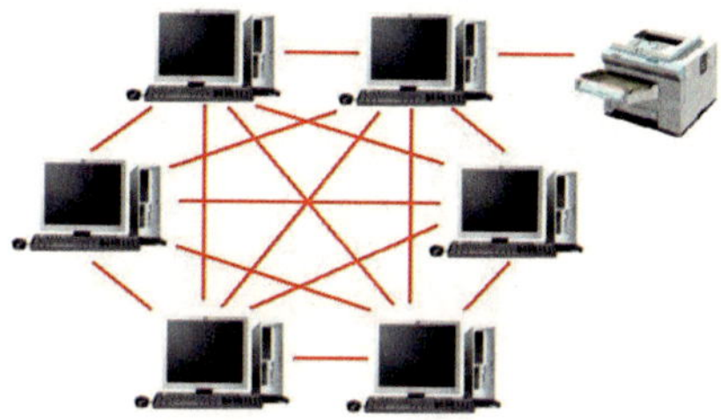

1.6.2.3 Das File-Server-Prinzip

Solche Computernetzwerke bestehen aus einem zentralen **Fileserver** (engl. file = Datei, serve = bedienen) und einer verschieden großen Anzahl von Rechnern, die in diesem Zusammenhang als **Workstations** bezeichnet werden.

Die Speicherleistung erfolgt auf einem oder mehreren File-Servern. Sie speichern die zu verarbeitenden Daten, evtl. auch die Programmdateien. **Die Rechenleistung dagegen erfolgt auf den Arbeitsplätzen.** Sie müssen bei Bedarf die zu bearbeitenden Dateien und evtl. auch die Programmdateien vom Server laden, um sie dort im Hauptspeicher des Arbeitsplatzrechners verarbeiten zu können.

Ärger könnte u. U. dann auftreten, wenn man z. B. Datensätze – gespeichert in einer Datenbank – bearbeiten möchte. Auch wenn man nur die 200000ste Adresse ändern muss, müssen alle Datensätze vom File-Server auf die jeweilige Arbeitsstation übertragen werden.

Folgende Bilder zeigen physikalisch verschieden aufgebaute Systeme mit Workstations und dem dazugehörenden File-Server, sog. **Topologien.**

Busnetz

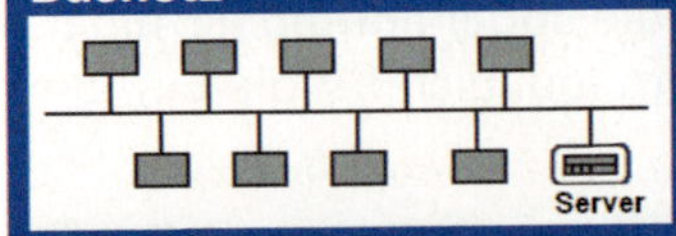

Das Datenübertragungskabel (Bus) ermöglicht, dass die Informationen in beiden Richtungen übertragen werden können.

Die Signale der einzelnen Netzknoten werden auf das Zentralkabel ausgestrahlt und können von allen anderen Knoten empfangen werden. Da die einzelnen Stationen nur an- und nicht in das System eingehängt werden, wirkt sich der Ausfall einer Station nicht negativ auf die Funktionstüchtigkeit des Gesamtnetzes aus.

Ringnetz

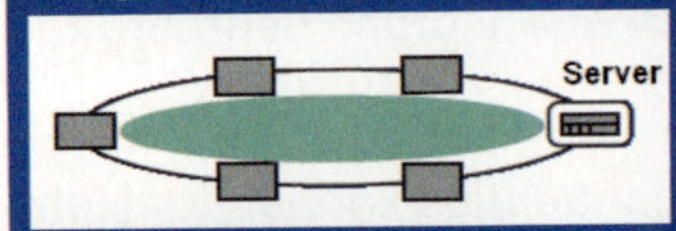

Hier sind alle angeschlossenen Computer kreisförmig verbunden. Die Daten werden nur in einer Richtung durch das Netz geleitet und kommen wieder zur Sendeeinheit zurück.

Innerhalb der Ringtopologie hat jeder Knoten einen definierten Vorgänger und Nachfolger. Wichtig hierbei ist, dass das Netz sozusagen durch jeden Knoten verläuft. Die zu versendenden Daten müssen im Extremfall n-2 Knoten durchlaufen, wobei n die Anzahl der Knoten des Rings angibt. Fällt auch nur ein Element in diesem Netz aus, ist das gesamte Netzwerk nicht mehr funktionsfähig.

Sternnetz

Bei einer Stern-Topologie laufen alle Informationen über einen zentralen Vermittler, der mit dem Aufbau einer Telefonzentrale einer Behörde vergleichbar ist.

Ein gravierender Nachteil dieser Lösung ist, dass der Ausfall des Zentralknotens die gesamte Funktionalität des Sterns unterbricht. Das Versagen anderer Knoten wirkt sich dagegen kaum auf den Gesamtablauf aus. In Netzen mit hohem Datenaufkommen kann der zentrale Knoten zum Flaschenhals werden, denn seine Leistungsfähigkeit bestimmt die Leistung des gesamten Netzes mit.

Anders als in einer Ringstruktur müssen die Daten im Stern höchstens einen Zwischenknoten durchlaufen. Durch die hohe Flexibilität und Geschwindigkeit wird diese Topologie zz. sehr häufig eingesetzt.

1.6.2.4 Client-Server-Modell

Haben Sie gewusst, dass ca. 80 % aller verteilten Anwendungen nach dem Client-Server-Modell arbeiten? Diese Architektur unterscheidet zwischen der Anwender- bzw. Benutzerseite und der Anbieter- bzw. Dienstleisterseite. Der Anwender betreibt auf seinem Computer Anwendungsprogramme (Client), die auf die Ressourcen des Servers auf der Anbieterseite zugreifen. Wie beim Fileserver werden die Ressourcen und Daten zentral gehalten und dem Client zur Verfügung gestellt. Der Server kann jedoch einen Teil der Verarbeitung übernehmen, sodass sich sowohl die Netzlast als auch die Rechenleistung auf den Client minimiert. Meist selektiert der Server die Daten für den Client, sodass diesem nur die für ihn relevanten Daten zur Verfügung gestellt werden.

Durch die Client-Server-Architektur ist es möglich – trotz einer zentralen Datenhaltung –, die Daten für den Endbenutzer einfach und schnell zur Verfügung zu stellen und die Belastung des Netzes zu verringern.

Merke

In Abhängigkeit davon, ob man nun Nutznießer eines Dienstes ist oder ihn bereitstellt, spricht man von Server oder Client:

- **Server:** Dienender, Dienstleister. Der Server ist ein Computer oder ein Programm, das einen bestimmten Dienst bzw. eine bestimmte Ressource, z. B. Druckeranbindung oder das Hosten von Internetseiten, in einem Netzwerk bereitstellt. Der Begriff Server kann sowohl für Hardware als auch Software verwendet werden.
- **Client:** Kunde. Der Client ist ein Computer oder ein Programm, das auf Ressourcen eines Server-Rechners oder -programms zugreift, d. h., er fordert (request) einen Dienst vom Server an. Ein typischer Anwendungsfall ist der Internet-Browser.

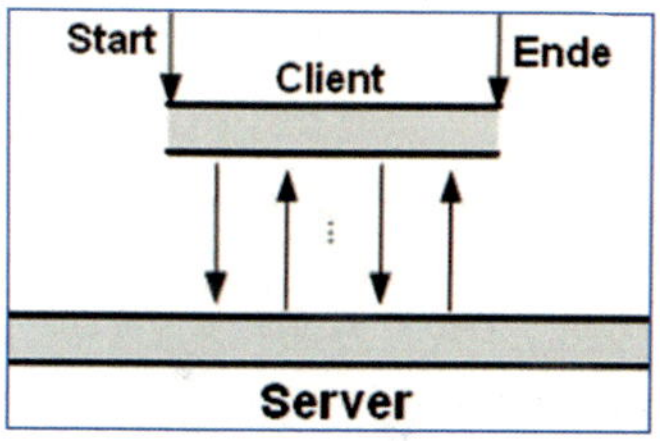

Ein kurzlebiger Client-Prozess stellt Anfragen an einen langlebigen Server-Prozess. Eine Netzwerkverbindung wird dabei immer zwischen einem Server und einem Client, aber niemals zwischen Clients und Servern aufgenommen.

Diese Architektur ist die Basis für viele Internet-Protokolle, wie HTTP für das World Wide Web oder SMTP/POP3 für E-Mails. Auch hier stellt der Client eine Anfrage; der Server wertet sie aus und liefert eine Antwort oder die Daten zurück. Näheres erfahren Sie im Abschnitt 1.7.3.

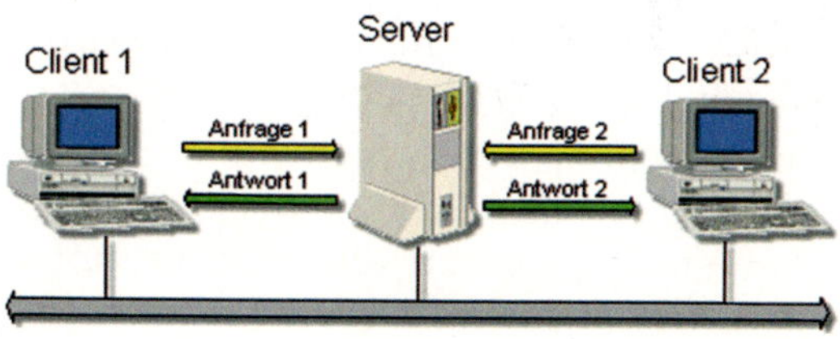

Diesen Netzwerktyp findet man häufig in verteilten Umgebungen, in denen große Datenbanken implementiert sind.

Zu diesem Zweck gibt es Abfragesprachen, die eine Datenbankanforderung in einen Request verpacken. Die Anfrage geht über das Netz, die verarbeitete Antwort, der Response, kommt zurück. **Die Rechenleistung findet auf dem Server statt**. Es gehen also nur Requests und Responses über das Netz.

Merke

Bei der Client-Server-Konzeption findet eine Aufgabenteilung statt. Ein oder mehrere Rechner stellen als Server zentral Ressourcen und Dienstleistungen zur Verfügung, alle anderen Rechner können als Client auf diese zugreifen, wobei es bei größeren Netzen üblich ist, die Dienste auf mehrere Server zu verteilen. Hieraus ergeben sich folgende Vorteile:

- Jeder Server kann für seine spezielle Aufgabe optimal ausgerüstet werden.
- Administrative Möglichkeiten wie Rechtevergabe, Zugriffskontrollen etc. erhöhen die zunehmenden Sicherheitsanforderungen.
- Benutzer können jederzeit einer Gruppe zugeteilt werden.
- Jeder Benutzer kann sich an jedem Rechner einloggen und mit seinen Ressourcen arbeiten.

1.6.3 Kommunikation über Betriebsgrenzen hinweg

Befinden sich vernetzte Computersysteme auf Privat- bzw. Firmengrundstücken, so spricht man von internen bzw. lokalen Netzen, womit die typische Reichweite zwischen einzelnen Zimmern, Gebäudeteilen und Filialen in überschaubarer Entfernung gemeint ist. Solche Netzsysteme **(local area network = LAN)** haben neben dem Datenaustausch die Aufgabe, Computersysteme so zu verbinden, dass Peripheriegeräte und Serverdienste gleichzeitig genutzt werden können.

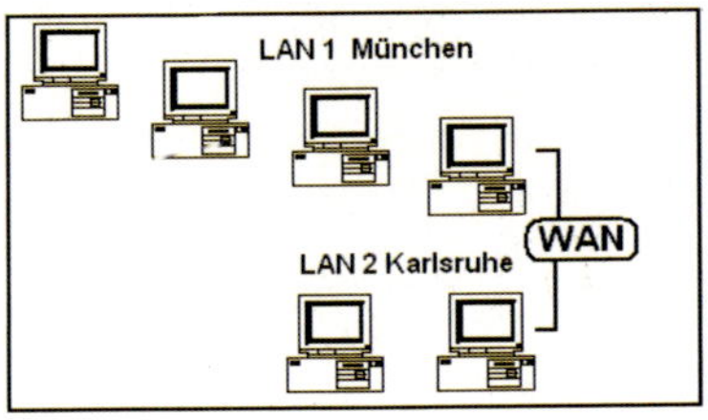

Merke

Das ***Local Area Network*** **(LAN)** ist gekennzeichnet durch eine räumliche Begrenzung. Es befindet sich innerhalb eines Gebäudes oder Privatgeländes bzw. nutzt keine öffentliche Infrastruktur. Kabel die man zur Verbindung zweier Standorte unter öffentlichen Straßen verlegt oder anmietet dehnen ein LAN aus; alle Netzwerkkomponenten unterliegen aber der eigenen Kontrolle.

Ein ***Metropolitan Area Network*** **(MAN)** zeichnet sich durch die regionale Ausdehnung auf das Gebiet einer Stadt oder eines Ballungszentrums aus. Entfernungen von bis zu 100 km sind möglich und ausreichend, um den Kommunikationsbedarf in dieser Fläche abzudecken. Typische Anwender sind Forschungseinrichtungen oder Firmen mit lokal verteilten Netzwerken.

Merke

Ein ***Wide Area Network* (WAN)** zeichnet sich durch eine unbegrenzt geografische Ausdehnung aus. In seiner klassischen Form ist ein WAN ein Verbindungsnetzwerk für räumlich getrennte Rechenanlagen. In Bezug auf die Übertragungswege der Daten werden dabei öffentliche Leitungen herangezogen. Firmen können ein WAN als Verbindung zwischen zwei oder mehr LANs nutzen.

Ab und zu taucht auch noch der Begriff ***Global Area Network* (GAN)** auf. Er beschreibt im Grunde nur die Ausdehnung eines WAN auf eine weltweite und damit globale Dimension.

1.6.3.1 Kampf dem Kabelsalat mit Wireless LAN

Drahtlose LANs machen es möglich, mit Computern innerhalb und außerhalb von Gebäuden – überall in Reichweite einer drahtlosen Basisstation – Daten zu senden und zu empfangen. Wenn Sie drahtlose LANs nutzen möchten, muss Ihr Computer mit Funktechnologie ausgestattet sein. Ferner hängt die Reichweite eines WLANs von der installierten Antenne ab.

Die nebenstehende Darstellung zeigt eine Netzwerktopologie mit WLAN im sog. Workgroup-Mode.

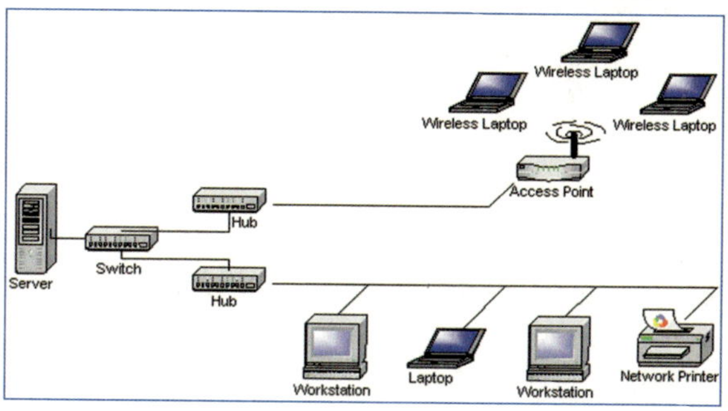

Wichtige Elemente in Kurzform

- **Hotspot**
  Um von einem WLAN-Laptop unterwegs im Internet surfen zu können, werden in vielen Gaststätten, Restaurants und Hotels öffentliche Hotspots errichtet. Viele sind kostenpflichtig, einige jedoch sind auch als kostenlose Zugänge in ganz Deutschland verteilt. Wenn Sie einen Hotspots in Ihrer Nähe suchen, hilft z. B. die Adresse www.mobileaccess.de.
- **Access Point**
  Ein WLAN wird auf einer Basisstation aufgebaut, dem sogenannten Wireless Access Point. Er weist z. B. drahtlosen Client-Rechnern IP-Adressen zu

und teilt die verfügbare Bandbreite zwischen ihnen auf. Über einen Hub oder Switch wird der Access Point an ein vorhandenes verdrahtetes Netzwerk angeschlossen.

- **WLAN-Router**
  Ein Wireless-LAN-Router ist ein Access Point, der gleichzeitig einen Internet-Router enthält. Über ihn können Wireless-Geräte nicht nur miteinander kommunizieren, sondern auch drahtlos ins Internet gehen.
- **WLAN-Antennen**
  WLAN-Antennen sind Innen- oder Außenantennen, die die Reichweite und Übertragungsgeschwindigkeit eines Wireless LAN beeinflussen können.

1.6.3.2 Bluetooth

Seit 1998 entwickeln IBM, Intel, Ericsson, Nokia und Toshiba eine Technologie für **drahtlose Übermittlung** von Sprache und Daten per kurzer Radiowelle. Das Ergebnis der Kooperation ist Bluetooth. Der Name geht zurück auf den Wikingerkönig Harald Blauzahn, der im 10. Jahrhundert versuchte, Dänemark und Norwegen zu vereinigen.

Einsatzbereich

Bei Bluetooth muss man zwei Einsatzgebiete unterscheiden:

1. die Punkt-zu-Punkt- und
2. die Punkt-zu-Mehrpunkt-Kommunikation.

Bei **Punkt-zu-Punkt-Verbindungen** können mobile und stationäre Endgeräte im persönlichen Nahbereich wie PCs, Drucker, Notebooks, Handhelds, Handys, digitale Kameras miteinander kommunizieren. Mit **Punkt-zu-Mehrpunkt-Verbindungen** lassen sich kleine Netze (LANs) realisieren.

Reichweite und Klassen

Klasse	Max. Leistung	Reichweite im Freien
Klasse 1	100 mW	~100 m
Klasse 2	2,5 mW	~50 m
Klasse 3	1 mW	~10 m

Die Reichweite hängt stark von der Antennenbauform ab sowie von Störungen und Hindernissen wie zum Beispiel Mauern. Da Multi-Slot-Pakete sehr viel störanfälliger als Single-Slot-Pakete sind, ist die Reichweite auch sehr stark von den verwendeten Pakettypen abhängig.

Ein Vorteil von Bluetooth ist der geringe Stromverbrauch. Dieser resultiert daraus, dass eine Verbindung erst auf Anforderung aufgebaut wird. Damit ist Bluetooth vor allem für batteriebetriebene Geräte geeignet.

Und nun zum Netz aller Netze, dem Internet!

1.7 Das Internet-Einmaleins

Der Begriff „Internet" steht nicht – wie man vielleicht auf den ersten Blick vermuten könnte – für „internationales Netz". Vielmehr leitet sich die Bedeutung dieser Bezeichnung von dem lateinischen „inter" ab, das „zwischen" heißt. Wörtlich bedeutet Internet also „Zwischennetz". Genau das ist auch seine Funktion: Es ermöglicht den Datenaustausch zwischen unabhängig voneinander bestehenden Netzen.

Internet ist eine Abkürzung und bedeutet **Interconnected Networks.** Es ist ein weltweites und zugleich das größte Netzwerk, das sich wiederum aus zahlreichen kleineren lokalen Netzwerken zusammensetzt. Das Internet selbst hat keinen Eigentümer, nur Datenleitungen und zugehörige Router-Hardware gehören Institutionen, Behörden und Telekommunikationseinrichtungen.

Was ist das Internet?

Das Internet bietet dem Benutzer eine große Auswahl an Diensten, wie z. B. E-Mail, Dateitransfer (FTP), World Wide Web und Internet Relay Chat, die in den folgenden Kapiteln näher erläutert werden.

Die zugehörigen technischen Verfahren werden in den sogenannten Request-For-Comments-Richtlinien (RFC) festgelegt.

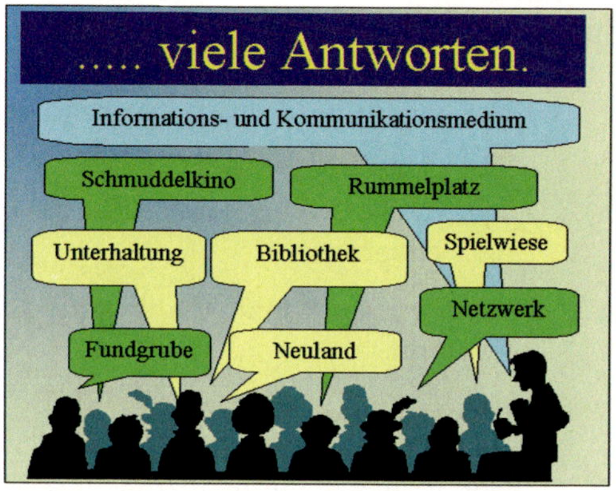

1.7.1 Internet-Anwendungsgebiete auf einen Blick

- Elektronische Post (E-Mail) senden und empfangen
- Anwendungen von entfernten Computern nutzen
- Daten zwischen Computern übertragen
- Mit anderen Anwendern zeitsynchron oder zeitversetzt sprechen und diskutieren
- Informationen aller Art im World Wide Web (WWW) abrufen
- Eigene Seiten veröffentlichen
- Dienstleistungen und Produkte im virtuellen Shop kaufen und verkaufen
- In Datenbanken recherchieren
- usw.

1.7.2 Geschichtlicher Überblick

Der Autor will seine Leser in diesem Abschnitt keinesfalls mit der geschichtlichen Entwicklung des Internets in allen Einzelheiten langweilen – schließlich brauchen Sie auch nicht alles über Herrn Grundig zu wissen, um genussvoll ein Fernsehprogramm anzuschauen. Eine gewisse Grundorientierung kann jedoch nie schaden.

Vom militärischen Netzwerk zum WWW

1962: Die kalifornische Firma **RAND** wurde beauftragt, ein Konzept für ein militärisches Netzwerk zu entwickeln, das auch dann noch funktionsfähig bliebe, wenn etwa durch einen atomaren Erstschlag ein Teil seiner Infrastruktur zerstört würde.

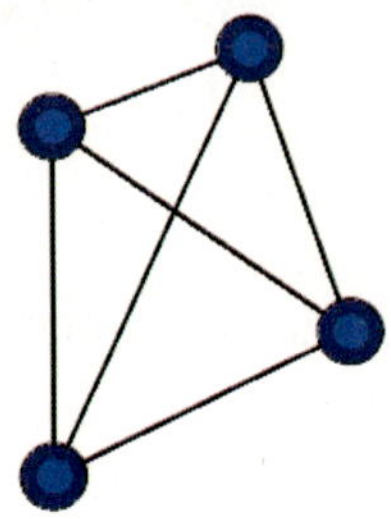

1969: Auf diesem Konzept aufbauend entwickelte die **ARPANET** = *Advanced Research Project Agency Network* im Auftrag des US-Verteidigungsministeriums ein Netz mit flexibler Leitungsführung (routing).

1972: Vier Hochschulen in den USA schließen sich zum ARPANET zusammen.

1973: Erste internationale Verbindungen nach Norwegen und England.

1986: Abspaltung des militärischen Teils (MILNET). Der wissenschaftliche Teil ging in Form des Internets auf. Die Datenübertragung erfolgt mittels des TCP/IP-Protokolls.
Das Internet war geboren.

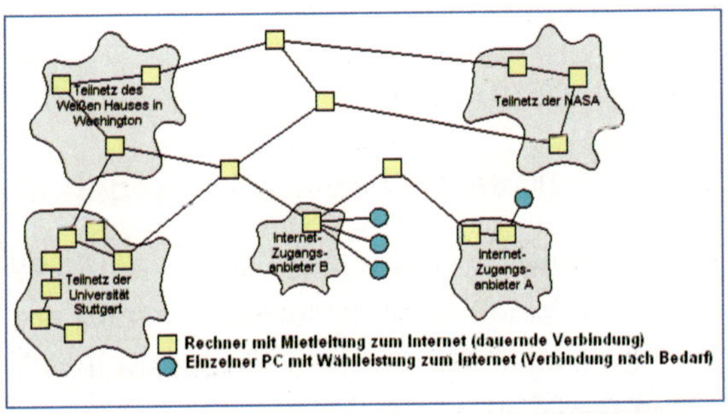

1989: Zahlreiche andere Länder schließen sich dem Internet an.
Das WWW war geboren.

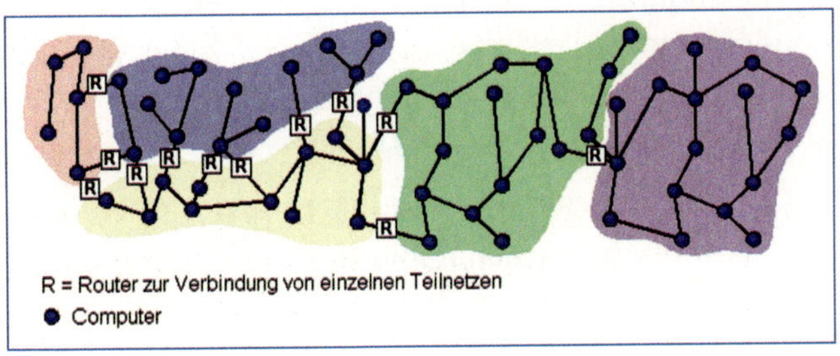

1.7.3 Das Client-Server-Prinzip des Internets

Praktisch alle Dienste des Internet arbeiten nach dem **Client-Server-Prinzip** Grundsätzlich kann jeder Rechner, der als eigenständiger Internet-Knoten an das Internet angebunden ist, sowohl Server- als auch Client-Rechner sein. Die Eingabe einer Internetadresse ist also nichts anderes als die Anfrage bei einem Server, die Daten der entsprechenden Webseite zu schicken. Jeder Rechner muss im Internet über eine eindeutige IP-Adresse verfügen. Sie stellt gewissermaßen sowohl den Empfänger als auch den Absender von Datenpaketen dar, die zwischen Servern und Clients ausgetauscht werden. Ohne eine derartige Adresse wäre der Zugriff auf einen bestimmten Rechner nicht möglich. Eine IP-Adresse darf auch nicht doppelt vergeben werden, dies würde zu Zustellungskonflikten führen.

Jedes der einzelnen LANs in nebenstehender Abbildung besteht aus mehreren Arbeitsplätzen und einem **Fileserver.** An dieses LAN werden an Netzknotenrechner (Bridge, Router, Gateway) andere LANs angeschlossen. Jeder Router entscheidet, ob die Daten in seinem lokalen Netz bleiben oder in ein anderes Netz weitergegeben werden müssen.

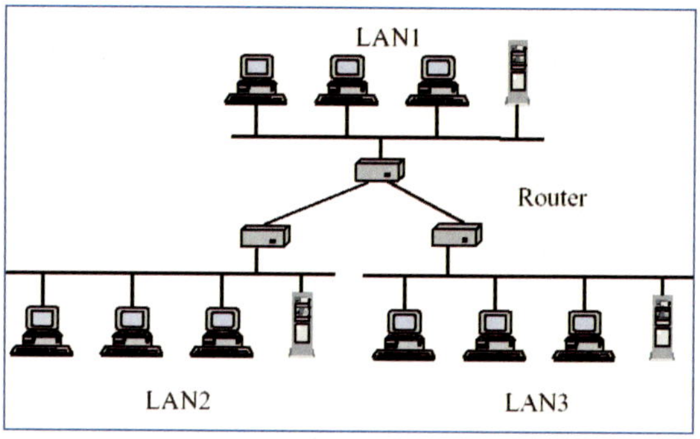

In diesem Zusammenhang gilt es, sich mit den Aufgaben von Proxy- und Cacheservern vertraut zu machen.

Der *Proxyserver* (*proxy,* dt. bevollmächtigt) ist ein für Nutzer nicht sichtbarer Vermittler zwischen einem Anwender und dem Internet. Er gewährleistet Sicherheit, Kontrolle und den *Cachingservice* für ein lokales Netzwerk.

Ein Proxyserver tritt in Verbindung oder als Teil eines **Gateways** auf, einem Knotenrechner *(Gatewayserver),* der den Übergang zwischen verschiedenen Netzwerken regelt, wie zum Beispiel die Verbindung eines Schulnetzes mit dem Internet. Für den Anwender bleiben Proxyserver jedoch weitgehend unsichtbar.

Ein Proxyserver bietet den Cachingservice (cache, dt. geheimes Lager, Versteck). Es handelt sich dabei um Speicherplatz endlicher Größe. Hier werden die zuletzt geforderten WWW-Dokumente für weitere Anfragen bereitgehalten. Einträge in den Cache werden im Allgemeinen mit einem Ablaufdatum versehen und gegebenenfalls nach entsprechender Zeit durch das Anfordern einer neuen Version aktualisiert.

Erhält der Proxyserver eine regelkonforme Anfrage nach einem Hypertextdokument, prüft er, ob sich das Dokument bereits im Cache oder auf dem Cacheserver befindet. Ist dies nicht der Fall, stellt er eine Anfrage an das WWW, um das entsprechende Dokument seinem Cache hinzuzufügen.

Vorteil eines Proxyservers ist, dass häufig geforderte Dokumente nicht erst vom Webserver angefragt werden müssen, sondern direkt aus dem Cache gelesen werden können. Damit wird das Internet entlastet und für den Anwender verringern sich gegebenenfalls die Ladezeiten.

Den Aspekt der Sicherheit erfüllt ein Proxyserver durch die Zusammenarbeit mit einer *Firewall,* die eingehende Anfragen auf ihre Unbedenklichkeit prüft. Lesen Sie hierzu mehr im Abschnitt 1.11.

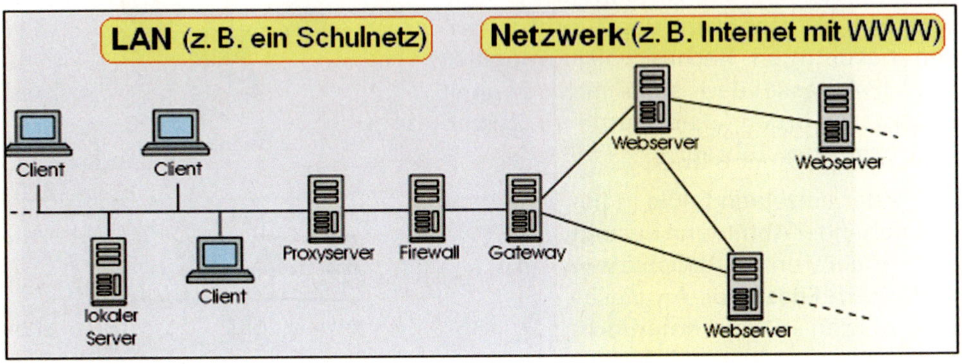

1.7.4 Internetprotokolle regeln den Datentransfer

Im Internet hat sich in den 70er-Jahren eine ganze Protokoll-Familie entwickelt, die die zu übertragenden Daten in kleine Einheiten zerlegt und überträgt. Dieses Prinzip trägt zur Ausfallsicherheit des Internets bei, da die Datenpakete ihren Weg durch das Internet völlig unabhängig voneinander wählen. Wenn ein „Daten-Weg" zu einem bestimmten Zeitpunkt nicht mehr „befahrbar" ist, können Pakete auf anderen Routen zum Ziel gelangen. **Router** berechnen anhand der Informationen in der Adresse die günstigste Verbindung zwischen zwei Punkten.

STOP

Der Datenverkehr im Internet ist durch sogenannte *Protokolle* geregelt. Dieses Wort hat hier nicht die Bedeutung „Niederschrift des Verlaufs von etwas", sondern „Regeln für die Abwicklung und die dabei zu verwendende Sprache", also dieselbe wie im täglichen Leben „diplomatisches Protokoll", „protokollarisch". Beispielsweise erfolgt der Zugriff eines WWW-Browsers auf die von einem WWW-Server angebotenen Daten über das HTTP-Protokoll, deswegen fängt die zum Zugriff benutzte Adresse, der URL, mit „http:" an.

1.7.4.1 Daten gehen portionsweise in Paketen auf Reise

Das Konzept der Paketvermittlung *(packet switched)* bietet die umfangreichsten Möglichkeiten zum gleichzeitigen Versand und Empfang von Daten vieler Rechner. Hier werden die Daten für die Übertragung in Pakete zerlegt. Anstatt komplette Nachrichten zu versenden und damit u. U. eine Leitung für lange Zeit zu belegen, werden die Pakete einzeln verschickt und können jeweils unterschiedliche Wege nehmen. Da eine Leitung nicht für eine Übertragung reserviert wird, kann es passieren, dass ein Paket nicht wie sein Vorgänger auf direktem Weg zum Ziel gelangt. Für nachfolgende Pakete kann die Leitung jedoch wieder frei sein. Daraus können für Pakete routenbedingte unterschiedliche Laufzeiten resultieren. So kann es vorkommen, dass Pakete in anderer Reihenfolge beim Empfänger eintreffen, als sie abgesendet wurden. Daraus resultierende Konsequenzen müssen durch **Protokolle** behoben werden. Beispielsweise ist **TCP** in der Lage, eingehende Pakete wieder in die korrekte Reihenfolge zu bringen.

In folgender Abbildung sollen die Eigenschaften der paketorientierten Vermittlung veranschaulicht werden, wobei hier nur eine von vielen möglichen Konstellationen dargestellt wird.

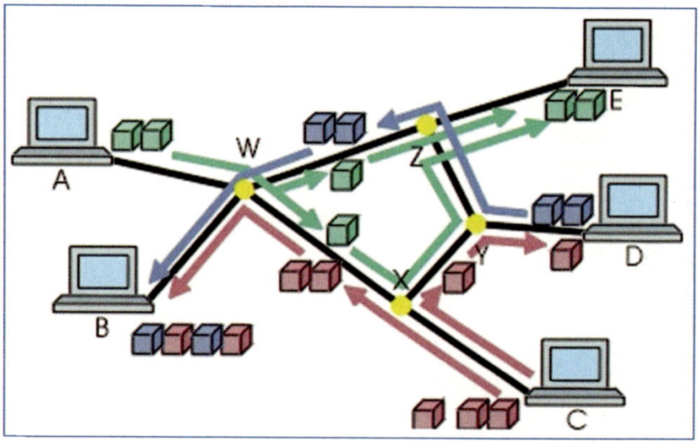

Rechner C möchte Nachrichten an Rechner B und Rechner D versenden. Rechner D sendet eine Nachricht in Form von Paketen an Rechner B. Währenddessen kann Rechner D auch Teilpakete der Nachricht von Rechner C empfangen. Rechner B empfängt abwechselnd Pakete von Rechner C und Rechner D. Praktisch empfängt er damit zwei Nachrichten zur gleichen Zeit. Rechner A sendet eine Nachricht an Rechner E. Da die Leitung zwischen den Knotenpunkten W und Z nicht immer zur Verfügung steht, wird als Ersatz für diese Leitung die Strecke über W, X, Y und Z verwendet. Folge dieser Umleitung ist allerdings eine andere Laufzeit der so geleiteten Pakete.

Stellen Sie sich den Datentransfer wie folgt vor:

Daten werden zu handlichen „Päckchen" gebündelt, denen ein Laufzettel mitgegeben wird, der den unterwegs passierenden Rechnern mitteilt:

Hier ist Teil 38 der Lieferung X, die von A nach B unterwegs ist. Falls das Päckchen von diesem Knotenpunkt nicht direkt nach B transportiert werden kann, bitte an einen beliebigen anderen Knotenpunkt weiterleiten.

Nach dieser Methode reist heute eine E-Mail z. B. von Rastatt nach Baden-Baden möglicherweise via Finnland und Japan.

IP = Internet Protocol, das die zu übertragenden Daten in handliche Pakete zerlegt, nummeriert und diese der Reihe nach u. U. auf verschiedenen Übertragungswegen versendet. Hierzu erhält jedes Datenpaket einen Paketkopf (header) mit der Absender- und Empfängeradresse in Form einer eindeutigen IP-Nummer, die 32 Bit groß ist. Der besseren Lesbarkeit wegen wird die Nummer in vier einzelne Byte aufgeteilt und in der Form `zahl1.zahl2.zahl3.zahl4` dargestellt, z. B. http://www.dslr-forum.de/showpost.php?p=845847&postcount=3B: `129.118.12.18`.

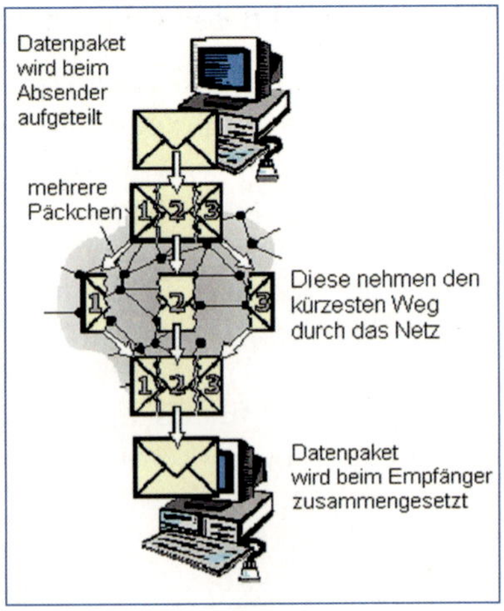

Das **Internet Protocol** ist mit Briefumschlägen vergleichbar. Man steckt die jeweiligen Daten hinein, adressiert und verschickt sie. Ebenso wie bei der „gelben Post" nicht jeder Brief zu einem Adressaten den gleichen Weg nehmen muss, kann auch der IP-Briefumschlag zwischen verschiedenen Zustellwegen wählen. Fällt eine Route aus, weil der dort stehende Rechner gerade außer Betrieb ist, wird einfach die nächstbeste Verbindung gewählt.

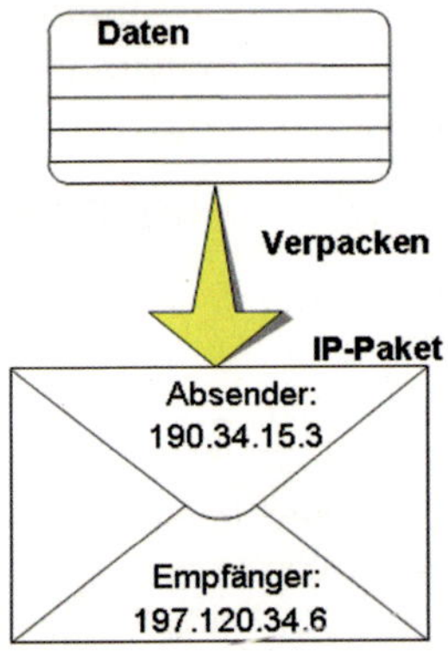

- Daten werden als Pakete versendet.
- Jedes Paket erhält die Absender- und Empfängeradresse.
- Jedes Paket wird über Router im Netz weitergeleitet.

1.7.4.2 Das TCP-Protocol als Wächter sicheren Datentransports

TCP-Protocol = Transmisson Control Protocol. Es stellt sicher, dass die zerlegten Datenpakete vollständig und fehlerfrei zwischen Sender und Empfänger ausgetauscht werden.

Bob Kahn und Vinton Cerf entwickelten Mitte der 70er-Jahre den Standard der Datenübertragung mit dem Kürzel TCP/IP, auf dem die globale Kommunikation bis heute beruht. Diese Protokolle lassen sich am besten mit dem Prinzip eines genormten Frachtcontainers vergleichen. Es spielt keine Rolle, ob der Container Weinbrandflaschen oder Pkws enthält, ob er in New York oder Bremen verladen wird, ob er mit japanischen Lastwagen transportiert wird oder mit chilenischen Eisenbahnwaggons – Hauptsache, er hat das internationale Standardmaß.

TCP – das Transmission Control Protocol – stellt eine gesicherte Verbindung zwischen zwei Rechnersystemen her. Es ist für alle Rechnertypen und Betriebssysteme vorhanden und kann mit allen Transportmedien eingesetzt werden. Jedem Netzknoten (Rechner, Router, Drucker etc.) wird eine einzigartige IP-Nummer zugeordnet.

Protokolle und deren Abkürzungen

TCP	**Transmission Control Protocol:** Stellt verbindungsorientierten, gesicherten Transportdienst bereit
UDP	**User Datagram Protocol:** Stellt verbindungslosen, ungesicherten Transportdienst bereit
IP	**Internet Protocol:** Sorgt für Wegewahl und ungesicherte Übertragung von Datagrammen
ICMP	**Internet Control Message Protocol:** Unterstützt den Austausch von Steuerinformationen innerhalb der Vermittlungsschicht
IGMP	**Internet Group Management Protocol:** Unterstützt die Verwaltung von Kommunikationsgruppen
ARP	**Adress Resolution Protocol:** Unterstützt die Zuordnung von IP-Adressen zu den entsprechenden Adressen der Sicherungsschicht
RARP	**Reverse Adress Resolution Protocol:** Stellt die Umkehrfunktion von ARP zur Verfügung

1.7.5 Zugänge zum Internet: Die Auffahrt zur Datenautobahn

Folgende Elemente sind erforderlich, um ins Internet zu gelangen:

- PC mit grafischer Benutzeroberfläche
- Zugriffssoftware (Browser wie z. B. Internet-Explorer, Mozilla, Opera)
- Telefonanschluss/Standleitung/Satellitenempfang
- Modem oder ISDN-Karte
- Provider (Internet-Dienstanbieter wie z. B. Online-Dienste, private Internet-Vereine oder Telefongesellschaften)

Bekannte Provider, die Internetdienste anbieten

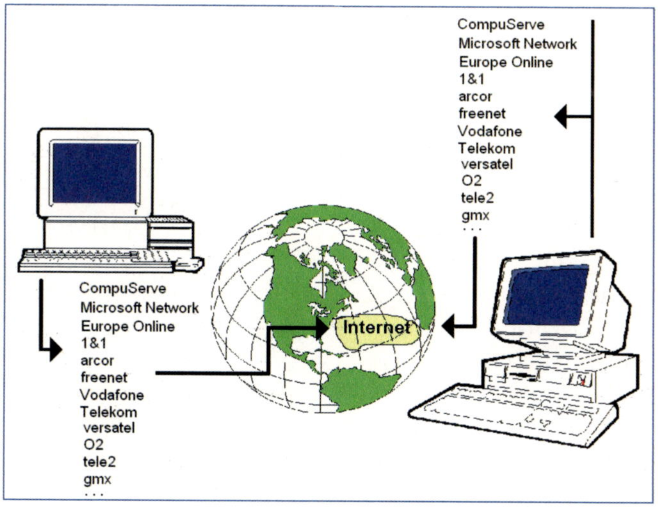

Rechner von Providern, die ständig an das Internet angeschlossen sind, bezeichnet man als **Internet-Gateways,** da sie die Brücke zwischen Ihrem PC und allen anderen Internet-Rechnern schlagen. Solche Gateways sind über Stand-, Wähl- oder Netzwerkverbindungen mit anderen Gateways verbunden, die die Daten selbst an weitere Gateways weiterleiten.

1.8 Internetdienste unter die Lupe genommen

1.8.1 Das World Wide Web

> STOP – Wer das Internet mit dem Word Wide Web gleichsetzt, irrt gewaltig! Es ist lediglich der meistgenutzte Dienst des Internets.

Das WWW (von Spöttern als **w**elt-**w**eites-**w**arten bezeichnet) ist für die explosionsartige Ausbreitung des Internets verantwortlich. Es verbindet mittels einfachem Mausklick Texte, Grafiken, Videos, Töne, ... miteinander. Diese multimedialen Dokumente sind durch Querverweise miteinander verbunden. Solche **Links** können Sie zu Informationen auf demselben Rechner oder aber auch auf beliebigen Rechnern führen. Man beginnt bei einer Ausgangsseite und bewegt sich mittels Links durch das WWW (surfen).

Kennzeichen und Voraussetzungen

- Das WWW ist die grafische Benutzeroberfläche des Internets.
- Es ist ein weltweiter Verbund von hypertextbasierenden Informationssystemen, also Dokumenten, die mittels Links miteinander verbunden sind.

1.8.1.1 Hypertextdokumente

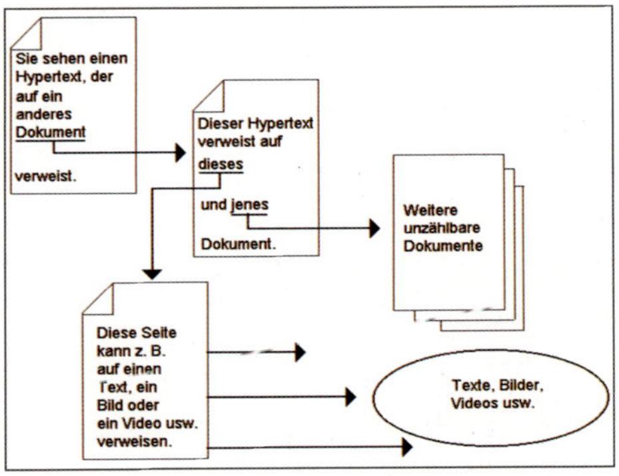

- Hypertextdokumente bedienen sich der **HTML-Sprache** (Hypertext Markup Language).
- Zwischen TAGs (< >) stehen die Anweisungen, wie die Dokumente darzustellen sind.
- Auf dem Webserver des Providers können websites, die im HTML-Format abgespeichert sind, abgelegt werden.

1.8.1.2 Aufbau von Adressen

IP-Adressen lassen sich nicht sehr gut merken, weshalb ein **Domänenname** hier eine Alternative bietet. Domänennamen dienen als „aussprechbarer" Ersatz für IP-Adressen, z. B. www.uni-karlsruhe.de.

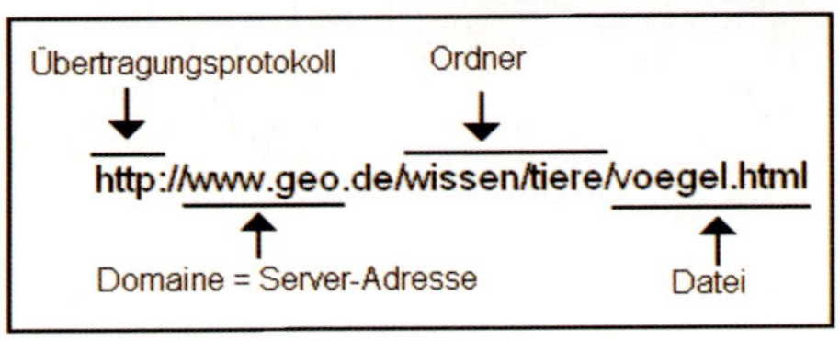

Domänennamen besitzen ebenfalls einen hierarchischen Aufbau, die oberste Domäne (Top-Level-Domäne, TLD) wird rechts notiert, davor können beliebig viele Subdomänen stehen, der erste Eintrag kennzeichnet den individuellen Rechner, der im Internet so häufig www heißt, aber nicht heißen müsste.

Allgemeiner Aufbau: `Protokoll://Servername/Ordnername/Dateiname`

1.8.1.3 Domains registrieren und verwalten

Einprägsame Webadressen sind ein knappes Gut geworden. Fast 13 Millionen Internetnamen verwaltet z. B. die **Deutsche Domain-Registry** Denic zurzeit.[1] Es geht also eng zu im Internet-Namensraum, insbesondere wenn man bedenkt, dass lt. Dudenredaktion der deutsche Wortschatz gerade mal 200 000 Wörter umfasst und die maximale Anzahl von Familiennamen auf 500 000 geschätzt wird.

Die Oberaufsicht über den Internet-Namensraum hat die **Internet Cooporation for Assigned Names and Numbers.** Diese delegiert die Vergabe und Verwaltung an **Network Information Centers.** Die deutsche Abteilung fungiert z. B. als Genossenschaft und hat zz. 260 Mitglieder. Die meisten davon sind Provider.

Der einfachste und häufigste Weg für die Domain-Registrierung führt über einen Webhoster. Zusammen mit Webspace und Mailservice erhält man meist ein Rund-um-Sorglos-Paket für den sofortigen Start der Webpräsenz. Wer ungewöhnliche Domain-Endungen wünscht, schaut aber oft in die Röhre. Meist beschränken sich die Angebote auf beliebte TDLs wie `.de`, `.com`, `.net`, `.info` oder `.biz`.

Tipp
Wenn Sie Internetadressen im Browser eingeben, können Sie http:// weglassen, da es von allen gängigen Browsern automatisch ergänzt wird.

Namenserweiterungen	html	HyperText Markup Language, die gemeinsame Basis aller Webseiten
	gif	Graphics Interchange Format, ein häufig benutztes Grafikformat im WWW
	jpeg	Grafikformat, das von der JOINT PHOTOGRAPIC EXPERTS GROUP entwickelt wurde. JPEG-Bilder benötigen durch die Datenkompression geringen Speicherbedarf.
Toplevel-Domains	gov	government
	mil	military
	net	network, Netzwerkbetreiber
	org	organisational, nichtkommerzielle Organisationen
	com	commercial, Firmen und kommerzielle Organisationen
	edu	educational, Bildungseinrichtungen

Da die „Internetgemeinde" immer größer wird, können Nutzer für ihre Webauftritte weitere Endungen von Internetadressen verwenden. Die „Internet Corporation for Assigned Names and Numbers" beschloss, folgende weiteren Namenserweiterungen (Toplevel-Domains) zuzulassen:

1 *Stand 31.07.2009: 12 937 550 Einträge von* de.Domaines. *Quelle: http://www.nice.de/*

Weitere Toplevel-Domaines		
	name	Privatpersonen
	prof	bestimmte Berufsgruppen
	museum	Museen
	biz	business
	aero	Luftfahrt
	info	Informationsanbieter
	coop	Genossenschaften

Auswahl geographischer Top-Level-Domains

Abkürzungen	Land	Abkürzungen	Land
AU	Australien	FI	Finnland
BE	Belgien	FR	Frankreich
CA	Kanada	IT	Italien
CH	Schweiz	JP	Japan
DE	Deutschland	NL	Niederlande
DK	Dänemark	NO	Norwegen
ES	Spanien	SE	Schweden
US	USA	UK	England

Weitere Infos vgl. www.werle.com/tipps/abkuerz4.htl.

Merke

Das World Wide Web ist ein interaktiver Verbund von Servern und Clienten. Innerhalb des World Wide Web fordern **Clients** mithilfe von WWW-Protokollen und URLs Dokumente oder Dienste von einem Webserver an. Als Client tritt normalerweise ein Browser auf. Er ermöglicht eine komfortable, meist grafische Navigation durch das Angebot der Hypertextdokumente. Ein Browser fordert im Auftrag des Anwenders Dokumente von Webservern und ist für die Darstellung des Inhalts und weitere Anfragen an Webserver, die beispielsweise durch Links in dem Dokument auftreten können, verantwortlich. Die Rolle des Clients kann im WWW auch durch einen Server besetzt werden. Eine derartige Situation tritt auf, wenn ein Webserver für die Bereitstellung eines Dokuments weitere Daten, zum Beispiel Teile eines Hypertextdokumentes von einem anderen Server anfordern muss.

1.8.2 Suchdienste im WWW: Die Nadel im Heuhaufen finden

Was nützt das Wissen um das Wissen ohne zu wissen, wo dieses zu finden ist? Der bekannte Satz „Wissen ist Macht“ könnte heute heißen: „Eine Suchmaschine ist eine Supermacht.“

Suchmaschinen helfen Webdokumente über Schlüsselwörter zu finden, in denen der Suchbegriff auftaucht. **WWW-Kataloge** hingegen sind Datenbanken, in denen nach WWW-Seiten zu bestimmten Themen gesucht werden kann. Ein Team von Redakteuren surft durchs Netz und begutachtet verschiedene WWW-Seiten. Danach ordnet es diese einer Kategorie zu und trägt die URLs – zusammen mit einem kurzen Kommentar – im Katalog ein.

1.8.2.1 Wellenreiten auf der Datenautobahn

Eine Suchmaschine durchsucht das Internet nicht dann, wenn der Benutzer eine Suchanfrage stellt. Bei den Milliarden von Dokumenten im Internet würde das viel zu lange dauern!

Ein Suchroboter beginnt seine Wanderung bei ein paar fest vorgegebenen Webseiten und folgt dann allen Links, die er auf diesen Seiten findet. So pflügt er sich durch immer größere Bereiche des Web. Er nimmt dabei alle Seiten, die er auf seinem Weg findet, in seinen Index auf. Je nach Suchmaschine indexiert er nur Titel und die ersten paar Zeilen jedes Dokuments oder gleich das ganze Dokument.

Eine Suchmaschine besteht aus den drei Teilen

- Roboter,
- Index und
- Benutzerschnittstelle.

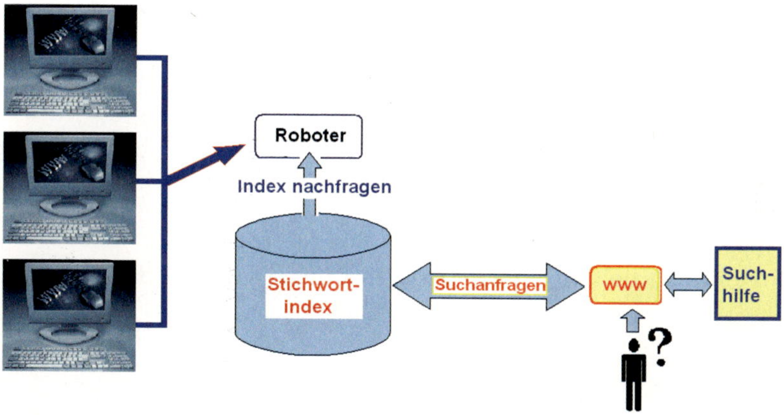

- Die **Benutzerschnittstelle** (Interface) ist das Formular und die Webseite, die der Benutzer sieht.

- Der Stichwortindex ist eine große Datenbank.
- Der **Suchroboter** durchstöbert dauernd das WWW und indexiert dabei gefundene Seiten, d. h., er nimmt die Seiten in einem Stichwortverzeichnis auf.

Suchmaschinen

- Datenbanken von Suchmaschinen werden durch Programme erstellt, die sich selbsständig durchs Netz bewegen. Solche Programme heißen ***Crawler, Spider, Wanderer*** oder ***Worms*** und werden unter dem Sammelbegriff ***Robots*** zusammengefasst.
- Ein ***Robot*** fängt auf einem beliebigen Server an, lädt dessen Homepage, erstellt eine spezielle Tabelle (Index) über die bedeutungstragenden Wörter des kompletten Textes dieser Seite und fügt diesen der Datenbank hinzu.

www.google.de

Jetzt landen beim Marktführer.

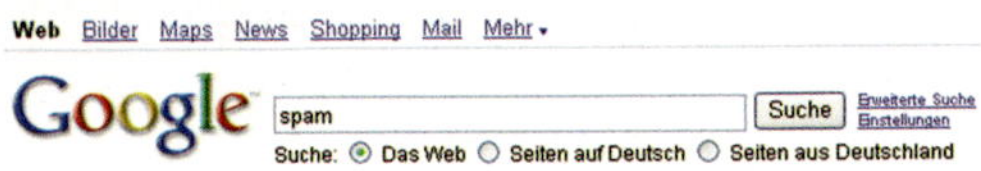

www.paperball.de

Jetzt landen bei einer Spezialsuchmaschine für Zeitungen.

PAPERBALL
Newssuche und Verbraucherinformation

Metasuchmaschinen

Über eine einzige Eingabemaske werden mehrere Suchmaschinen an einem Suchprozess gleichzeitig eingesetzt.

www.klug-suchen.de

http://meta.rrzn.uni-hannover.de

http://index.meta-spinner.de

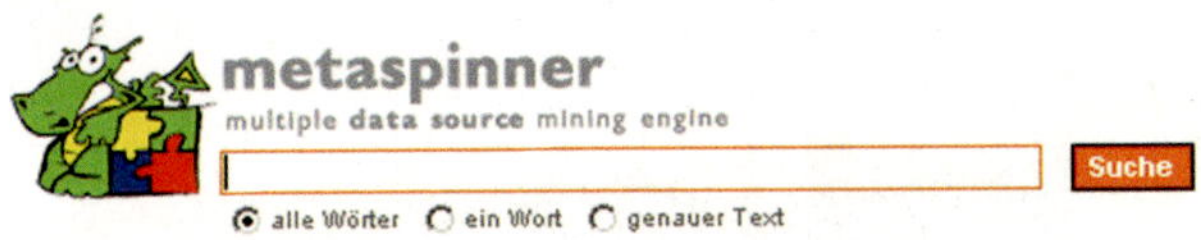

Thematische Kataloge

- Redaktionell bearbeitete Einstiegshilfen, die thematisch oder geografisch gegliederte Onlineangebote präsentieren.
- Bei Suchanfragen werden die dazugehörenden Dokumente lediglich in den thematischen Verzeichnissen gesucht.

Gute Einstiegspunkte:

www.web.de

www.yahoo.de

www.dino-online.de

www.branchenbuch.de

www.at-first.de

> Die Unterscheidung zwischen Katalogen und „echten" Suchmaschinen verwischt zunehmend, da Kataloge ihrerseits Suchmaschinen verwenden. STOP

Arbeitsauftrag

Arbeiten Sie die Empfehlungen bezüglich der Auswahl der „richtigen" Suchmaschine sowie Suchtipps unter folgenden Adressen durch.

www.ubka.uni-karlsruhe.de/suchmaschinen/

www.suchfibel.de/

http://nuetzliche-links.de/

1.8.2.2 Clever suchen im Web

Bei fast allen **Suchmaschinen** sind mehrere Suchmodi möglich:

- einfache Suche
- Bilder-Suche
- Profi-Suche

Bei der **einfachen Suche** werden die Wörter, die man finden möchte, nacheinander eingetippt und durch ein Leerzeichen getrennt. Viele Suchmaschinen interpretieren diese Suche in der Weise, dass alle Seiten angezeigt werden, in denen sich diese Wörter finden. Es werden die Seiten zuerst angezeigt, in der die Wörter am häufigsten vorkommen oder im Titel der Seite zu finden sind. Danach werden die Seiten angezeigt, in der sich nur ein Wort finden lässt.

Bei der **Bilder-Suche** sollten Sie vor der Auswahl über die Verwendung der Bilder nachdenken, was sich in der Bildgröße (Bildauflösung) niederschlägt. Fast alle Suchmaschinen unterscheiden zwischen den Optionen: *klein, groß* und *extra groß.* Ferner kann die Dateiart[1], z. B. *jpeg, gif, ...* ausgewählt werden.

Bei der **Profi-Suche** kann der Benutzer der Suchmaschine mittels Boole'scher Operatoren (z. B. AND, OR, NOT) die Suche ausweiten bzw. einschränken. Wörter, die unbedingt in den Trefferdokumenten auftreten sollen, markieren Sie mit einem vorangestellten „+"-Zeichen.

Beispiele	Lösungsvorschläge

Bring Brot, Weizen- oder Roggenbrot, aber kein Kümmelbrot.	`Brot` **`UND`** `(Weizen` **`ODER`** `Roggen)` **`NICHT`** `Kümmel`
	`oder:`
	`+Brot +(Roggen Weizen) -Kümmel`

Suche eine Gutenachtgeschichte.	`Märchen +Frosch -Drache`
Wie hoch ist der Kölner Dom?	`+"Kölner Dom" +Höhe`

1 Diese Unterscheidungen werden im Kapitel 3 dieses Buches näher beschrieben.

Wortkombinationen in Anführungszeichen werden wie ein einzelner Suchbegriff behandelt.	„französische Küche“, „Michael Ballack“ „Ali Baba und die 40 Räuber“
Logische Verknüpfungen können geschachtelt werden. Die logischen Einheiten werden dabei mit Klammern zusammengefasst.	(Euro OR „Europäische Währung“) AND (Wirtschaftsgipfel OR Wirtschaftskonferenz)
Trunkierung: Das Sternchen * kann als Joker (Platzhalter) eine beliebige Anzahl von Zeichen ersetzen.	Gra*ik sucht nach „Grafik“ und „Graphik“

Fazit

Wenn Computer aus verschiedenen Informationen sinnvolle Zusammenhänge herstellen und vielleicht daraus sogar noch automatisch „Wissen“ ableiten sollen, scheitern sie an ihrer eigenen Logik. Mathematisch in Bits und Bytes aufgelöst, ist ein *Schloss* für sich ein *Schloss.* Ohne Zusatzinformationen können auch die besten Suchmaschinen nicht erkennen, ob es sich um ein *Märchenschloss* oder ein *Türschloss* handelt und ob der Anfragende auf der Suche nach einem *Reiseführer* oder einem *Schlüsseldienst* ist. Suchmaschinen liefern deshalb heute auf eine derartige Anfrage hin Unmengen von Antworten, von denen eine Vielzahl nicht zu gebrauchen ist. Diesen Mangel versucht die Informatik-Forschung unter dem Forschungszweig „Semantisches Web“ zu beheben. Ziel des „Semantischen Web“ ist es, die Bedeutung von Internetseiten für Computer so verstehbar zu machen, dass sie selbsständig Sinnzusammenhänge finden können. Dieser Forschungszweig versucht folgende These zu entkräften:

„Suchmaschinen finden alles – aber selten das Gesuchte.“

1.8.2.3 Lesezeichen erleichtern das Auffinden

Während Sie so vor sich hin surfen, werden Sie bestimmt auf Seiten stoßen, bei denen Sie denken: „Na, das ist ja interessant! Diese Adresse muss ich mir merken!“

Greifen Sie in dieser Situation nicht zu Papier und Stift, sondern nutzen Sie die dafür gedachte Funktion Ihres Browsers. Er kann sich den Titel und die Adresse der betreffenden Seite merken. Hierzu bieten die gängigen WEB-Browser einen Menüpunkt an, in dem der Anwender die gemerkten Seiten in einer hierarchisch geordneten Struktur auflistet. Im **Internet-Explorer** verbirgt sich besagtes Menü unter dem Stichpunkt **Favoriten.** Im **Mozilla Firefox-Browser** finden Sie die gemerkten Seiten unter dem Menüpunkt **Lesezeichen.**

1.8.3 E-Mail: Kein Postbote klingelt mehr

Ablaufstruktur

- Der Sender überträgt die E-Mail zu seinem zugehörigen Mail-Server (meist Server des Providers).
- Der Mail-Server überträgt die E-Mail zum nächsten Knotenrechner.
- Die E-Mail kommt am Ziel-Server an.
- Der Ziel-Server speichert die E-Mail so lange, bis sie vom Empfänger abgeholt wird oder bis ein vorgegebenes Zeitlimit überschritten ist.

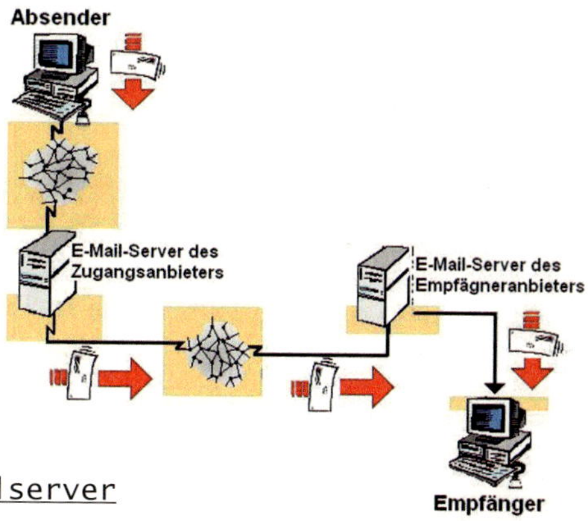

1.8.3.1 Aufbau von E-Mail-Adressen

Grundsätzlicher Aufbau: Nutzername@Mailserver

z. B. X.Huber@dillingen.bayNet.de

oder K.Maier@t-online.de

oder redaktion.karlsruhe@tagblatt.de

1.8.3.2 Die Post geht ab

Wesentliche Teile einer E-Mail sind:

- Empfängeradresse („An", „To")
- Kopie an („Cc" = carbon copy)
- Betreff („subject"). Da der E-Mail-Transport über viele Rechner mit unterschiedlichen Betriebssystemen läuft, sollte man im Betreff-Feld nur ASCII-Zeichen, d. h. keine Umlaute verwenden.
- Anlagen („attachement"); dies können beliebige Dateien sein.

Bei der geschilderten Übertragungsart handelt es sich um eine **asynchrone Kommunikation,** d. h., Sender und Empfänger müssen nicht gleichzeitig aktiv sein. Hierbei ist anzumerken, dass fast alle E-Mail-Programme eine Offline-Funktion („go offline") anbieten. Sie können Ihre Post in Ruhe bearbeiten. Alle E-Mails werden zunächst einmal auf der Festplatte des PC zwischengespeichert („send later"), erst wenn Sie wieder online sind, können Sie alle übertragen. So können Sie, sollten Sie keine Flatrate haben, Telefongebühren sparen.

1.8.3.3 Die Post geht ein

→ Starten Sie die E-Mail-Funktion Ihres Browsers.

→ Geben Sie Ihren log-Namen und das Passwort ein (sofern es nicht vom Browser gespeichert ist).

→ Wählen Sie die Funktion „Abholen/Lesen/Nachrichten übermitteln" *(je nach Browser unterschiedlich).*

Empfangene E-Mails können Sie ...

- beantworten (re-mail), wobei der Text des Absenders im Antwortschreiben vorbelegt wird. Jede Textzeile ist dann mit dem Zeichen „>" markiert.
- an alle beantworten (re-all), d. h., der Absender und die auf dem Verteiler stehenden Personen erhalten Ihre Antwort.
- weiterleiten (forward) an eine andere Adresse.
- löschen (delete).

Vorteile der E-Mail-Nutzung	Nachteile der E-Mail-Nutzung
 Weltweite schnelle Erreichbarkeit und geringe Kosten (keine unterschiedlichen Tarife wie z. B. bei Postkarte, Brief, Eilbrief, Luftpost usw.). Eine E-Mail innerhalb eines Ortes kostet genau so viel wie die Übertragung auf die andere Erdhalbkugel.	**Sicherheitsrisiken** Vergleichen Sie eine E-Mail bitte nicht mit einem Brief. Der Vergleich mit einer Postkarte ist besser. Grund: Postkarten sind einsehbar, weshalb gilt: Schreiben Sie niemals vertrauliche Dinge in eine E-Mail, es sei denn, Sie verwenden gute Verschlüsselungsprogramme.
Beliebige Dateien können mitverschickt werden.	Es sind ausschließlich Daten übertragbar. *„Anbei ein 100-Euro-Schein" oder „Sie erhalten mit dieser Post eine Warenprobe"* geht also nicht!

1.8.3.4 Spam-Abwehr: Schutz gegen E-Mail-Müll

Wie Krähen über die Saat, fallen Spam-Roboter über E-Mail-Adressen her. Auf irgendeiner Seite pickt eine dieser Krähen Ihre Anschrift heraus. Ab dann nimmt der **Spam-Terror** keine Ende mehr. Besonders Nachrichten mit PDF-Anhängen attackieren den geplagten User: „Kaufen Sie diese Aktie, kaufen Sie jene Aktie!"

Gemeinhin werden solche unverlangten E-Mails als **Spam** bezeichnet. Diese Abkürzung für ein aus den USA stammendes Frühstücksfleisch *(**S**piced **P**ork **A**nd **M**eat)* hat sich als Name für unverlangt eingehende kommerzielle E-Mails durchgesetzt. Man spricht auch von „Junk-Mail", „Bulk-Mail" oder „UCE" (Unsolicited Commercial E-Mail).

Aktien, Viagra, Gewinnspiele – Schwärme von Werbe-E-Mails überfallen den Benutzer. **Stoppen Sie die Spam-Attacken!**

PROBLEMSTELLUNG

Um der Flut unerwünschter Post Herr zu werden, will Herr Berger das E-Mail-System so einrichten, dass jede Nachricht bewertet und gegebenenfalls als Spam gekennzeichnet wird. Anhand dieser Markierung will er als Benutzer mithilfe des E-Mail-Programms oder zentral angebotener Filter solche unerwünschte Post ausfiltern.

Lösungsmöglichkeiten

Es ist zu empfehlen, die markierten Nachrichten in einem besonderen Ordner zu sammeln, ab und zu durchzusehen und die unerwünschten sofort zu löschen.

- **Tragen Sie Ihre Adresse nicht überall in Webformulare ein:** Behandeln Sie Ihre E-Mail-Adresse wie eine Staatsgeheimnis. Geben Sie diese nur an vertrauenswürdige Personen weiter und gehen Sie auch so mit den E-Mail-Adressen Ihrer Freunde, Bekannten und Geschäftspartner um.
- **Legen Sie sich eine zweite E-Mail-Adresse zu:** Auf vielen Internetseiten müssen Sie sich mit Ihrer E-Mail-Adresse registrieren lassen, um beispielsweise bestimmte Dienste in Anspruch nehmen zu können. Damit Sie nicht Ihre Haupt-E-Mail-Adresse preisgeben müssen, legen Sie sich für diese Fälle ein zweites Postfach zu. Viele Provider bieten kostenlose E-Mail-Accounts an.
- **Antworten Sie nicht auf Werbe-E-Mails:** Oft enthalten Spam-E-Mails Hinweise wie: „Klicken Sie hier, wenn Sie keine weiteren E-Mails mehr erhalten möchten" oder „Antworten Sie mit dem Betreff ‚Remove', um von der Verteilerliste gelöscht zu werden". Hierauf sollten Sie auf keinen Fall reagieren! Denn dadurch zeigen Sie dem Absender, dass Ihre Adresse besteht und Sie Ihr Postfach regelmäßig nutzen. Und das macht Ihre E-Mail-Adresse noch wertvoller für den Weiterverkauf. Sie laufen Gefahr, noch mehr Werbe-E-Mails zu erhalten.

- **Schalten Sie den Spam-Schutz Ihres E-Mail-Postfachs ein:** Alle großen Provider bieten mittlerweile Spamfilter an. Zwar filtern sie nicht alle Spams aus Ihrem Postfach, jedoch sollten Sie diese trotzdem aktivieren.
- **Installieren Sie eine Anti-Spam-Software.**

1.8.4 News: Die Schwarzen Bretter des WWW

News sind eine Art E-Mails, bei der die Meldungen nicht an spezielle Empfänger gesendet werden, sondern an „Schwarzen Brettern" zur allgemeinen Einsicht „ausgehängt" werden. Diese „Bretter" sind in einzelne Newsgoups unterteilt. Somit ist dieser Internetdienst ein Kommunikationsmedium, das z. B. über Neuigkeiten informiert, themenspezifische Fragen beantwortet und Kontakt mit Experten aufbaut.

Jeder kann

- alle eingehenden Artikel lesen bzw. auf seinen Datenträger kopieren,
- auf Artikel antworten,
- an den Diskussionen teilnehmen,
- eigene Artikel veröffentlichen,
- spezielle Fragen stellen.

1.8.5 Chatten: Dialog von Person zu Person

Definition

Zeitsynchrone schriftliche Verbindung zwischen Sender und Empfänger über das Internet = elektronische Sofortkommunikation.

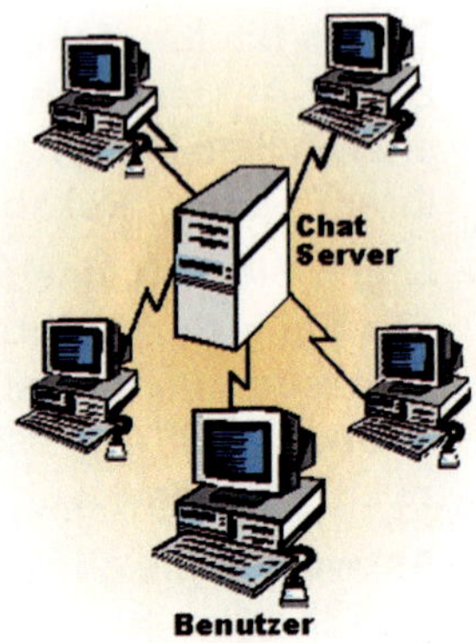

Voraussetzungen

- Chat-Software, die den Dialog zwischen den Gesprächspartnern aufbaut.
- Internetadresse bzw. Chat-Forum des Chat-Partners muss bekannt sein.

1.8.5.1 Chatrooms näher unter die Lupe genommen

Das Chat-Angebot des Internets ist riesig und kaum zu überblicken. Allen gemeinsam ist: Anbieter profitieren von der Community-Bildung durch Chats. Menschen mit gleichen Interessen können sich im Chat kennenlernen und sich dort immer wieder treffen. Sie entwickeln dauerhafte „Chat-Gemeinschaften", wobei sich – trotz fließender Grenzen – verschiedene Chat-Anbieter-Typen unterscheiden lassen.

1. Reine Chat-Portale und Community-Plattformen

   Hier bildet der Chat die einzige Funktionalität der Website. Community-Plattformen bieten jedem Nutzer zusätzlich kleine Homepages, Fotogalerien und Foren. Zur Finanzierung tragen – neben Werbebannern – kostenpflichtige Zusatzfunktionen oder Registrierungen, Fan-Shops und die Vermietung von Chaträumen bei. Beispiele für reine Chat-Portale sind *Spinchat, Chatcity, Chat4free.* Beispiele für Community-Plattformen sind *Beepworld, Knuddels* und *KWICK.*

2. Chats auf Websites von (Medien-)Unternehmen

   Internetprovider, private und öffentlich-rechtliche Rundfunkanbieter sowie Zeitschriftenverlage bieten auf ihren Portalen auch Chaträume an. Beispiele sind *Lycos-Chat, Toggo-Treff, Tivi-Treff, Netztreff, Yam.*

3. Chats von Initiativen, Vereinen und Organisationen

   Nichtkommerzielle Anbieter haben das Ziel, einen sicheren Raum im Internet zu schaffen. In diese Kategorie gehören auch Chats von Fangruppen oder Initiativen, die den Chat ebenso wie die Website für den Austausch innerhalb ihrer Fangemeinde oder ihres Vereins anbieten und nutzen.

4. Chatten per Instant-Messenger

   Die Nachrichten laufen nicht wie beim Webchat über die vermittelnde Plattform eines Chat-Betreibers. Die Nachrichten werden von einem Nutzer zum anderen direkt gesendet. Dazu lädt man sich einen Instant-Messenger kostenlos im Internet herunter. Neben dem reinen Datenaustausch bieten viele Messenger reizvolle Zusatzfunktionen wie Internet-Telefonie, integrierte E-Mail-Accounts, Voice- und Webcam-Software an.

1.8.5.2 Wo Licht ist, ist auch Schatten: Sicherheit geht vor

Instant-Messenger bergen die Gefahr, dass Kinder und Jugendliche z. B. von pädokriminell geneigten Nutzern angesprochen und belästigt werden können, da es keine Möglichkeiten der Filterung, Moderation und Kontrolle durch einen Anbieter gibt. Dieses Risiko steigt beträchtlich, wenn Nutzer sich in ihren Messenger-Profilen detailliert vorstellen und Angaben zu Alter und Wohnregion machen, Fotos einstellen oder sich auf andere Art und Weise als minderjährig zu erkennen geben.

Aufgrund dieser real vorhandenen Gefahren sollten folgende Sicherheitsregeln nicht in den Wind geschlagen werden:

1. Sicherheitsfunktionen des Messengers auf die höchste Stufe setzen, um die Privatsphäre weitestgehend zu schützen.
2. Unerwünscht zugesandte Nachrichten unterdrücken.
3. Keine unaufgeforderten Kontakte zulassen bzw. Kontaktanfragen unbekannter Teilnehmer ablehnen.
4. Dateitransfer, Cam- und Voice-Funktionen ausschalten bzw. Anfragen von Unbekannten ablehnen.
5. Absender lästiger Nachrichten auf eine Ignore-Liste setzen.
6. Nie den vollen Namen, Wohnort, ... angeben.
7. Keine Bilder einstellen.

Werden Sie belästigt, so gilt:

1. Per Screenshot (Alt + Druck-Taste) ein Abbild des Chat-Fensters erstellen. Dieses Abbild über die Zwischenablage in ein Programm einfügen.
2. Per Logfile den Text im Chat-Fenster mit der Maus markieren und in ein Anwenderprogramm einfügen.
3. E-Mails speichern.
4. So schnell wie möglich Anzeige erstatten.

1.9 E-Commerce: Eine Schnitzeljagd durchs Internet

1.9.1 Das Internet als Marktplatz

Begriffe mit einem vorgestellten „E“ für „electronic“ sind derzeit groß in Mode. Wortschöpfungen wie z. B. **E-Auction** (Versteigerung), **E-Bonding** (Kundenbindung), **E-Consulting** (Beratung), **E-Education** (Bildung), **E-Payment** (Zahlungsverkehr), **E-Vote** (Wahlen), ... zeugen von einer eigenen **E-Kultur**. Wird das Ganze mobil, spricht man von **M-Business** bzw. **M-Commerce.**

Und hier der Versuch einer Definition:

Unter E-Commerce versteht man alle Formen von elektronischer Vermarktung und den Handel von Waren und Dienstleistungen über elektronische Medien wie das Internet. E-Commerce ist eine „Untermenge“ des E-Business. Neben dem Internet können E-Commerce-Transaktionen auch über firmeninterne oder „Nicht-Internet“-Netze von z. B. Behörden und Banken abgewickelt werden.

1.9.2 Einteilungen der „E-Culture“ nach den Akteuren und deren Rollen

- **Business-to-Consumer-Beziehung:** Geschäftsbeziehungen zwischen Unternehmer und Endkunden. Beispiele wären Kleinanzeigebörsen der Art „Biete Mitfahrgelegenheit nach Greifswald“.
- **Consumer-to-Consumer:** Hier wären Konsumenten-Auktionen zu nennen, wo jedermann an jedermann verkaufen kann, wie z. B. bei www.ebay.com oder www.qxl.de.
- **Administration-to-Administration:** Geschäftsbeziehungen zwischen staatlichen Stellen
- **Consumer-to-Business:** Geschäftsbeziehungen zwischen Privatpersonen und Internetanbietern. Als Beispiel wären hier Gebote für Flugtickets zu nennen (www.priceline.com), bei denen die Fluggesellschaft entscheidet, ob sie diese Gebote akzeptiert.
- **Business-to-Employee:** Geschäftsbeziehungen und Kommunikation eines Unternehmens und seinen Mitarbeitern
- **Business-Portale:** Brachenspezifische Plattformen, die i. d. R. nur geschlossenen Benutzergruppen zugänglich sind.
- **Business-to-Business:** Onlinehandel von Unternehmen untereinander

Folgende Abkürzungen sind heute üblich:

A (= Administration): staatliche Einrichtungen, öffentliche Verwaltung

B (= Business): Unternehmen

C (= Consumer): Privatpersonen, Endverbraucher

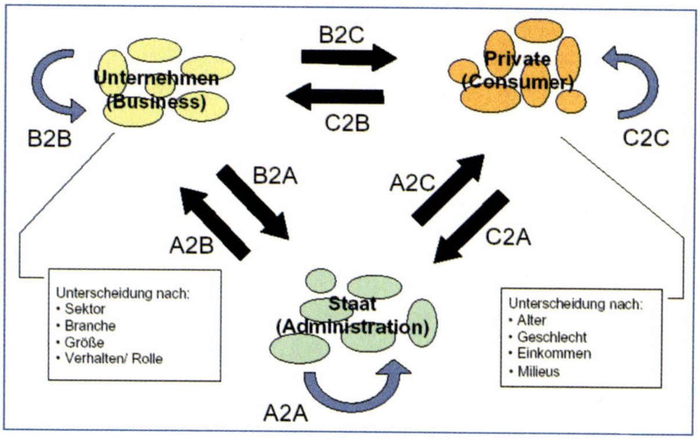

Aus gesamtwirtschaftlicher Sicht ergeben sich sechs Kombinationsmöglichkeiten, die in nebenstehender Abbildung dargestellt sind. Die Ziffer „2" ersetzt das englische Wort „to".

Stellt man die Nachfrager und Anbieter von Angeboten gegenüber, so können die Markt- und Transaktionsbereiche in nebenstehender Matrix zusammengefasst werden.

Anbieter der Leistung \ Nachfrager der Leistung	Consumer	Business	Administration
Consumer	**Consumer-to-Consumer** z.B. Internet-Kleinanzeigenmarkt	**Consumer-to-Business** z.B. Jobbörsen mit Anzeigen von Jobsuchenden	**Consumer-to-Administration** z.B. Steuerabwicklung, Behörden-Interaktion
Business	**Business-to-Consumer** z.B. Bestellung eines Kunden in einem Online-Shop	**Business-to-Business** z.B. Bestellung eines Unternehmens bei einem Zulieferer	**Business-to-Administration** z.B. Steuerabwicklung von Unternehmen, Beantragung von Genehmigungen
Administration	**Administration-to-Consumer** z.B. Abwicklung von Unterstützungsleistungen, Bürgerinformation	**Administration-to-Business** z.B. Beschaffungsmaßnahmen öffentlicher Institutionen	**Administration-to-Administration** z.B. Transaktionen zwischen öffentlichen Institutionen im In- und Ausland

Arbeitsauftrag

Arbeiten Sie das E-Commerce-ABC unter folgender Adresse durch: www.ecin.de/abc/

1.9.3 Voraussetzungen für Business-to-Business

- Zwischen Kunde und Lieferant muss ein (vertraglich fixiertes) Vertrauensverhältnis bestehen, da viele Prozessschritte bis zum Bezahlen automatisch erfolgen können.
- Es muss ein Standard gefunden werden, um einen Datenaustausch zwischen den beteiligten Rechnersystemen zu gewährleisten.
- Sichere Übertragungswege oder Methoden (Verschlüsselung, digitale Unterschrift) sind notwendig. Die Vertraulichkeit der Geschäftsbeziehungen muss auch im Internet garantiert werden.

Bei der **Business-to-Consumer-Beziehung** können als größte Vorzüge die „Ladenöffnungszeiten" und die Vergleichbarkeit der Preise genannt werden. Als Nachteil wird immer wieder über die unzureichende Sicherheit des Zahlungsverkehrs geklagt. Die Übermittlung von persönlichen Daten ruft bei potenziellen Internetnutzern Unsicherheitsempfinden hervor. Gerade der Internet-Pionier „Amazon" (elektronischer Buchhandel) zeigt, wie digitale Geschäftsmodelle funktionieren können. Die Betriebskosten können drastisch gesenkt werden, da nun wesentlich geringere Kosten daraus erwachsen, große Flächen für die Präsentation von Gütern sowie hohe Präsenzbestände bei geringer Umschlagsgeschwindigkeit vorzuhalten. Der Zwischenhandel fällt weg und die Verteilung der Ware wird billiger, weil die einzelnen Orders direkt zum Großhändler oder Hersteller gehen. Einzig die Transportkosten der Produkte sind derzeit noch das größte Hindernis im Onlineverkauf.

1.9.4 Klassifizierung elektronischer Marktsysteme

Bei der Nachbildung realer Markttypen durch virtuelle Formen hat sich folgende Klassifizierung als vorteilhaft erwiesen.

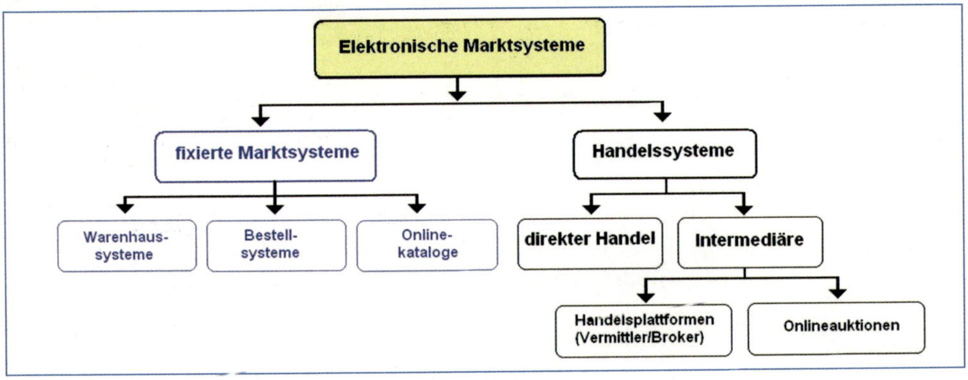

- In **fixierten Marktsystemen** liegen bereits zu Beginn der Verhandlungsphase Angebote vonseiten des Anbieters vor; Verhandlungen finden nicht statt.
- Bei einem Warenhaussystem bietet ein einzelnes Unternehmen in Form von Onlineshops seine Waren an. (vgl. z. B. www.conrad.de)
- **Bestellsysteme** erlauben elektronische Anforderungen von Dienstleistungen, wie z. B. Flugreservierungen (vgl. z. B. www.tiss.com)
- Bei **Onlinekatalogen** werden z. B. die Angebote verschiedener Lieferanten katalogisiert und stehen dem Nachfrager übersichtlich zur Verfügung. (vgl. z. B. www.atradapro.de)
- Bei Handelssystemen steht der Vergleich von Geboten mit Gegengeboten im Vordergrund. Bei **Intermediär-Systemen** stellt ein am Handel unbeteiligter Dritter eine Handelsplattform zur Verfügung, mit der Handelsteilnehmer anonymisiert Güter und Dienstleistungen aller Art handeln und sowohl Verkaufsgebote als auch Kaufgesuche einbringen können.

◆ Bei **Auktionssystemen** werden zeitlich befristet Angebote oder Gesuche wie bei einer realen Auktion angenommen und versteigert (vgl. z. B. www.ebay.de oder www.ricardobiz.com).
Hier werden Millionen von Interessenten auf einer Onlineauktionsseite zusammengeführt, wo zeitweise über eine Million von Produkten zum Verkauf angeboten werden.

E-Commerce-Teilnehmer, die zwischen Käufer und Verkäufer eingeschaltet sind, nennt man Intermediäre.

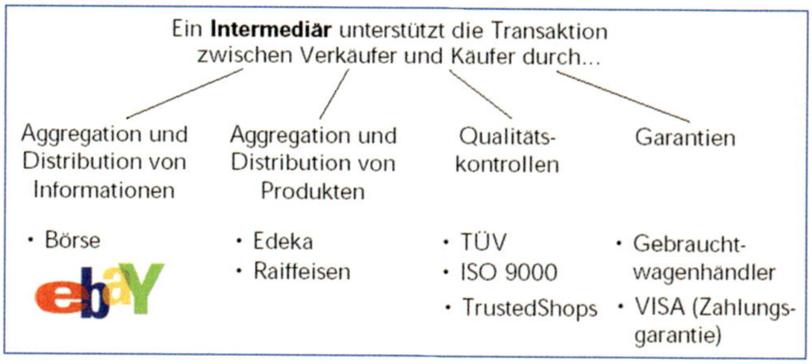

1.10 Internetbanking im Kurzüberblick

◆ Zugriff auf Kontoinformationen, Kontostand, Kontoauszüge, Transaktionen (z. B. Überweisungen, Daueraufträge, ...)

◆ Börseninformationen/Börsengeschäfte

◆ Geldanlage

◆ Produkte/Konditionen

Abschlussgedanken zur Diskussion:

1. E-Business verändert unsere Wirtschaft dramatisch. Unternehmen, die die Entwicklung verschlafen, werden von der Bildfläche verschwinden. Nach dem Motto: *E-Business or no Business.*
2. Das Internet stellt lediglich ein neues Medium dar, über das Geschäfte abgewickelt werden können. Die herkömmlichen wirtschaftlichen Gesetzmäßigkeiten werden dadurch nicht außer Kraft gesetzt.

Wer hat recht?

1.11 Oft müssen Schutzwälle errichtet werden

PROBLEMSTELLUNG

Herr Berger wünscht sich ein System (ein oder mehrere Programme), das das lokale Netzwerk vor unerwünschten Zugriffen von außen schützen soll.

Definition

Eine Firewall besteht aus einer Gruppe von Netzwerkkomponenten (Hard- und Software) an der Schnittstelle zweier Netze. Sie gewährleistet die Einhaltung von Sicherheitsrichtlinien zwischen einem zu schützenden und einem unsicheren Netz. Aus dieser „Brandschutzmauer" entscheidet sich, auf welche Dienste innerhalb des privaten Netzes zugegriffen werden kann und welche Dienste des nicht sicheren Netzes aus dem privaten Netz heraus nutzbar sind.

Das Firewall-Programm ist an ein **Gateway** angeschlossen und arbeitet zusammen mit einem **Proxyserver,** wenn dieser nicht von vorneherein in der Firewall enthalten ist. Bereits beim Eingang bestimmter Datenpakete entscheidet das System, ob ein Paket vernichtet oder zu seinem Ziel weitergeleitet wird. Für gewöhnlich wird ein **Firewall-Programm** auf einem separaten Rechner installiert, um jegliche Anfrage von außerhalb von dem zu schützenden Netzwerk fernzuhalten. Zu den Techniken einer Firewall-Filterung gehören das Identifizieren einer bekannten, unbedenklichen IP bis hin zu Login-Prozeduren und Authentizitäts-Zertifikaten.

Firewall: Mein PC ist meine Burg

Nicht immer „hinken" Vergleiche. Stellen Sie sich eine Firewall ruhig wie einen mittelalterlichen Burgfried vor, hier die Waldburg in Oberschwaben.

Hier der Vergleich:

Mittelalterliche Burg	„digitale Burg"
Innerer und äußerer Burgring, manchmal noch mit Wassergraben und Wachtürmen versehen, trennen Übergänge zu definierten Bereichen ab.	Netzwerkkomponenten schotten das zu schützende Netz ab. Nur sie gewährleisten einen sicheren Übergang.
Falltüre wird von Burgwächter kontrolliert.	Kontrolle von Zugang und Diensten an einem Punkt nach definierten Regeln werden erzwungen. Es wird festgelegt, wer – und über welche Protokolle – Zugriff hat.
Besucher werden registriert, Transportmittel und Gegenstände werden geprüft.	Sicherheitsrelevante Vorfälle werden in das Logfile geschrieben.

2 Informatik und Gesellschaft

2.1 Von der Sammlungswut von Daten

Überall werden Daten *gesammelt, ausgewertet, gespeichert, manipuliert, gefälscht, verkauft, abgehört, analysiert, verbreitet, ...* Man könnte diese Liste beliebig fortsetzen.

So notwendig es ist, in fast allen gesellschaftlichen Bereichen rationale Entscheidungen aufgrund vorhandener Daten zu treffen, so sicher ist auch, dass – immer da, wo riesige Datenmengen gespeichert und übertragen werden – Tür und Tor zum Missbrauch offen stehen. Somit ist es unabdingbar, sich mit der Thematik des Datenschutzes zu befassen. Hier stehen, anders als der Begriff zunächst vermuten lässt, nicht die Daten im Vordergrund, sondern die Personen, über die Daten (Informationen) verarbeitet werden. Rechtlicher Ausgangspunkt ist das **Grundrecht auf informationelle Selbstbestimmung.**

2.2 Datenschutz ist Persönlichkeitsschutz

Die Verfassung der Bundesrepublik Deutschland gewährleistet das Recht der Bürgerinnen und Bürger, grundsätzlich selbst über die Verwendung ihrer personenbezogenen Daten zu bestimmen. Aufgabe des Datenschutzes ist es nach § 1 Bundesdatenschutzgesetz (BDSG), „[...] den Einzelnen davor zu schützen, dass er durch den Umgang mit seinen personenbezogenen Daten in seinem Persönlichkeitsrecht beeinträchtigt wird". In den Datenschutzgesetzen der Länder finden sich ähnliche Aufgabenumschreibungen zum Schutz des „Rechts auf informationelle Selbstbestimmung". Das gesamte Datenschutzrecht bezieht sich nur auf personenbezogene Daten. Darunter sind „Einzelangaben über persönliche oder sachliche Verhältnisse einer bestimmten oder bestimmbaren natürlichen Person" zu verstehen.

Was halten Sie von nebenstehendem **„Internet-Pranger?"**[1]

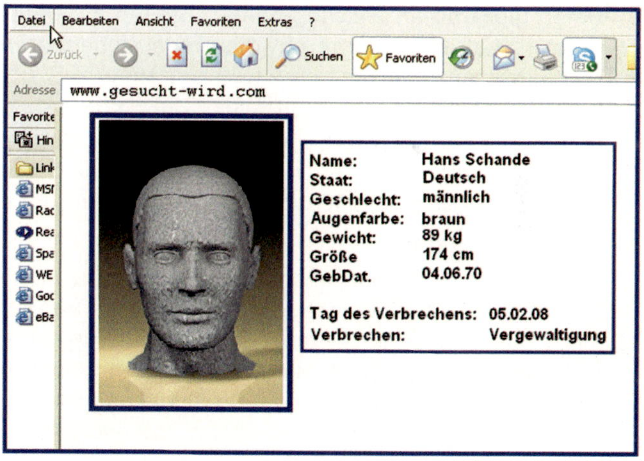

1 Bild und personenbezogene Daten sind frei erfunden.

Oder: Dürfen Daten der Lkw-Mautstellen für die Verfolgung von Straftaten herangezogen werden?

Sie sehen: **Datenschutz ist alles andere als ein langweiliges Thema!**

Vorab eine Definition:

Datenschutz bezeichnet den Schutz **personenbezogener Daten** vor **Missbrauch**. Im englischen Sprachraum spricht man von **„privacy"** (Schutz der Privatsphäre) und von **„data privacy"** (Datenschutz im engeren Sinne). Im europäischen Rechtsraum wird in der Gesetzgebung auch der Begriff „data protection" verwendet.

- Datenschutz schützt Bürger, wenn Daten zu ihrer Person mit Informationstechnik verarbeitet werden.
- Datenschutz bezweckt den Schutz von Bürgerrechten in einer mit Informationstechnik arbeitenden Welt.
- Datenschutz ist im Bundesdatenschutzgesetz geregelt.

2.2.1 Rechte von Betroffenen

Es gibt einige **grundlegende Rechte,** die praktisch immer gelten, unabhängig davon, welche Datenschutzgesetze konkret zur Anwendung kommen. Diese Rechte stehen den **Betroffenen** zu. So werden im Datenschutzrecht die Personen genannt, auf die sich die Informationen beziehen.

1. **Recht auf Benachrichtigung über die Datenerhebung**

   Der Betroffene ist bei der Erhebung seiner Daten darüber aufzuklären, welche Stelle zu welchem Zweck die Daten erhebt. In vielen Fällen muss der Betroffene zusätzlich darüber informiert werden, ob es eine Verpflichtung zur Angabe der Daten gibt und an welche anderen Stellen die Daten voraussichtlich übermittelt werden. Außerdem ist er auf die unten stehenden Rechte auf Auskunft und Berichtigung hinzuweisen.

   Insbesondere dann, wenn die Daten ohne Kenntnis des Betroffenen erhoben werden, ist die Benachrichtigung von Bedeutung. Das Recht auf Benachrichtigung ist allerdings gerade bei der Datenerhebung ohne Kenntnis des Betroffenen (z. B. im Rahmen von strafrechtlichen Ermittlungsverfahren) z. T. eingeschränkt.

2. **Recht auf Auskunft**

   Die Betroffenen haben nach allen datenschutzrechtlichen Regelungen ein Recht darauf, Auskunft darüber zu erhalten, welche Informationen über sie gespeichert sind. Dabei muss auch darüber informiert werden, **zu welchem Zweck** die Informationen gespeichert sind, **woher diese stammen** und **an welche Stellen sie übermittelt** werden. Das Auskunftsrecht kann unter bestimmten Voraussetzungen eingeschränkt sein, z. B. wenn es um Datenverarbeitung der Sicherheitsbehörden geht.

3. **Recht auf Berichtigung, Sperrung oder Löschung**

   Stellt sich heraus, dass die über den Betroffenen gespeicherten Informationen unrichtig sind, so besteht ein Anspruch darauf, dass diese berichtigt werden.

   Der Betroffene hat ein Recht darauf, dass seine Daten gelöscht werden, wenn diese nicht mehr gespeichert werden dürfen. Dies ist in der Regel dann der Fall, wenn die Informationen für den Zweck, zu dem sie gespeichert wurden, nicht mehr erforderlich sind.

   In bestimmten Fällen müssen die Daten gesperrt werden. Dies gilt zum Beispiel, wenn der Betroffene behauptet, die Informationen seien unrichtig, und sich die Richtigkeit nicht nachweisen lässt, oder wenn die Daten nicht mehr erforderlich sind, aber nach bestimmten Rechtsvorschriften (z. B. zum steuerlichen Nachweis) noch länger gespeichert werden müssen. Gesperrte Daten müssen als solche gekennzeichnet werden; sie dürfen nicht weiterverwendet werden.

4. **Anspruch auf Schadensersatz**

   Entsteht durch die Datenverarbeitung ein Schaden, so muss die Daten verarbeitende Stelle diesen ersetzen. Dabei wird das **Verschulden** der verantwortlichen Stelle vermutet, d. h., diese muss Beweise dafür erbringen, dass sie den Schaden nicht verschuldet hat.

5. **Anspruch auf Anrufung der Datenschutzkontrollinstanz**

   Jede Person, die glaubt, durch die Verarbeitung ihrer personenbezogenen Daten in ihren Rechten verletzt worden zu sein, kann sich an die **zuständige Kontrollstelle** wenden. Diese muss der Beschwerde nachgehen und den Betroffenen über den Ausgang unterrichten (z. B. der/die zuständige(n) Datenschutzbeauftragte(n) des Bundes und der Länder).

Arbeitsauftrag

Arbeiten Sie die Inhalte nebenstehender Adresse durch.

Bundesamt für Sicherheit in der Informationstechnik

http://www.bsi.de/literat/index.htm

2.2.2 Telemediengesetz und Urheberrecht

Das Telemediengesetz (TMG) ist zum 1. März 2007 in Kraft getreten.

Hier einige Hauptpunkte des noch „jungen" Gesetzes im Überblick:

1. **Werbe-E-Mails als Spam kennzeichnen**

   Nach dem Telemediengesetz (TMG) kann ein Bußgeld in Höhe von bis zu 50.000,00 € verhängt werden, wenn Werbe-E-Mails versendet werden und der Versender seiner Informationspflicht bzw. Hinweispflicht nicht genügt. So darf in der Kopf- und Betreffzeile weder der Absender noch der kommerzielle Charakter der E-Mail verschleiert oder verheimlicht werden. Eine Werbe-E-Mail muss durch die Informationen in Sender- und Betreffzeile auf den ersten Blick erkennbar sein.

2. **Vorratsdatenspeicherung**

   Das Telemediengesetz (TMG) erlaubt Behörden, bei Anbietern gespeicherte Daten auch für die vorbeugende Straftatenbekämpfung abrufen zu können. Diese Bestimmungen sehen vor, dass Internet-Provider und Webseiten-Betreiber auf Anordnung von Polizei, Verfassungsschutz und Bundesnachrichtendienst Daten ihrer Nutzer herausgeben müssen.

3. **Nutzerdaten durch Dritte anfordern**

   Diensteanbieter wie Internet-Access-Provider sind nach dem Telemediengesetz verpflichtet, im Einzelfall Auskunft über Bestands- und Nutzungsdaten zur Durchsetzung der Rechte am geistigen Eigentum zu erteilen. Ein typisches Beispiel sind Musikverlage, die gegen Raubkopierer vorgehen wollen.

Wer sich näher mit dem neuen **Telemediengesetz** beschäftigen will, hier einige Adressen:

Schnellüberblick	www.telemedien-und-recht.de/#a1
Pflichten von Dienstanbietern	www.buzer.de/gesetz/7616/a149122.htm
Grundlagen mit weiteren Links	www.e-recht24.de/artikel/tmg/178.html
TMG aus Sicht von Nutzer	www.telemediengesetz.de.vu/
Medienrecht allgemein	www.finanztip.de/tip/home/0medien.htm

Kommt Ihnen folgende Klage eines Komponisten bekannt vor?
„Diesen Titel hat ein anderer von mir abgekupfert. Den zeige ich wegen geistigen Diebstahls an!"
Genau dies ist ein Fall für das Urheberrecht.

Merke

Das Urheberrecht schützt geistige und künstlerische Leistungen, z. B. Kompositionen, Gemälde, Texte, Skulpturen, Fotografien, Filme, Theaterinszenierungen, Musik- und Tonaufnahmen u. v. m. Das Urheberrecht muss nicht angemeldet werden, es entsteht im Moment der Schaffung.

Bereits im ersten Kapitel dieses Buches gab es Tipps, wie man Inhalte kopieren und sie für eigene Zwecke einsetzen kann. Da es bei digitalisierten Inhalten keine Verluste wie beim Fotokopieren oder beim Kopieren von analogen Tonträgern gibt, boomt die „Branche" der Raubkopierer und „Internet-Diebe".

Das Internet ist aber trotz seiner anarchischen Züge kein rechtsfreier Raum! Auch hier gelten Urheberrechte, so z. B. das **Gesetz zur Regelung des Urheberrechts in der Informationsgesellschaft.**

Hier einige wesentliche Punkte:

- Strafbar macht sich, wer entgeltlich oder unentgeltlich Daten (wie z. B. Musik, Filme, Software oder Computerprogramme) im Internet zum Download anbietet und verbreitet, ohne hierzu berechtigt zu sein.
- Das Knacken oder Umgehen eines Kopierschutzes ist strafbar.
- Anti-Kopierschutz-Programme oder -Geräte dürfen nicht mehr verkauft werden.
- Auch dürfen keine Privatkopien aus „offensichtlich illegalen Quellen" angefertigt werden. Damit sind vor allem Tauschbörsen und Peer-to-Peer-Dienste im

Internet gemeint, die zigtausendfach Musik- und Filmtitel und Software zum kostenlosen Download anbieten.

Wer sich näher mit dem neuen **Urheberrecht** beschäftigen will – hier einige Adressen:

Grundlagen	www.bpb.de/themen/IWAWG7,0,Kreisl%E4ufe_des_Urheberrechts.html
Urheberrecht und Copyright	www.bpb.de/themen/0KRTH0,0,0,Urheberrecht_und_Copyright.html
Neues Recht für neue Zeiten	www.irights.info/index.php?
Wichtiges in Kurzform	www.itsb.rub.de/urheberrecht.html

2.3 Sicherheit ist (fast) alles

PROBLEMSTELLUNG

Werner Zeichenkunst, Azubi der Berger OHG, sollte ein Einladungsschreiben für ein Betriebsfest mit Präsentation von Messeneuheiten aufsetzen und per E-Mail an Kunden, Lieferanten und Geschäftsfreunde senden. Herr Berger macht sich in diesem Zusammenhang Sorgen um Fragen wie:

- Kommen alle E-Mails richtig an?
- Haben wir die Kapazitäten, um die Datenflut zu bewältigen?
- Dürfen wir alle gespeicherten Adressen verwenden?
- Können wir an jede E-Mail Anlagen zur Produktwerbung anhängen?
- Was geschieht, wenn unser Computersystem ausfällt?
- Wer gewährleistet, dass das System nicht mit Viren infiziert wird?

Bereits bei dem Thema „Firewall" (vgl. Seite **62**) wurde der Vergleich mit einer Ritterburg gewählt. Auch jetzt hilft eine Analogie zum Mittelalter:

Ein Computersystem ohne aktiven Sicherheitsschutz ist wie ein Ritter ohne Rüstung, schutzlos und verwundbar!

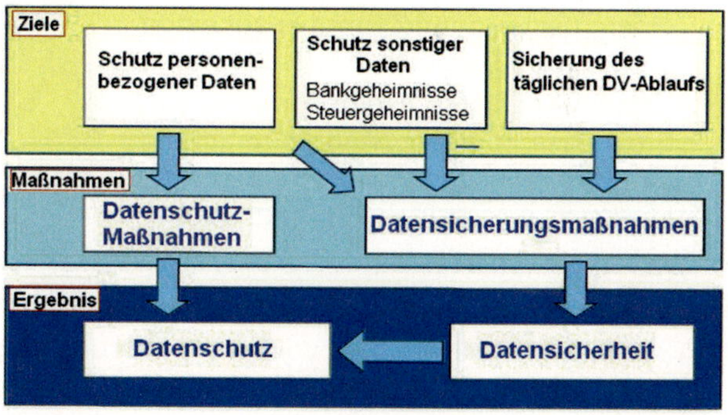

Da die Begriffe Datenschutz und Datensicherheit oft verwechselt werden, dient nebenstehende Übersicht der exakten Abgrenzung.

Vom Wert der Daten oder: Heulen und Zähneknirschen bei Datenverlust

Solange man auf die eigenen Daten zugreifen kann, erscheinen sie einem eher unbedeutend. Erst wenn der Computer streikt, stellt man fest, wie hilflos man ist. Plötzlich wird einem heiß und kalt zugleich. Man versucht den Computer neu zu starten, doch der weigert sich hartnäckig. Dann haben die Daten plötzlich einen enormen Wertzuwachs erhalten, dann sind sie das Wichtigste.

Sie sehen:

Datensicherheit ist nicht nur ein juristisches Thema. Nein, es geht auch um viel Geld, was nebenstehende Zahlen verdeutlichen.

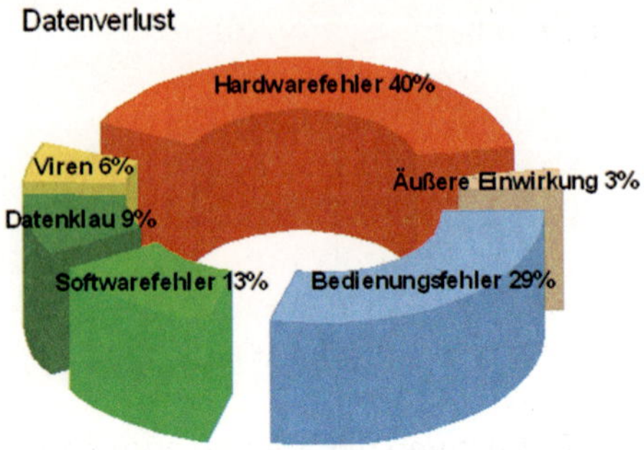

Arbeitsauftrag

Informieren Sie sich auf der website des **Bundesamtes für Sicherheit in der Informationstechnik** (www.bsi-fuer-buerger.de/) über die vielfältigen Aspekte von Datensicherheit.

2.3.1 Maßnahmen gegen ein Datendesaster

2.3.1.1 Sicherungsmöglichkeiten

Grundsätzlich können Sie Ihre Daten auf unterschiedliche Weise sichern:

1. **Volldatensicherung**

   Bei der Volldatensicherung werden sämtliche zu sichernden Dateien zu einem bestimmten Zeitpunkt auf einen zusätzlichen Datenträger gespeichert.

   Vorteil: Alle Daten liegen komplett vor. Sie müssen bei der Wiederherstellung der Dateien nicht lange suchen.

   Nachteil: Je nachdem, wie viele Daten Sie speichern, kann die Volldatensicherung sehr zeitaufwändig sein und viel Platz auf dem Speichermedium verbrauchen.

2. **Stufenweise („inkrementelle") Datensicherung**

   Sie führen zunächst eine Volldatensicherung durch. Bei der nächsten, der ersten „inkrementellen" Sicherung, speichern Sie nur noch jene Dateien ab, die sich seit der Volldatensicherung verändert haben.

   Vorteil: Sie sparen Speicherplatz und brauchen weniger Zeit für die Datensicherung.

Nachteil: Im Bedarfsfall müssen Sie zunächst die letzte Volldatensicherung auf das System übertragen. Anschließend müssen alle nach der Volldatensicherung angefertigten inkrementellen Datensicherungen übertragen werden. Auch wenn nur eine einzelne Datei wiederhergestellt werden soll, ist der Aufwand gegenüber der Volldatensicherung daher wesentlich höher. Schließlich müssen Sie alle inkrementellen Datensicherungen und vielleicht sogar die letzte Volldatensicherung durchsehen, um die aktuelle Version einer Datei zu finden.

3. **Differenzielle Datensicherung**

   Auch dazu müssen Sie einmal eine Volldatensicherung durchführen. Danach werden bei jeder Datensicherung alle Daten gesichert, die sich seit der letzten Volldatensicherung verändert haben. Der Unterschied zur inkrementellen Sicherung besteht also darin, dass hier immer alle Änderungen zur ersten Volldatensicherung gespeichert werden, und nicht nur die zur Vorversion.

   Vorteil: Die Wiederherstellung der Dateien ist im Bedarfsfall unkomplizierter und schneller. Sie müssen dann nur die letzte Volldatensicherung und die aktuelle differenzielle Datensicherung parat haben.

   Nachteil: Gegenüber der inkrementellen Datensicherung brauchen Sie mehr Zeit und mehr Platz auf dem Speichermedium.

4. **Backup-Software**

   Wenn Ihnen das alles zu aufwändig ist, können Sie auch eine entsprechende Backup-Software einsetzen. Diese Programme, die den Speicherprozess automatisch abwickeln, gibt es auch für Privatanwender.

Tipp

Speichern Sie alle selbst erstellten Dateien mehrfach auf externen Speichermedien. Bewahren Sie das Backup aber auf jeden Fall getrennt vom PC auf. Ihre persönlichen Einstellungen des Betriebssystems oder anderer Programme sind bei dieser Art der Datensicherung zwar nicht enthalten, aber diese lassen sich im Falle des Falles neu konfigurieren. Alternativ zu CD-ROM, DVD oder USB-Sticks können Sie auch eine zweite Festplatte als Datensicherungsmedium verwenden.

2.3.1.2 Strategien gegen hardwarebedingten Datenverlust

Bitte beachten Sie: **Festplatten sind Verschleißteile!**

Eine Festplatte ist ein rotierendes Speichermedium. Je nach Ausführung dreht sie sich zwischen 4200- und 15000-mal pro Minute. Das macht bei modernen Platten rund 6 Millionen Umdrehungen an einem normalen Arbeitstag bzw. bis zu 22 Millionen Umdrehungen pro Tag im Non-Stop-Betrieb oder 8 Milliarden Umdrehungen im Jahr bei Dauerbetrieb. Das geht nicht ohne Verschleiß und Erwärmung. Zusätzlich unterliegt die magnetische Oberfläche einer „Alterung". Als Faustformel kann man sagen: Eine dauerhafte Erwärmung des Mediums von 40° Celsius auf 50° Celsius verkürzt die Lebensdauer der Magnetschicht um etwa 50 %.

Was tun, wenn eine Festplatte ausfällt?

Am besten, Sie legen alle relevanten Daten auf einem (oder mehreren) zentralen Server(n) ab. Ein Server lässt sich gut mit einem RAID-System (Redundant Array of Independend Disks) ausrüsten. Ein RAID-System besteht aus mehreren Festplatten, die untereinander verknüpft sind. Die Daten werden so auf den Platten verteilt und berechnet, dass der Ausfall einer einzelnen Platte keinen Datenverlust zur Folge hat. Oft bemerkt der Anwender den Ausfall nicht einmal. Lediglich ein Alarm wird ausgegeben, damit ein Techniker das Laufwerk auswechselt.

Maßnahmen gegen Datenverlust

- Brandschutz
- Notstrom (USV)
- Wartung
- Sicherheitssoftware
- Antivirenprogramm
- Firewall
- RAID (Redundant Array of Independent Disks)
- Spiegeln (Mirroring) auf mehreren Platten

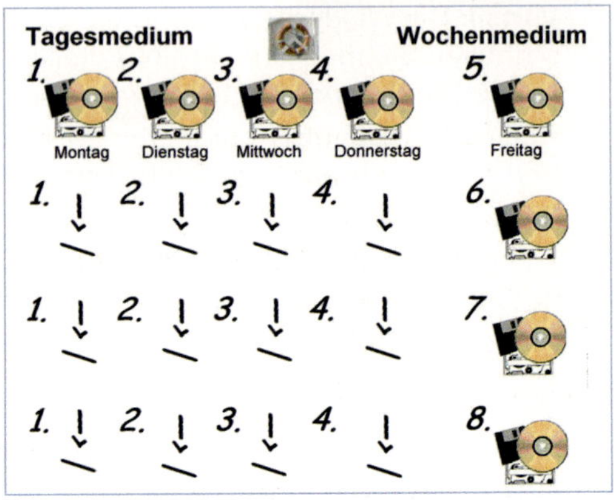

Und nun zu den „internen Computer-Terroristen“, den Viren, die u. a. in der Lage sind, folgende Überschrift zu erzeugen.

2.3.2 Viren und Dtenvrlust!

Schlägt das Virus erst mal zu, ist die Arbeit futsch im Nu!

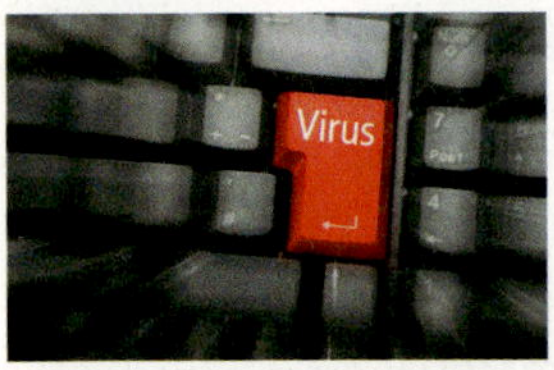

Ein Virus ist ein Programm, das mit der Absicht geschrieben wurde, ein Computersystem zu stören oder zu beschädigen. Ein harmloses Virus stellt möglicherweise nur ein kleines Ärgernis dar. Wenn aber Dateien beschädigt werden, geht der Ärger richtig los!

Die Liste der Viren, Würmer und sonstiger Schädlinge ist kaum überschaubar und – mit Erscheinen eines Buches – fast immer alt, weshalb folgende grundsätzliche Einteilung genügen soll.

1. überschreibende bzw. nicht überschreibende Viren
2. speicherresidente Viren
3. Boot-Viren
4. mutierende Viren

5. Makroviren
6. Trojaner/„Backdoor"-Viren
7. Würmer
8. Hoaxes
9. Spyware

Aktuelle Einzelbeschreibungen finden sie z. B. unter folgender Adresse:
www2.tu-berlin.de/www/software/virus/

> Bis auf Würmer, die Systemschwächen ausnützen, verbreiten sich alle anderen „Spezies" mithilfe des Benutzers (Starten von E-Mail-Anhängen, Anklicken von Download-Buttons auf den Webseiten, ...).

2.3.2.1 Trojaner

Ein trojanisches Pferd ist ein scheinbar ungefährliches Programm, in dem sich allerdings ein gefährliches Virenprogramm verbirgt, das ohne Wissen des Anwenders Schaden anrichtet. Wird das Wirtsprogramm ausgeführt, infiziert man zeitgleich das System. Schlimmer noch sind sogenannte **Backdoor-Trojaner.** Mit deren Hilfe können andere Anwender über das Internet die Kontrolle über Ihren PC übernehmen oder Eingaben ausspionieren und über das Internet verschicken.

2.3.2.2 Spyware

Hierbei handelt es sich um scheinbar nützliche Programme (Schnüffelprogramme) mit versteckter Funktionalität, um z. B. Daten und Benutzerverhalten auszuspähen. Sie werden an die Programmhersteller oder Werbefirmen weitergeleitet. Dort werden sie meist dazu genutzt, Werbung zielgerichtet zu den potenziellen Käufern zu bringen. Dies kann durch Faltblätter mit der Hauspost oder E-Mail-Werbung (Spam) geschehen. In der besonders aggressiven Form werden während des Internetsurfens, zusätzliche Browserfenster – sogenannte Pop-ups – mit unerwünschtem Inhalt geöffnet. Ein weiteres beliebtes Ziel sind die Favoritenordner Ihres Browsers, die durch die Spyware um Zusatzseiten ergänzt werden.

2.3.2.3 Würmer

Würmer sind in ihrer Wirkung den Viren sehr ähnlich, allerdings benötigen sie keinen „Wirt" (z. B. ein Makro oder einen Bootsektor) für ihre Verbreitung, da sie Kopien von sich selbst erzeugen und die Kommunikationskanäle zwischen Computern nutzen, um sich zu verteilen.

2.3.2.4 Schlechte Scherze, Falschmeldungen, Gerüchte, Enten: Hoaxes

Wer kennt sie nicht, die „Scherz-E-Mails" mit Warnungen vor angeblichen Viren, meist mit der Aufforderung, diese E-Mail an alle Bekannten weiterzugeben?

„Hoax" steht im Englischen für „schlechter Scherz". Im Internet hat sich der Begriff als Bezeichnung für Falschmeldungen, vergleichbar mit Zeitungsenten, eingebürgert. Darunter fallen beispielsweise die zahlreichen falschen Warnungen vor bösartigen Computerprogrammen. Angeblich können diese Festplatten löschen, Daten ausspionieren oder anderweitig Schaden auf den Rechnern der Betroffenen anrichten. Hoaxes betreffen aber auch Petitionen gegen vermeintlich skandalöse Praktiken von Unternehmen („Verkauf von Bonsai-Katzen"), Aufrufe zu Knochenmarkspenden für nicht existente Personen oder „Geheimtipps", wie man an schnelles Geld gelangen kann.

Die meisten „Hoaxes" enthalten folgende Elemente:

- Einen Aufhänger, der Seriosität vermitteln soll (etwa einen Bezug zu einem bedeutenden Unternehmen)
- Eine angebliche Sachinformationen über ein Ereignis von besonderer Bedeutung (etwa das Auftauchen eines Computerschädlings) oder sensationelle Einkunftsmöglichkeiten (etwa angebliche Provisionen durch große Softwarekonzerne für die Weiterleitung von E-Mails), Hinweise auf Katastrophen oder Verschwörungstheorien
- Die dringende Bitte, die Information oder Warnung möglichst allen Bekannten zukommen zu lassen

Der wirtschaftliche Schaden durch Hoaxes ist enorm: Eine derartige E-Mail kann per Schneeballsystem an Tausende von Personen über Wochen, Monate oder gar Jahre weitergereicht werden. Jeder der Empfänger verbringt einige Sekunden teurer Arbeits- oder kostbarer Freizeit damit, die E-Mail zu lesen, weiterzuleiten oder zu löschen. Zusätzlich entsteht jede Menge ungewollter Datenverkehr im Internet, der hohe Kosten verursacht.

Generell gilt: Trauen Sie Ihrem gesunden Menschenverstand und hinterfragen Sie E-Mails, in denen Ihnen plötzlicher Reichtum versprochen wird und die Sie zur Weiterleitung auffordern.

Eine umfassende Auflistung aktueller „E-Mail-Enten" finden Sie u. a. auf der Hoax-Liste der TU-Berlin.
www2.tu-berlin.de/www/software/hoax.shtml#3

Weitere Informationen erhalten Sie vom Bundesamt für Informationssicherheit unter: www.bsi-fuer-buerger.de/

2.3.2.5 Phishing: den Fang verhindern

Phishing (Kurzform für Password-Fishing) ist ein Kunstwort, mit dem der Trick bezeichnet wird, mithilfe gefälschter E-Mails an vertrauliche, persönliche Daten zu gelangen.

Nutzer werden in einer E-Mail aufgefordert, Namen und Bankverbindungen preiszugeben und diese Daten zu versenden. Phisher versenden E-Mails, in denen zum Beispiel Bankkunden zu einem „Sicherheitscheck" aufgefordert werden. Die E-Mails enthalten Links zu gefälschten Webseiten, die der Originalwebsite des Geldinstituts zum Verwechseln ähnlich sehen. Dort werden die Kunden aufgefordert, ihre persönliche Geheimnummer (PIN) und die sogenannte Transaktionsnummer (TAN) einzugeben.

2.3.2.6 Hacking

Ziele der Hacker (neben dem Spaß und Ehrgeiz) sind z. B.

- Nutzung von Festplattenplatz und Übertragungsbandbreite für **Download/Upload-Server** für Raubkopien legaler Dateien wie Filme, Musik und Software bis zu illegalen Inhalten wie Kinderpornografie
- Nutzung als **Mailserver für Spam-Verteilung**
- **Stützpunkte** für weitere Einbrüche
- **Stützpunkte für Angriffe** auf Internet-Server
- (Industrie-)**Spionage**
- **Entwenden von Zugangsdaten** für diverse E-Dienste

Arbeitsauftrag

Arbeiten Sie folgenden Artikel kritisch durch: „Bei ebay wird man nur betrogen", www.cc-c.de/german/infos/ebay1.php

Folgender Tipp – er stammt aus der „Steinzeit der EDV" – ist heute so wichtig wie früher.

Vorbeugen ist besser als heilen!

Der beste Schutz ist der Verzicht auf das Kopieren von Software aus dubiosen Quellen sowie die Absicherung gegenüber dem Zugriff von außen, wie z. B. durch eine Firewall. Auch Virenscanner sind kein Allheilmittel, denn die Meldung *No virus found* bedeutet noch lange nicht, dass zwischen dem Erscheinen des Antivirenprogramms und dessen Einsatz nicht bereits neue Unheilbringer entstanden sind.

2.4 Datenräubern in Netzwerken das Handwerk legen

PROBLEMSTELLUNG

Herrn Berger treibt es die Schweißperlen auf die Stirn. Er weiß, dass es schon mehrere Tausend Jahre üblich ist, sensible Nachrichten zu verschlüsseln. Dies müsste doch im EDV-Zeitalter auch bei seinen ein- und ausgehenden E-Mails möglich sein.

Ich kann doch nicht bei der Kommunikation mit wichtigen Lieferanten vertrauliche Daten unverschlüsselt durch das Netz senden, so seine Worte.

2.4.1 Verschlüsselungssysteme im Einsatz

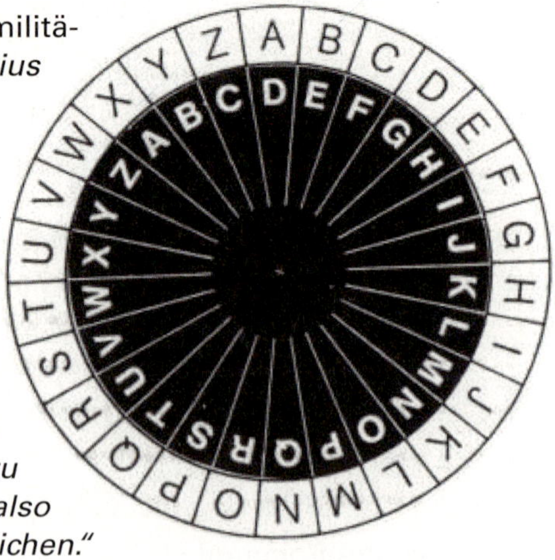

Schon wieder eine Erfindung aus dem militärischen Bereich: die Chiffrierscheibe des *Julius Caesar.*

Die Methode nach Caesar ist als Verschiebechiffre bekannt, da bei ihr der Schlüssel einfach eine Verschiebung des Alphabetes ist. Historische Schriften beschreiben die Methode wie folgt:

„... wenn etwas Geheimes zu überbringen war, schrieb er in Zeichen, das heißt, er ordnete die Buchstaben so, dass kein Wort gelesen werden konnte: Um diese zu lesen, tausche man den vierten Buchstabe, also D, gegen A aus und ebenso mit den restlichen." (De Vita Caesarum: Divus Julius, LVI)

Diese einfachste Form der Verschlüsselung ist die Umstellung der Zeichen in einer Nachricht. Die Nachricht kann erst dann gelesen werden, wenn sie vom Empfänger in ihrer ursprünglichen Form wiederhergestellt wird. Der Sender verwendet dazu einen Algorithmus oder Schlüssel. Der Empfänger besitzt den Schlüssel für die Entschlüsselung.

Die Vertraulichkeit und Geheimhaltung von Daten während Übertragungen im Internet wird durch **Verschlüsselung** realisiert.

Zurück zur Moderne!

In der **Kryptografie** (griechisch: *kryptós*, „verborgen", und *gráphein*, „schreiben"), also der Wissenschaft der Verschlüsselung von Informationen, unterscheidet man zwei verschiedene Arten der Verschlüsselung, die **symmetrische** und die **asymmetrische Verschlüsselung.**

2.4.1.1 Symmetrische Schlüssel

Bei der symmetrischen Verschlüsselung benutzen Sender und Empfänger einer Nachricht den gleichen Schlüssel zum Verschlüsseln und Entschlüsseln. Problematisch sind symmetrische Verfahren im Zusammenhang mit digitalen Signaturen aus verschiedenen Gründen. Die wichtigsten sind:

- Die Zahl der Schlüssel ist sehr groß, da jeweils zwei Teilnehmer einen gemeinsamen Schlüssel vereinbaren. Bei *n* Teilnehmern sind das [(*n*(*n*-1))/ 2] Schlüssel.
- Da beide Teilnehmer den gleichen Schlüssel besitzen, könnte im Streitfall nicht nachgewiesen werden, wer von beiden mit dem Schlüssel die Unterschrift geleistet hat.

Mit asymmetrischen Verfahren kann man oben beschriebene Probleme lösen, weshalb diese bei digitalen Signaturen eingesetzt werden.

2.4.1.2 Asymmetrische Schlüssel: Privat- und Public-Keys im Einsatz

Während bei symmetrischen Algorithmen die beiden Kommunikationspartner einen gemeinsamen Schlüssel besitzen, den nur sie kennen dürfen, besitzen bei den asymmetrischen Algorithmen die Kommunikationspartner jeweils einen **öffentlichen** und einen **privaten (geheimen) Schlüssel.**

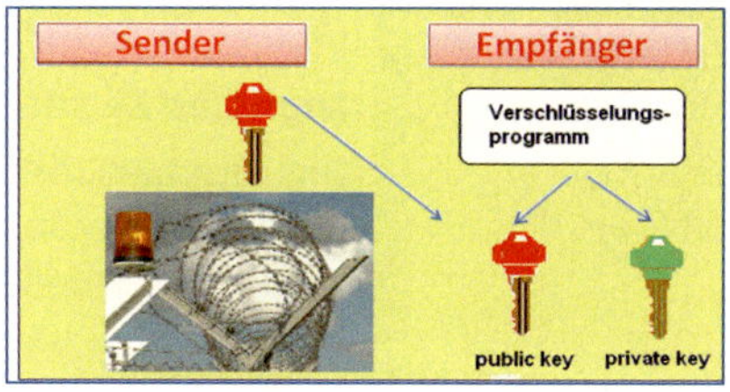

Während der öffentliche Schlüssel anderen bekannt sein darf (und muss), darf der private Schlüssel nur seinem Besitzer bekannt sein. Mit dem öffentlichen Schlüssel lässt sich eine Nachricht für den Empfänger verschlüsseln. Die Kenntnis des öffentlichen Schlüssels allein reicht aber nicht aus, um die Nachricht wieder zu entschlüsseln.

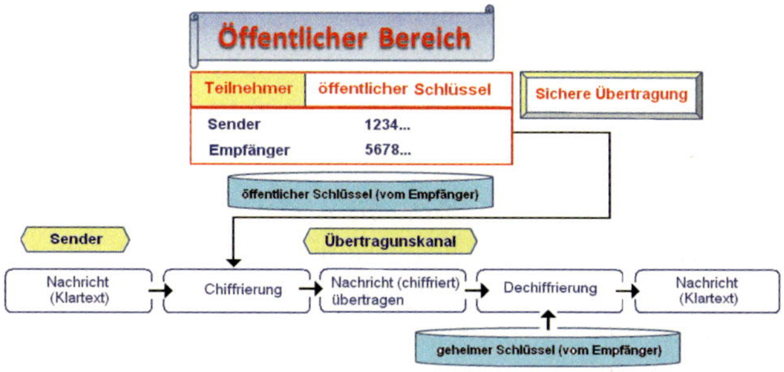

Der Empfänger entschlüsselt die Nachricht mit dem nur ihm bekannten geheimen Schlüssel. Die asymmetrischen Verfahren werden auch **Public-Key-Verfahren** genannt. Die Verschlüsselung des **Klartextes** erfolgt durch den öffentlichen Schlüssel in Kombination mit einem mathematischen **Algorithmus.** Die Entschlüsselung erfolgt durch einen geheimen Schlüssel, den nur der Empfänger kennt.

2.4.1.3 Anforderungen an vermeintlich sichere Systeme

Folgende Anforderungen müssen mindestens erfüllt sein:

Vertraulichkeit	Grundsatz: Die Übertragung ist nur für Sender und Empfänger lesbar, d. h., unberechtigte Dritte dürfen auf bestimmte Daten nicht zugreifen. Zur Gewährleistung dieser Vertraulichkeit dienen Verschlüsselungsalgorithmen, wobei fast ausnahmslos asymmetrische Verschlüsselungsverfahren angewendet werden.
Authentizität	Nachweis der Urheberschaft von Daten und der Echtheit des Datenmaterials. Die Durchführung eines solchen Nachweises bezeichnet man als *Authentifizierung.* **Authentifizierung ist der Prozess, mit dem die Identität geprüft wird.** Der Server verwendet zur Authentifizierung folgende Arten: **Digitale Unterschrift** Die digitale Signatur stellt das elektronische Gegenstück zur handschriftlichen Unterschrift dar. Die zum Erstellen bzw. zum Prüfen einer Signatur eingesetzten Algorithmen arbeiten wie

	asymmetrische Algorithmen mit öffentlichen und privaten Schlüsseln, wobei der Absender der Daten die Signatur mithilfe seines eigenen privaten Schlüssels erstellt. Zur Prüfung der Signatur ist dessen öffentlicher Schlüssel notwendig. Da zum Signieren der private Schlüssel benötigt wird, ist es nur einer bestimmten Person oder Institution möglich, eine bestimmte digitale Signatur zu erzeugen. **Digitales Zertifikat** Ein digitales Zertifikat ist mit einer Kreditkarte vergleichbar, auf der ein Bild von Ihnen im Kreis des Vorstands Ihrer Bank angebracht ist. Ein Händler vertraut Ihnen nicht allein deshalb, weil Sie so aussehen wie die Person auf dem Bild, sondern weil der Vorstand Ihrer Bank Ihnen ebenfalls vertraut. Die Stelle, die digitale Zertifikate ausstellt, wird als Zertifizierungsinstanz (CA) oder *Zertifikatunterzeichner* bezeichnet. Ein digitales Zertifikat enthält folgende Einträge: ◆ den öffentlichen Schlüssel der zertifizierten Person ◆ den Namen und die Adresse der zertifizierten Person oder Organisation (wird auch als definierter Name bezeichnet) ◆ die digitale Unterschrift der CA ◆ das Ausstellungsdatum ◆ das Verfallsdatum
Autorisierung	Zuordnung von Rechten zu einem Benutzer
Integrität	Nachweis der Unverfälschtheit von Daten

2.4.2 Verschlüsselungen mit dem SSL-Protokoll

Für die Gewährleistung der oben genannten Sicherheitsaspekte **Authentizität, Integrität** und **Vertraulichkeit** werden u. a. die Protokolle **Secure Socket Layer (SSL)** bzw. **Transport Layer Security (TLS)** eingesetzt.

Server, auf denen SSL aktiviert ist, verschlüsseln sensible Daten in nicht lesbaren Text, bevor sie sie an Clients senden. Clients, die Daten vom Server erhalten, entschlüsseln dann den Text, um ihn lesen zu können. Durch die Verwendung von SSL in einem Webserver ist gewährleistet, dass Daten, die zwischen einem Client, wie z. B. einem Webbrowser, und einem Server, wie z. B. einem Webserver, übertragen werden, vertraulich bleiben.

SSL ist ein Verfahren, mit dem die Kommunikation über ein Internet-Protokoll zusätzlich verschlüsselt, signiert und authentisiert werden kann. Wird etwa SSL beim Zugriff auf WWW-Seiten verwendet, dann werden genau dieselben Elemente des http-Protokolls verwendet, mit denen man auch sonst auf einen WWW-Server zugreift, nur wird zusätzlich der gesamte Verkehr verschlüsselt; der Protokollname **„https“** statt „http“, der am Anfang des URL steht, bezeichnet also nicht ein anderes Protokoll, sondern die zusätzliche Verschlüsselung.

Ganz wichtig!

Das Protokoll wird dadurch initiiert, dass dem http ein **s** angehängt wird, z. B. https://www.rz.uni-karlsruhe.de.

Merke

Wenn personenbezogene Daten verarbeitet werden, dann ist sicherzustellen, dass ...

- Daten nicht von Unbefugten gelesen werden können. **(Vertraulichkeit)**
- Daten unversehrt, vollständig und aktuell bleiben. **(Integrität)**
- Daten zeitgerecht zur Verfügung stehen. **(Verfügbarkeit)**
- Daten jederzeit ihrem Ursprung zugeordnet werden können. **(Authentizität)**
- festgestellt werden kann, wer wann welche Daten verarbeitet hat. **(Revisionsfähigkeit)**
- Verfahren vollständig dokumentiert sind, damit sie nachvollzogen werden können. **(Transparenz)**

2.5 Nur der Wandel ist beständig

2.5.1 Thesen zum Nachdenken und Diskutieren

Folgender Beitrag wurde sinngemäß entnommen aus einem Vortrag von Prof. Matthias Landmesser „Wandel in der Informationsgesellschaft".
http://www.dhbw-stuttgart.de/service/impressum.html

2.5.1.1 Eine Welt im Umbruch

Es gab wohl niemals zuvor eine junge Generation, die während ihrer Schul- und Ausbildungszeit so massiv von gesellschaftlichem Wandel begleitet wurde wie die derzeitige. Während ihrer Ausbildung ist die Welt grenzenlos und komplex geworden. Die Märkte sind globaler als je zuvor, die damit verbundenen Eingriffe in gewachsene Weltbilder sind fundamental. Der Fall des Eisernen Vorhangs, die Auflösung der Sowjetunion, der Super-GAU von Tschernobyl, das geklonte Schaf Dolly, die wahnsinnigen Rinder, das Ozonloch, der Beitritt Chinas in die kapitalistische Welt und die globalen Megafusionen von Unternehmen haben auf den ersten Blick nichts gemeinsam, doch sie sind alle Wegmarken des Wandels. Sie sind Symbol dafür, dass nichts mehr sein wird, wie es einmal war.

2.5.1.2 Technologischer Wandel

„Wind of Change" hieß ein beliebter Musiktitel der Scorpions aus den 1990er-Jahren. In der Realität sind Veränderungen oft ungleich härter, ja gnadenlos, wenn man sich die genannten Entwicklungen und deren Wirkungen vor Augen hält.

Dieser gesellschaftliche weltpolitische Wandel wird begleitet durch eine zunehmende Dominanz der Informationstechnik, deren rasante, aber leise Revolution hier kurz dargestellt wird.

- Jedes Auto der gehobenen Preisklassen hat heute schon mehr Computerleistung unter der Karosserie als die Mondfähre, die die ersten Menschen auf den Mond brachte.
- Jeder Spielcomputer von Schulkindern hat mehr Computerleistung unter dem Plastik als der Großcomputer, den die amerikanischen Generäle vor 25 Jahren zur gesamten Steuerung der strategischen Raketen zur Verfügung hatten.
- Ein fingernagelgroßer Halbleiterchip kann heute den gesamten Text des 24-bändigen Brockhaus speichern. Vor 18 Jahren reichte diese Speicherkapazität gerade mal für vier Seiten.
- Technische Insider können über unsere sogenannte Datenautobahn nur müde lächeln. In deren Entwicklungslabors werden ultraschnelle Datenübertragungsraten erreicht. Der Text aller Ausgaben einer Tageszeitung über 300 Jahre hinweg kann in einer einzigen Sekunde über ein Glasfaserkabel übertragen werden.

2.5.2 Thesen, Ausblicke, Trends

2.5.2.1 Temposprünge in der Entwicklung

Bisher musste sich der Mensch an die Maschine anpassen. In Zukunft wird genügend Computerleistung zur Verfügung stehen, um die Computer an das menschliche Verhalten anzupassen.

Wandel gab es auch vor der digitalen Revolution. Aber das Tempo ist neu. Dies wird anhand einiger technischer Innovationen deutlich:

- Für 10 Millionen Telefonanschlüsse brauchte es 38 Jahre,
- für 10 Millionen Kabelfernsehanschlüsse brauchte es noch 25 Jahre,
- noch 9 Jahre für Videorekorder,
- nur noch 7 Jahre für PCs,
- und weniger als 2 Jahre für das Word Wide Web.

2.5.2.2 Zukünftige Kompetenzen

Tätigkeiten: Aktuelle Prognosen gehen davon aus, dass schon in zehn Jahren über Dreiviertel aller Tätigkeiten sich mit Dienstleistungen beschäftigen werden. Dabei werden die anspruchsvollen „sekundären“ Dienstleitungen stark wachsen, wie z. B. Disposition, Organisation, Management, Planung, Beratung, Forschung, Entwicklung und Lehre.

Arbeitsformen: Mit den Veränderungen in der Ökonomie entstehen auch neue Arbeitsformen.

Dr. Werner Dostal vom Institut für Arbeitsmarkt- und Berufsforschung formuliert es unmissverständlich: „Das System lebenslanger Lohnarbeit ist wohl nur eine Episode in der Menschheitsgeschichte. Das Paket, das mit Beginn der Industrialisierung geschnürt wurde – soziale Sicherheit und gesellschaftliche Einbindung nur über die abhängige Arbeit – wird jetzt wieder aufgeschnürt.“

Die neuen Entwicklungen:

- Die hierarchische Trennung zwischen Entscheidern und Ausführenden verschwimmt.
- Statt zeitlicher Präsenz werden Ergebnisse gemessen und bezahlt.
- Die Informationsarbeiter der Zukunft agieren in hohem Maße eigenverantwortlich.
- Die Mitarbeiter von morgen werden zu Mitunternehmern oder zu selbsständigen Nomaden im weltweiten Computernetz.
- Die Fähigkeit zur Teamarbeit in sich schnell verändernden interkulturellen Teamstrukturen werden zur Selbstverständlichkeit.
- Auch der Ort der Arbeit wird flexibilisiert. Das Wo und Wann wird stärker von der Tätigkeit und vom Arbeitenden selbst bestimmt.

Ende des stark zusammengefassten Artikels.

2.6 Informationsverarbeitung wird allgegenwärtig

Zum Abschluss dieses Kapitels kommt nochmals ein Fachmann zu Wort. Anlässlich der Abschlussveranstaltung des Informatikjahres – Wissenschaftsjahr 2006 am 18. Dezember 2006 in Berlin – referierte Prof. Dr. Dr. h. c. mult. Wolfgang Wahlster, Deutsches Forschungszentrum für Künstliche Intelligenz, Saarbrücken, zum Thema „Informatik für den Menschen". Hieraus sind einige Aspekte zusammengefasst.

„Im Web 3.0 werden Gegenstände des alltäglichen Lebens online vernetzt zu einem ‚Internet der Dinge' – vom Mobiltelefon zum Fotoapparat, vom Auto bis zum Einkaufswagen. Die Menschen werden das digitale Netz um sie herum nicht mehr wahrnehmen – es wird als Umgebungsintelligenz einfach da sein. Die eingebetteten Systeme in unseren Fahrzeugen, die mittlerweile mit über 70 Mikrocomputern zu fahrenden Computernetzwerken geworden sind, müssen untereinander von Fahrzeug zu Fahrzeug kommunizieren, um eine noch höhere mobile Sicherheit zu realisieren und der Vision des hundertprozentig sicheren Autos näher zu kommen.

Auch hier geht es nicht ohne semantische Technologien. Denn wenn ein französischer Peugeot über seinen Wassersensor feststellt, dass auf der Fahrbahn durch eine große Wasserlache die Gefahr von Aquaplaning vorliegt, soll er dies über eine Ad-hoc-Internetverbindung nicht auf Französisch, sondern in einer universell verstehbaren Semantik an das lokale Gefahrenwarnsystem eines folgenden BMW-Motorrads melden. Dort bekommt dann der Motorradfahrer die für ihn vielleicht lebensrettende Warnung: ‚Achtung, in 200 m Aquaplaning!'. Unsere deutsche Automobilindustrie ist bei dieser Form der Car-to-X-Kommunikation zwischen Fahrzeugen und der Verkehrsinfrastruktur weltweit führend. Wir wollen im nächsten Jahr einen großen Feldversuch starten, um danach diese wichtige Innovation in den Markt zu bringen.

Meine Damen und Herren, ich bin mir sicher, dass wir in wenigen Jahren mit unseren Autos häufiger in die Werkstatt müssen für ein semantische Software-Update als für einen Ölwechsel!"

www.informatikjahr.de/fileadmin/content/documents/Reden/Festrede_Wahlster_Abschluss_Informatikjahr.PDF

3 Tabellenkalkulation

VORBEMERKUNG

Erklärungen zur Tabellenkalkulation beziehen sich auf das Tabellenkalkulationsprogramm *OpenOfficeCalc*. Immer dann, wenn die Vorgehensweise in *MS Excel* eine andere ist, finden Sie entsprechende Hinweise.

PROBLEMSTELLUNG

Herr Berger, Gesellschafter der Berger OHG, wünscht sich am Ende eines jeden Tages eine Umsatzübersicht über die verkauften Bälle. Ziel ist es u. a., festzustellen, ob es sich lohnen würde, an Samstagen das Geschäft länger zu öffnen. In weiteren Schritten wünscht er sich eine Wochenübersicht sowie die grafische Darstellung der Umsätze in Diagrammform.

Die noch zu optimierende Tabelle mit Umsatzdiagramm könnte folgendes Aussehen haben:

	A	B	C	D	E
1	**Tagesumsätze Bälle**		Datum:	24.02.20..	
2	**Artikelnummer**	**Artikelbezeichnung**	**Menge**	**Preis**	**Umsatz**
3	100010	Handbälle	20	120,00 €	2.400,00 €
4	100020	Fußbälle	15	133,99 €	2.009,85 €
5	100030	Tennisbälle	12	19,50 €	234,00 €
6	100040	Gymnastikbälle	10	55,00 €	550,00 €
7	100050	Volleybälle	24	99,99 €	2.399,76 €
8					
9	*umsatz_lö_1_Dia*				

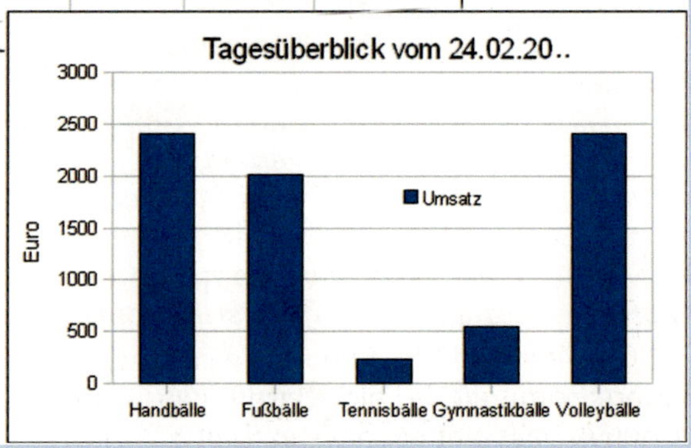

- Wie berechnet man die Umsätze?
- Wie erstellt man verschiedene Diagramme?
- Wie erstellt man aus sechs Tagesübersichten eine Wochenübersicht?

Bevor Sie oben beschriebene Problemstellung am PC lösen, sollten Sie sich die kritische Frage stellen, ob es sich überhaupt „lohnt", wegen einer Umsatzberechnung den Computer zu benutzen. *Würde ein Taschenrechner nicht genügen?*

Einen elektronischen Taschenrechner benutzt heute fast jeder, der häufig mit Zahlen umgeht. Der Taschenrechner hat jedoch entscheidende Nachteile. So können z. B. einmal eingetippte Daten nicht dauerhaft gespeichert werden. Zudem kann das Zahlenmaterial nicht mit erklärenden Texten versehen werden, obwohl das bei vielen Anwendungen sinnvoll und notwendig wäre.

Tabellenkalkulationsprogramme erfüllen diese Wünsche.

Statt auf Papier trägt man mit einem Tabellenkalkulationsprogramm alle relevanten Daten über die Tastatur in eine **elektronische Tabelle** ein.

Diese Eintragungen haben gegenüber der Papiervorlage einige wichtige Vorteile.

1. In der elektronischen Tabelle lassen sich ohne viel Mühe Positionen verändern.
2. Das Kalkulationsprogramm summiert, subtrahiert, multipliziert, dividiert oder erstellt ansprechende Diagramme und ermöglicht es, ohne Probleme auf Daten zuzugreifen, die in Datenbanken gespeichert sind.
3. Ein Tabellenkalkulationsprogramm weiß auch immer eine schnelle Antwort auf die beim Kalkulieren und Planen oft gestellte Frage:
   „Was wäre, wenn ...?"
   ... der Vereinsbeitrag um x Prozent erhöht wird,
   ... die Zinsen um y Prozent sinken,
   ... der Einkaufspreis sich erhöht oder
   ... die Steuersätze sich ändern usw.

Es gilt nun, ein Tabellenkalkulationsprogramm, z. B. *OpenOfficeCalc* oder *MS Excel,* zu starten und sich mit der Struktur von Tabellen vertraut zu machen.

3.1 Aufbau von Tabellendokumenten

Starten Sie das Tabellenkalkulationsprogramm. Es erscheint ein leeres Tabellendokument, dessen wichtigste Elemente wie folgt dargestellt sind.

Nach dem Programmstart erscheint die leere Tabelle, die bei *OpenOfficeCalc* aus 65 536 Zeilen und 265 Spalten besteht. Es stehen also 17 367 040 **Zellen** zur Verfügung. Somit ist der sichtbare Bildschirmteil nur ein winziger Ausschnitt eines großen Arbeitsblattes, dessen **Spaltenköpfe** mit Großbuchstaben (A, B, ... Z; AA, AB, ... AZ; BA, BB, ...) und dessen **Zeilenköpfe** mit den Nummern 1 bis 65 536 bezeichnet sind. Als Spaltenkopf bezeichnet man das am oberen Ende einer Tabellenspalte befindliche Feld mit den jeweiligen Buchstaben; Zeilenköpfe stehen am linken Anfang jeder Zeile.[1]

1 MS Excel verfügt über 1 048 576 Zeilen und 16 384 Spalten

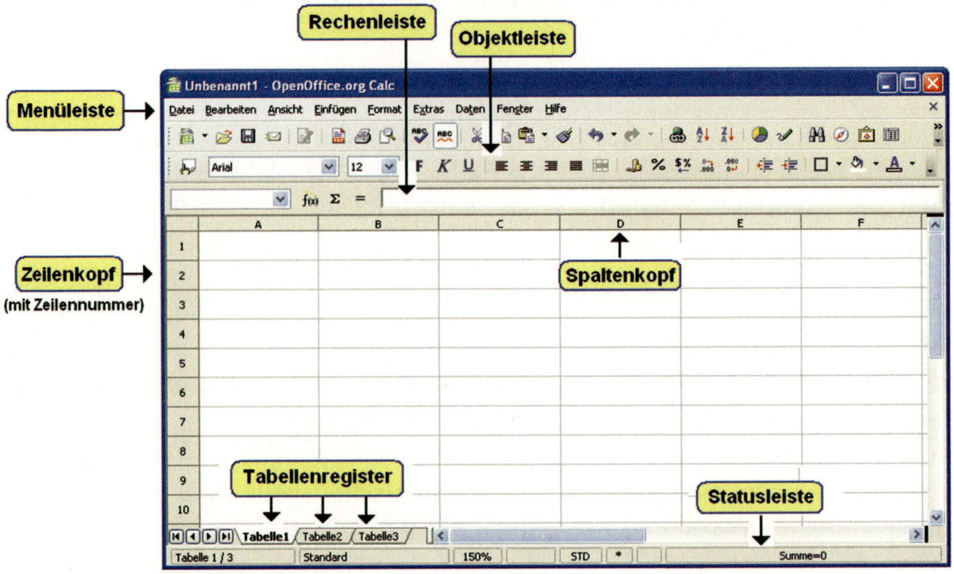

Wichtige Bildschirmelemente bei MS Office

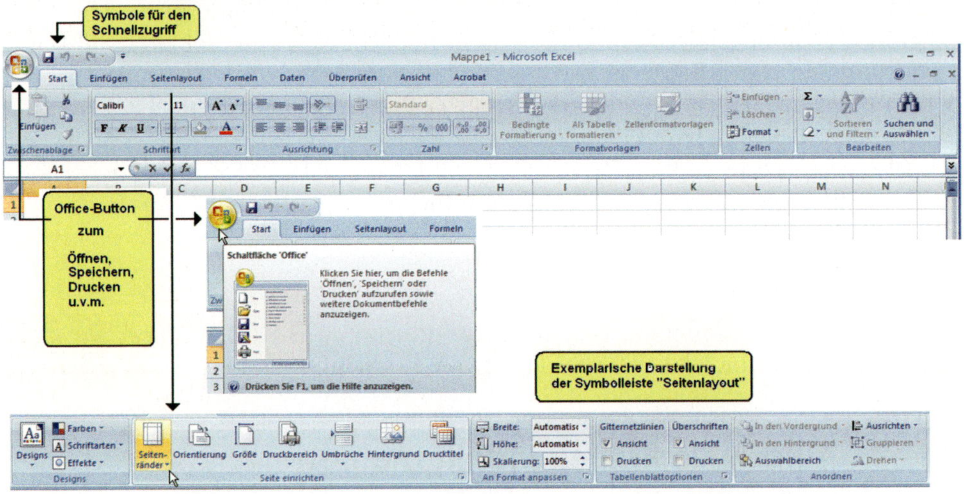

Dreh- und Angelpunkt des MS Office-Bildschirms ist die **Multifunktionsleiste** am oberen Bildschirmrand. Menüs und Symbolleisten werden in erster Linie durch die Multifunktionsleiste ersetzt, welche helfen soll, schnell die für eine Aufgabe notwendigen Befehle zu finden. Die Befehle sind in logischen Gruppen strukturiert, die unter Registerkarten zusammengefasst sind. Jede Registerkarte bezieht sich auf eine Art von Aktivität (z.B. Gestalten einer Seite). Mit den Gruppen auf den Registerkarten wird eine Aufgabe in Unteraufgaben unterteilt. Mit den Befehlsschaltflächen in den Gruppen wird jeweils ein Befehl ausgeführt oder ein Menü mit Befehlen angezeigt. Zur Verbesserung der Übersichtlichkeit werden einige Registerkarten nur bei Bedarf angezeigt. Beispielsweise wird die Registerkarte Bildtools nur angezeigt, wenn ein Bild ausgewählt ist.

Wenn Sie Befehle zu Symbolleisten hinzufügen wollen, gilt:

➔ Klicken Sie auf die **Microsoft Office-Schaltfläche.**

➔ **Excel-Optionen**

➔ Klicken Sie in der Liste auf der linken Seite auf **Anpassung.**

➔ Klicken Sie im Dropdown-Listenfeld **Befehle auswählen** auf **Alle.**

Merke

Die Benennung der Spalten erfolgt mit den Großbuchstaben des deutschen Alphabets, Zeilen werden durch Zahlen benannt. Die einzelnen **Zellen,** die Kreuzungspunkte zwischen Spalten und Zeilen, sind durch **Gitternetzlinien** voneinander abgegrenzt. Die Angabe A1 bedeutet die Lagebestimmung in der **Spalte A** und **Zeile 1,** also den Schnittpunkt der Spalte A mit der Zeile 1. Somit hat die Zelle der Spalte C und der Zeile 5 die Adresse C5.

Ein Tabellendokument kann mehrere Tabellen umfassen, wobei man mit Tabellenregistern von einer Tabelle zur nächsten wechseln kann.

Arbeitsaufträge

1. Geben Sie in unterschiedliche Tabellenbereiche verschiedene Texte und Werte ein. Beachten Sie, Texte und Werte sollten nie zusammen in einer Zelle stehen.
2. Machen Sie sich anhand dieser eingegebenen Elemente mit den Möglichkeiten der Objektleiste (in Excel wird sie Symbolleiste genannt) vertraut. Sie liefert Symbole für die wichtigsten Funktionen, die zum Arbeiten mit Tabellen benötigt werden.

Die Objektleiste (OpenOfficeCalc)

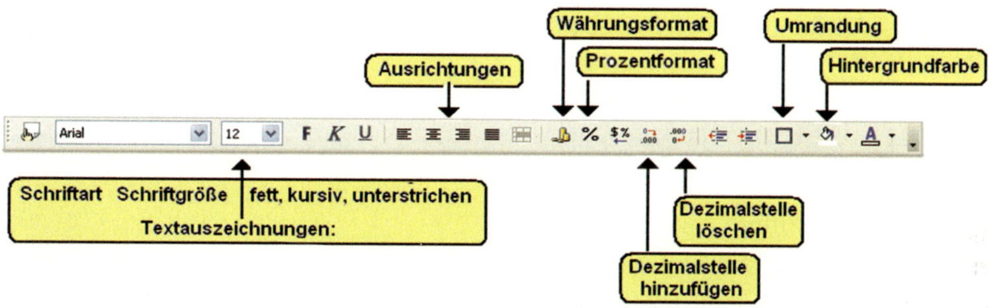

MS Excel

Hinweis

Sollten die Symbolleisten nicht sichtbar sein, so können Sie diese und noch viele andere Elemente mit der Befehlsfolge

→ ANSICHT

→ SYMBOLLEISTEN

aktivieren.

Zurück zur Problemstellung

Aufgabe

Erstellen Sie das Tabellendokument, wobei folgende Angaben gelten:

1. Artikelnummern stehen in der Mitte der Zellen (zentriert).
2. Artikelbezeichnungen stehen linksbündig.
3. Spaltenüberschriften der Zeile 2 stehen zentriert und sind fett gedruckt.
4. Preise sind ohne Währungsbezeichnungen (z. B. €) einzugeben.
5. Die Spaltenbreiten sind den jeweiligen Längen der Inhalte anzupassen.
6. Die Tabelle ist unter dem Namen *umsatz_1_aufg* zu speichern.

	A	B	C	D	E
1	**Tagesumsätze**	**Bälle**	**Datum:**	24.02.20..	
2	**Artikelnummer**	**Artikelbezeichnung**	**Menge**	**Preis**	**Umsatz**
3	100010	Handbälle	20	120	
4	100020	Fußbälle	15	133,99	
5	100030	Tennisbälle	12	19,5	
6	100040	Gymnastikbälle	10	55	
7	100050	Volleybälle	24	99,99	
8					
9	*Dateiname: umsatz_1_Aufg*				

← zu berechnender Umsatz im Tabellenbereich E3:E7

Der Doppelpunkt steht für das Wort "bis".

Lösungshinweise und Arbeitsschritte

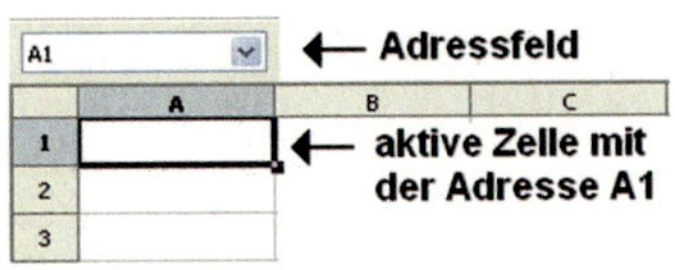

→ Datei

→ Neu

→ Tabellendokument

→ Eingabe der Überschrift in die aktive Zelle

→ Eingabe der Spaltenüberschriften in der Zeile 3

→ Eingabe der Zahlen

Hier die Schritte im Einzelnen:

1. Setzen Sie den Cursor in die Zelle A1 und schreiben Sie die Tabellenüberschrift.
2. Betätigen Sie die Pfeiltaste ↓ und notieren Sie die erste Spaltenüberschrift „Artikelnummer" in der Zelle A2.
3. Schreiben Sie alle Spaltenüberschriften bis E2.

Tipp

Aktivieren Sie das jeweilige nächste Eingabefeld mittels der Pfeiltasten. Natürlich können Sie diese auch mit der Maus aktivieren; dies strengt aber die doch so „arg geplagten" PC-Augen weitaus mehr an als eine Aktion mit der Pfeiltaste.

4. Tragen Sie die Artikelnummern von A3:A7 ein. **Achtung**: Der Doppelpunkt steht für das deutsche Wort „bis".
5. Vervollständigen Sie die Tabelle lt. Abbildung.
6. Speichern Sie die Tabelle unter dem Namen *umsatz_1_aufg.* Das System erweitert den Tabellennamen mit der Namenserweiterung *.ods (OpenDocumentSpreadsheet).*

3.2 Berechnungen durchführen

Aufgabe

Berechnen Sie in den Zellen E3:E7 die jeweiligen Tagesumsätze der einzelnen Artikel.

Betriebswirtschaftlicher Sachverhalt

Erlös(e) oder auch **Umsatz** bezeichnet die Summe aller Zahlungsansprüche, die ein Unternehmen in einem bestimmten Zeitraum durch den Verkauf von Waren und Dienstleistungen erwirbt. Es gilt: Erlös (E) = Menge (x) · Preis (p)

„Traditionelle" Vorgehensweise:

Manuelle Berechnung des ersten Umsatzes:	20 · 120,00 = 2.400,00
Manuelle Berechnung des zweiten Umsatzes:	15 · 133,99 = 2.009,85

usw.

Hier brauchen Sie kein Kalkulationsprogramm, denn obige Lösung ist mit einem Taschenrechner weitaus schneller zu realisieren.

Die soeben beschriebene Arbeitsweise mag beim Einsatz eines Taschenrechners zufriedenstellende Ergebnisse liefern, aber der PC-Einsatz wäre überflüssig, denn die vorgenommenen Berechnungen gelten jeweils nur für den einzelnen Artikel. Dies ist nicht Ziel der Arbeit mit dem Tabellenkalkulationsprogramm. Hier lautet die Forderung: **Gebe nur einmal eine Formel ein, verwende sie aber für alle Artikel!**

3.2.1 Adressierung von Formeln

Und so ist das Problem zu lösen:

Ganz wichtig!

In einer Formel sind nicht die absoluten Zahlen, sondern deren **Adressen** zu verwenden.

Die Zelladresse der Menge des Artikels hat die Adresse C3, der Preis die Adresse D3. Somit gilt es, in der Zelle E3 das Produkt der beiden Zelladressen [C3] mit [D3] zu ermitteln und danach mit dem **Ausfüllkästchen** das Ergebnis in die Zellbereiche E4:E7 zu übertragen.

Zurück zur Arbeit am Gerät:

→ Setzen Sie den Cursor in die Ergebniszelle, hier: E3.

→ Geben Sie das **Gleichheitszeichen** ein.

Merke

Jede Formel wird durch das Gleichheitszeichen (=) eingeleitet.

→ Fahren Sie mit dem Cursor (Pfeiltaste) auf die Zelle C3.

→ Geben Sie das Multiplikationszeichen ein.

→ Fahren Sie mit dem Cursor (Pfeiltaste) auf die Zelle D3.

→ Bestätigen Sie mit der Eingabetaste <Return>.

=C3*D3

B	C	D	E
Bälle	**Datum:**	24.02.20..	
Artikelbezeichnung	**Menge**	**Preis**	**Umsatz**
Handbälle	20	120	=C3*D3
Fußbälle	15	133,99	

Somit wäre der erste Teil der Arbeit gelöst; egal, welche Mengen bzw. Preise eingetragen werden: Das Ergebnis – der Umsatz – ist immer richtig berechnet.

Machen Sie die Probe!

→ Geben Sie in den Zellen C3 und D3 andere Werte ein. Das System berechnet jetzt den aktuellen Wert; Rechenfehler sind unbekannt.

→ Übertragen Sie das Rechenergebnis in andere Zellen.

→ Setzen Sie den Cursor auf das Ausfüllkästchen der Ergebniszelle, hier: E3.

→ Der Mauszeiger nimmt jetzt die Form eines dünnen schwarzen Kreuzes an.

→ Ziehen Sie bei gedrückter linker Maustaste das Ausfüllkästchen in die darunter liegenden Zellen, bis Sie in Zelle E7 das Ende erreicht haben.

Das System hat die Umsätze für alle Artikel berechnet und ausgegeben, indem es die einmal eingegebene Formel der Zelle E3 für die anderen Zellen angepasst hat.

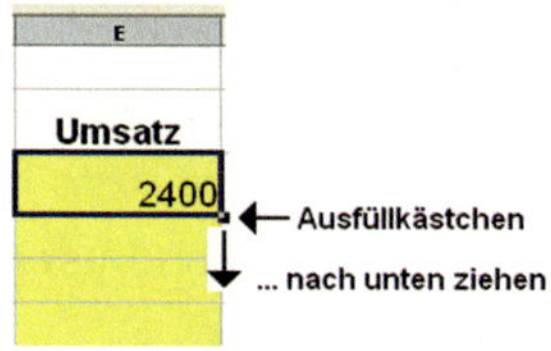

3.2.2 Nur die richtige Adresse zählt

PROBLEMSTELLUNG

Herr Berger wünscht sich eine getrennte Ausgabe der Mehrwertsteuer und der Nettoumsätze. Da in der Spalte D die Preise 19 % Mehrwertsteuer enthalten, soll in der Spalte F die Mehrwertsteuer berechnet und ausgegeben werden.

Betriebswirtschaftlicher Sachverhalt

Die **Umsatzsteuer** ist eine Steuer, die den Austausch von Leistungen (Umsatz) besteuert. Bemessungsgrundlage ist der Erlös, den ein Unternehmer für seine Leistungen im Inland erzielt. Sie ist eine indirekte Steuer, weil Steuerschuldner (Zahlungsverpflichteter) und Steuerpflichtiger (wirtschaftlich Belasteter) nicht identisch sind. Im deutschen Sprachgebrauch wird der Ausdruck „Umsatzsteuer" gleichbedeutend mit **Mehrwertsteuer** verwendet.

Arbeitsauftrag

Fügen Sie zwischen der ersten und der zweiten Zeile drei neue Zeilen ein und beschriften sie lt. folgender Vorlage.

Lösungshinweise zum Einfügen der Zeilen

→ Markieren Sie die drei Zeilenköpfe der Zeilen 2, 3 und 4.

→ EINFÜGEN

→ ZEILEN

	A	B	C	D	E	F	G
1	**Tagesumsätze**	**Bälle**	**Datum:**	24.02.20..			
2							
3		**Mehrwertsteuersatz**	**19**	%			
4							
5	**Artikelnummer**	**Artikelbezeichnung**	**Menge**	**Preis**	**Bruttoumsatz**	**Mehrwertsteuer**	**Nettoumsatz**
6	100010	Handbälle	20	120,00 €	2.400,00 €		
7	100020	Fußbälle	15	133,99 €	2.009,85 €		
8	100030	Tennisbälle	12	19,50 €	234,00 €		
9	100040	Gymnastikbälle	10	55,00 €	550,00 €		
10	100050	Volleybälle	24	99,99 €	2.399,76 €		

Dateiname: umsatz_1_lö_2
Register: Aufgabe

Berechnung der Mehrwertsteuer

Da in den Umsätzen der Spalte E die Mehrwertsteuer enthalten ist, entsprechen in Spalte E die Bruttoumsätze 119 %.

→ Cursor in die Zelle F6 setzen.

→ Gleichheitszeichen eingeben.

- → Zelle E6 aktivieren. (E6 = Grundwert, der 119 % entspricht)
- → Multiplikationszeichen eingeben.
- → Mit der Maus bzw. Pfleiltaste die Zelle C3 aktivieren.
- → Divisionszeichen setzen.
- → 119 schreiben.
- → Bestätigen mit der Eingabetaste.
- → Die Formel des berechneten Betrags der Zelle F6 (383,19 €) mit dem Ausfüllkästchen nach unten ziehen.

Sie haben ein total falsches Ergebnis berechnet.

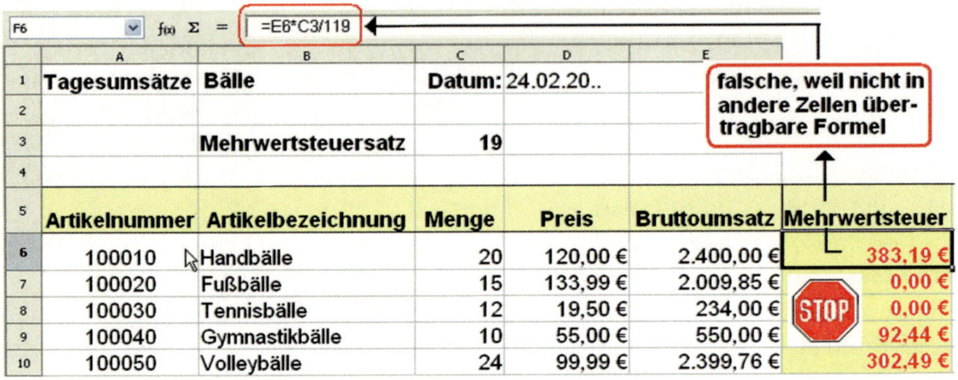

	A	B	C	D	E	F
1	Tagesumsätze	Bälle	Datum:	24.02.20..		
2						
3		Mehrwertsteuersatz	19			
4						
5	Artikelnummer	Artikelbezeichnung	Menge	Preis	Bruttoumsatz	Mehrwertsteuer
6	100010	Handbälle	20	120,00 €	2.400,00 €	383,19 €
7	100020	Fußbälle	15	133,99 €	2.009,85 €	0,00 €
8	100030	Tennisbälle	12	19,50 €	234,00 €	0,00 €
9	100040	Gymnastikbälle	10	55,00 €	550,00 €	92,44 €
10	100050	Volleybälle	24	99,99 €	2.399,76 €	302,49 €

Warum hatte die Formel nur für die Zelle F6 Gültigkeit? Warum war die Formel nicht in die Zellen von F7, F8, ... übertragbar?

Bei der Berechnung des Bruttoumsatzes der Spalte E lauteten die (falschen) Formeln:

in E6: C6*D6
in E7: C7*D7
in E8: C8*D8

Die Zeilen- und Spaltenadressen wurden durch die Übertragung mit dem Ausfüllkästchen angepasst. So wurde z. B. aus der Spaltenadresse D6 die Adresse D7. Da die Spalten D und C genau parallel nebeneinander liegen, die Abstände sich **relativ** zueinander nicht ändern, spricht man von der **relativen Adressierung,** die in unserem Fall ab der Zeile 7 falsche Ergebnisse liefert. Es muss aber gewährleistet sein, dass das System **immer** auf den gleichen Steuersatz in der Zelle C19 zugreift, weshalb diese Zelle anders zu adressieren ist.

Merke

Immer dann, wenn in einer Formel auf die gleiche Zelle zuzugreifen ist, ist die Adresse zwischen Dollarzeichen ($) einzuschließen. Man spricht von einer **absoluten Adressierung**. Die Zelladresse **$A$7** ist eindeutig und wird beim Übertragen in andere Zellen, z. B. mit dem Ausfüllkästchen, nicht verändert.

Die Formel in F6 lautet somit:

```
E6*$C$3/119
```

Soll die Formel für andere Steuersätze Gültigkeit haben, so gilt:

```
E6*$C$3/(100+$C$3)
```

Arbeitsauftrag

Berechnen Sie den Nettoumsatz im Tabellenbereich: G6:G10.

Lösungstabelle

	A	B	C	D	E	F	G
1	**Tagesumsätze**	**Bälle**	**Datum:**	24.02.20..			
2							
3		**Mehrwertsteuersatz**	**19**	**%**			
4							
5	**Artikelnummer**	**Artikelbezeichnung**	**Menge**	**Preis**	**Bruttoumsatz**	**Mehrwertsteuer**	**Nettoumsatz**
6	100010	Handbälle	20	120,00 €	2.400,00 €	383,19 €	2.016,81 €
7	100020	Fußbälle	15	133,99 €	2.009,85 €	320,90 €	1.688,95 €
8	100030	Tennisbälle	12	19,50 €	234,00 €	37,36 €	196,64 €
9	100040	Gymnastikbälle	10	55,00 €	550,00 €	87,82 €	462,18 €
10	100050	Volleybälle	24	99,99 €	2.399,76 €	383,15 €	2.016,61 €

Ganz wichtig!

Immer dann, wenn sich der Abstand der Ergebniszelle (hier: F6) zu der Zielzelle (hier: C3) ändert, ist die absolute Adressierung oder eine Kombination aus absoluter und relativer Adressierung anzuwenden. Nur, wenn der Anwender die richtige Adressierungsart wählt, sind die Ergebnisse mit dem Ausfüllkästchen in andere Zellen übertragbar.

Der Vergleich mit dem Springer auf einem Schachspielbrett liegt nahe:

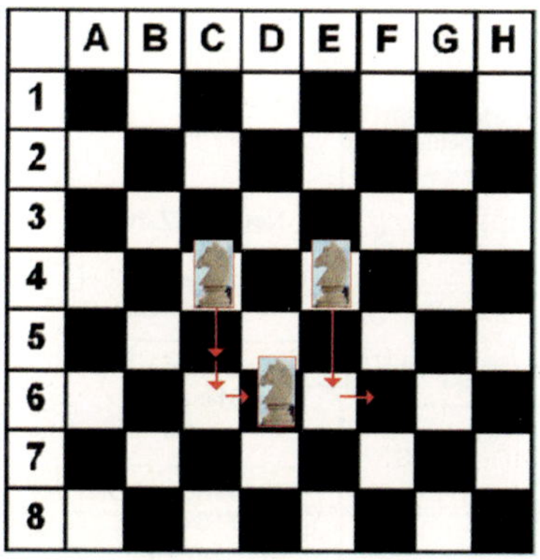

Bei der relativen Adressierung bleibt der Weg immer der gleiche:
„Gehe zwei Zeilen nach unten und eine nach rechts!"

Soll der Springer auf die Zelle D6 zugreifen, genügt die Angabe *„Gehe zwei Zeilen nach unten und eine nach rechts!"* **nicht.** Um ihn in die Zielzelle D6 zu setzen, ist die Zelle **absolut** mit **$D$6** zu adressieren.

Folgendes Beispiel – es wird ab Seite 107 noch weiter ausgebaut – soll den Unterschied zwischen den Adressierungsarten verdeutlichen.

Gegeben ist ein Ausschnitt einer **Warenkalkulation.**

Soll in unten stehender „Miniatur"-Kalkulationstabelle nur ein einziger Artikel kalkuliert werden, so ist die absolute Adressierung völlig überflüssig. Wollen Sie aber mehr als einen Artikel kalkulieren, so ist eine Kombination zwischen relativer und absoluter Adressierung erforderlich.

Nicht kopierbare Formel in C3:
C2*B3/100

	A	B	C
1		%	**Artikel 1**
2	**Einstandspreis**		1.600,00 €
3	**+ HKZ**	25	400,00 €
4	**Selbstkosten**		2.000,00 €

Kopierbare Formel in C3:
C2*$B$3/100

	A	B	C	D
1		%	**Artikel 1**	**Artikel 2**
2	**Einstandspreis**		1.600,00 €	3.600,00
3	**+ HKZ**	25	400,00 €	900,00
4	**Selbstkosten**		2.000,00 €	4.500,00

Und nun zum Outfit der Tabelle: Dieses muss verschönert werden!

3.3 Attraktive Tabellengestaltung

3.3.1 Tabellenformate unter die Lupe nehmen

PROBLEMSTELLUNG

Herr Berger wünscht, dass ein kaufmännischer Mitarbeiter für Präsentationszwecke die Tabelle attraktiv gestaltet, ausdruckt und in einem weiteren Schritt die Daten in Diagrammform mehrfarbig präsentiert.

Zur Lösung der gestellten Aufgabe sollten Sie sich mit dem Format-Menü vertraut machen. Es erlaubt dem Anwender, Zellen, Bereiche und ganze Tabellen wunschgemäß zu gestalten.

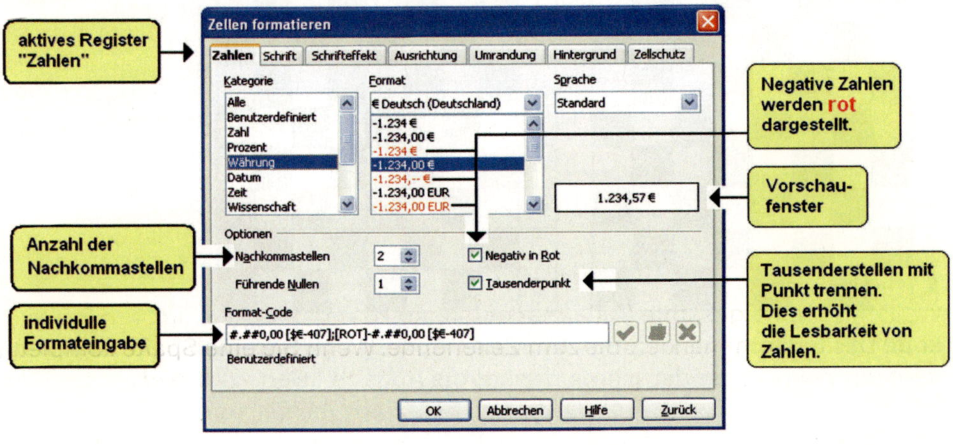

Die nebenstehende Symbolleiste (MS Excel) bietet vielfältige Möglichkeiten.

> **Tipp**
> Zuerst Zelle(n) markieren bzw. Cursor in Zelle(n) positionieren, danach erst Menübefehl auswählen!

Arbeitsaufträge

1. Üben Sie mit Mausklicken bzw. Mausziehen verschiedene Markierungsmöglichkeiten.
   Hierbei ist es empfehlenswert, wie folgt vorzugehen:
   - ➔ Markierung einer einzelnen Zelle (Mausklick)
   - ➔ Markierung eines Zellbereiches (Mausziehen)
   - ➔ Markierung mit Mehrfachauswahl (Markierung des ersten Bereiches, Drücken der Taste Strg und – bei weiterhin gedrückter Taste Strg – weitere Bereiche markieren)
2. Gestalten Sie die Tabellenbereiche der Überschrift (Zeile 1) und die Warenbezeichnungen der Spalte A mit Schriftarten, die vom Standardformat abweichen (z. B. CG-Times, Helv, Modern usw.), und wählen Sie andere Schriftgrößen und Auszeichnungen (z. B. **fett,** *kursiv,* <u>unterstrichen</u> usw.).
3. Experimentieren Sie mit den vielfältigen Möglichkeiten des ***AutoFormates.***
4. Machen Sie sich mit den Möglichkeiten des „Zellen verbinden" vertraut. Hierzu gilt:
   - ➔ zu verbindende Zellen markieren
   - ➔ nebenstehendes Symbol aus der Symbolleiste wählen:

MS Excel bietet mit nebenstehenden Auswahlmöglichkeiten interessante Darstellungsalternativen an.

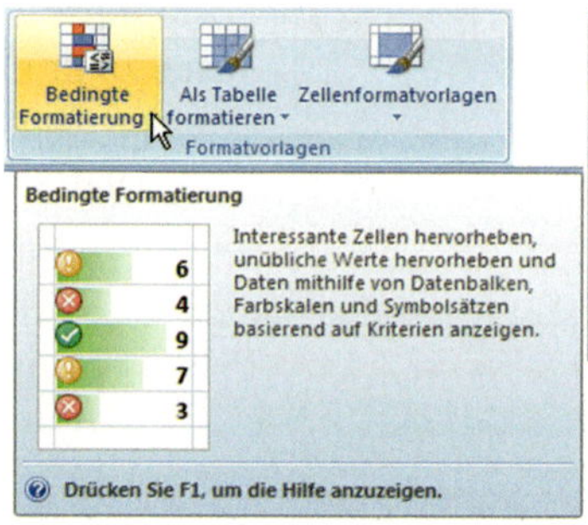

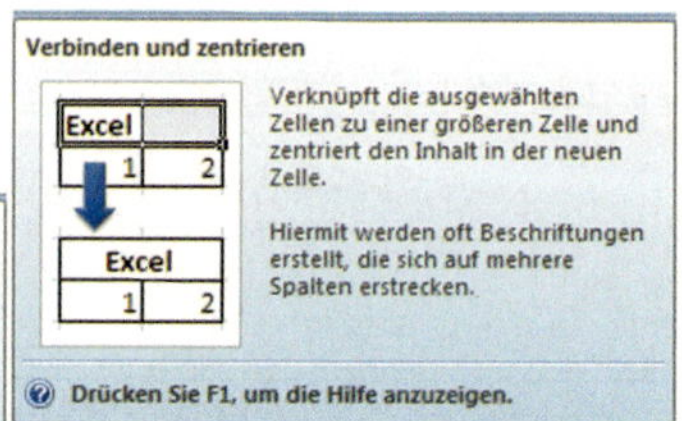

> **Tipp**
> Wollen Sie eine gesamte Zeile markieren, so klicken Sie links auf den **Zeilenkopf.** Das System markiert bis zum Zeilenende. Wenn Sie eine Spalte komplett markieren wollen, empfiehlt es sich, auf den **Spaltenkopf** zu klicken.

3.3.2 Verändern der Zeilenhöhe und Spaltenbreite

Platzmangel ist unbekannt, weshalb gilt:

- → Mauszeiger genau auf die Grenze der Zeilen- bzw. Spaltenköpfe setzen.
- → Bei gedrückter linker Maustaste die Maus in die gewünschte Richtung ziehen.

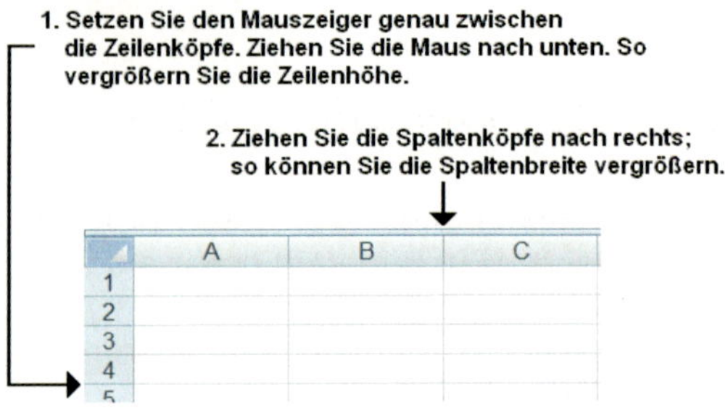

Tipp

Auch wenn das Programm scheinbar über die Zelle hinausgehende Texte oder Zahlen abschneidet, so geht die Information nicht verloren. Intern „merkt" sich das Programm den kompletten Inhalt. Wenn Sie auf die Trennungslinie im Spaltenkopf doppelklicken, wird die Breite automatisch auf den längsten Eintrag dieser Spalte eingestellt. Dasselbe gilt auch für die Zeilenhöhe.

3.3.3 Feinschliff bei der Tabellengestaltung

- → Extras
- → Optionen

... in OpenOfficeCalc

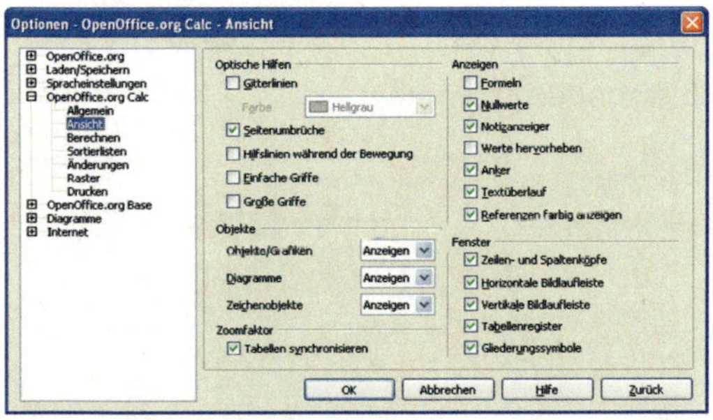

... in MS Excel

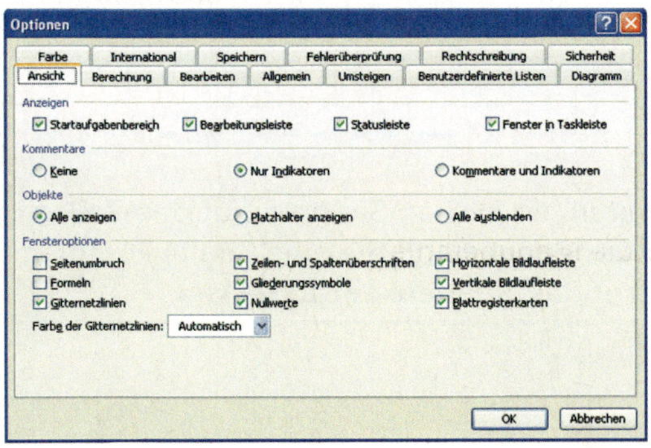

Die klassische Ansicht einer Tabellenkalkulationssoftware ist von einer durch Spalten- und Zeilenköpfe definierten Matrix bestimmt. Um dies zu ändern, bestehen nebenstehende Einstellungsoptionen.

Des Weiteren können viele Einstellungen über die Menüauswahl Ansicht vorgenommen werden, z. B.

- → Anzeigen/Ausblenden einzelner Symbolleisten.
- → Anzeigen/Ausblenden der Statuszeile.
- → Anzeigen/Ausblenden der Rechenleiste (Calc) bzw. Bearbeitungsleiste (Excel).

Bei MS Excel lohnt es sich, die Menüpunkte unter „Seitenlayout" näher zu betrachten. Bitte vergleichen Sie hierzu die dargestellte Menüleiste im Abschnitt 3.1, „Wichtige Bildschirmelemente bei MS Office".

3.4 Daten attraktiv präsentieren

Schauen Sie sich untenstehende Tabelle nur zehn Sekunden an! Sicher sind Sie dann auch der Meinung: „Ein Bild sagt mehr als tausend Worte."

Bundestageswahl 2009		
Wahlberechtigte	62.132.442	
Wähler	43.997.633	
Ungültige	761.816	
Gültige	43.235.817	
	Erststimmen	**Zweitstimmen**
CDU	13.852.743	11.824.794
CSU	3.190.950	2.830.210
Die Linke	4.790.007	5.153.884
FDP	4.075.115	6.313.023
Grüne	3.974.803	4.641.197
NPD	768.175	635.437
SPD	12.077.437	9.988.843
Sonstige	506.587	1.848.429

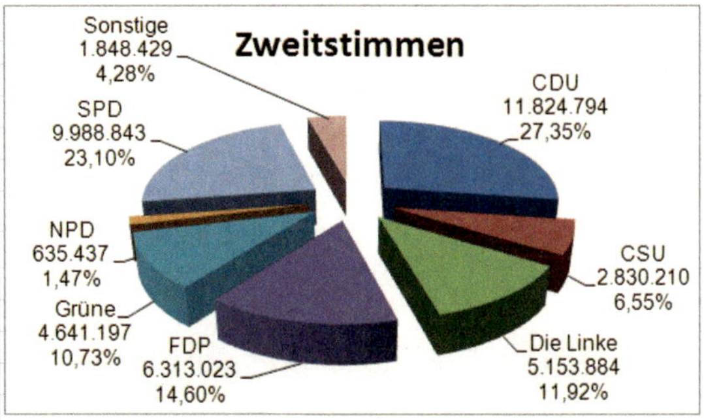

Auf einen Blick

Jedes Tabellenkalkulationsprogramm bietet die Möglichkeit, Tabelleninhalte als Diagramm darzustellen. Der Benutzer kann diese dann nach eigenen Vorstellungen gestalten.

Es ist zu unterscheiden, ob innerhalb einer Tabelle ein Diagramm eingeblendet (in der Fachsprache „eingebettet") wird oder ob auf dem Bildschirm die Tabelle ausgeblendet ist, d.h., das Diagramm als eigenständige Diagrammdatei erscheint.

Merke

Ein **Diagramm** ist eine grafische Darstellung von Tabellendaten. Sowohl eingebettete Diagramme als auch Diagrammdateien sind mit der Ausgangstabelle verknüpft, sodass das Diagramm bei jeder Veränderung der Quelldaten aktualisiert wird.

Grundsätzliche Vorgehensweise

1. Tabellenbereiche laut Problemstellung markieren.
2. Diagramm einfügen, entweder über die Menübefehle:
   → EINFÜGEN
   → DIAGRAMM

oder über untenstehend abgebildete Symbole.

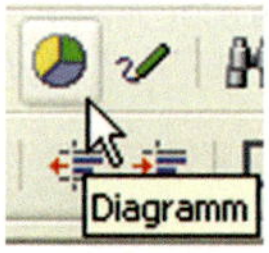

Symbol bei OpenOfficeCalc

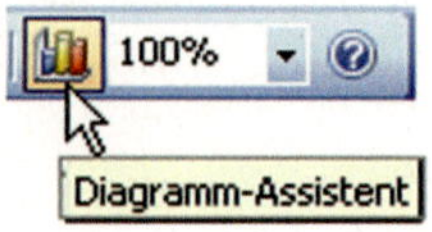

Symbol bei MS Excel

In MS Excel können Sie – nachdem ein Säulentyp ausgewählt wurde – das Diagrammlayout wie folgt bestimmen:

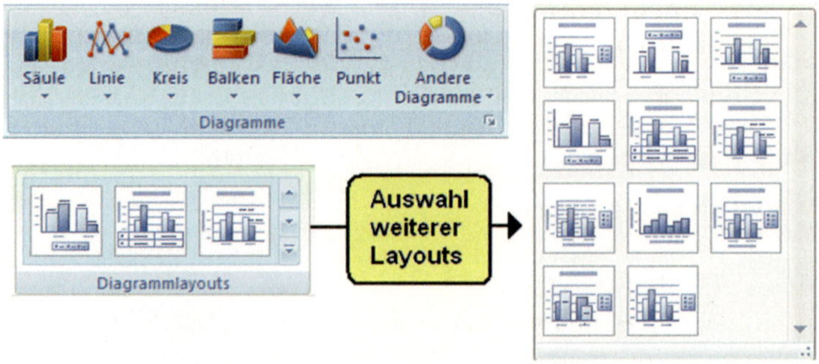

Tipp

Detaillierte Informationen zur Diagrammerstellung mit MS Excel finden Sie unter: http://office.microsoft.com/de-at/excel/HP012163481031.aspx

PROBLEMSTELLUNG

Herr Berger wünscht sich am Ende des Tages eine grafische Übersicht der Bruttoumsätze seiner Bälle, und zwar in Form eines Stabdiagramms.

Lösungshinweise

➔ Öffnen Sie die Tabelle *umsatz_1_lö.*

➔ Markierung der Tabellenbereiche: B5:B10 und E5:E10

Zur Erinnerung: Der Doppelpunkt steht für das deutsche Wort „bis".

STOP

Die Spaltenüberschriften in B5 und E5 sowie die Artikelbezeichnungen sind mit zu markieren, damit diese später im Diagramm als Achsenbeschriftungen auf der x- bzw. y-Achse erscheinen.

➔ Diagramm (wie oben beschrieben) einfügen.

Es erscheint der **Diagramm-Assistent.** Dort können Sie in einem ersten Schritt den Diagrammtyp wählen. Für unsere Problemstellung wählen wir den Diagrammtyp „Säulen".

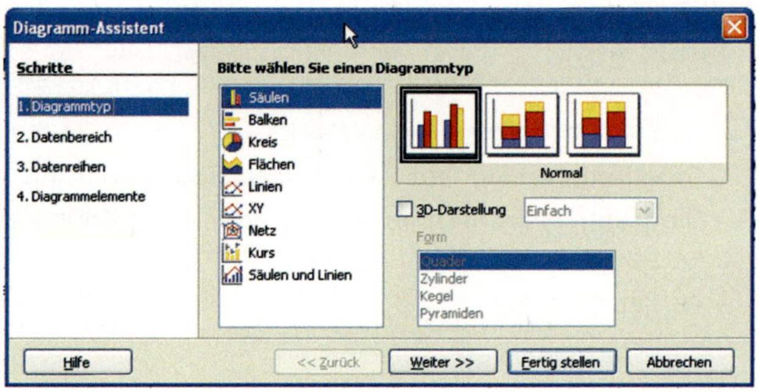

➔ Schaltfläche „Weiter" anklicken.

Jetzt können Sie – nachdem Sie den Datenbereich kontrolliert haben – festlegen, ob Sie die Datenreihen in Zeilen- oder Spaltenform darstellen wollen.

Probieren Sie die beiden Möglichkeiten aus.

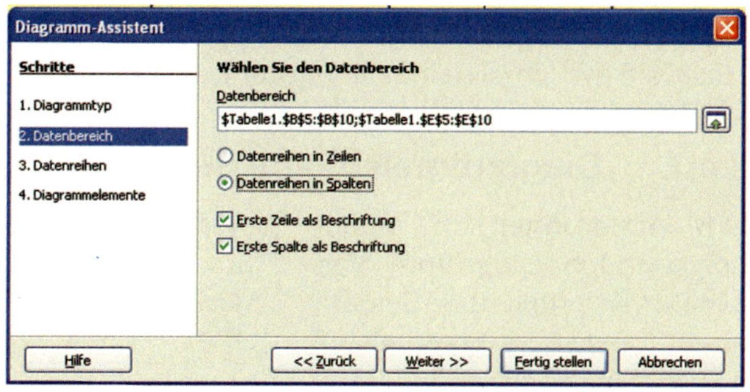

Für die Problemstellung eignet sich die „Darstellung in Spalten". Hier wird der „Bruttoumsatz" als Legende dargestellt, die Artikelbezeichnungen stehen auf der x-Achse, die Umsätze auf der y-Achse.

➔ Schaltfläche „Weiter" anklicken.

➔ Übergehen Sie den dritten Schritt des Diagramm-Assistenten mit „Weiter".

➔ Im vierten Schritt des Diagramm-Assistenten können Sie Diagrammelemente ergänzen.

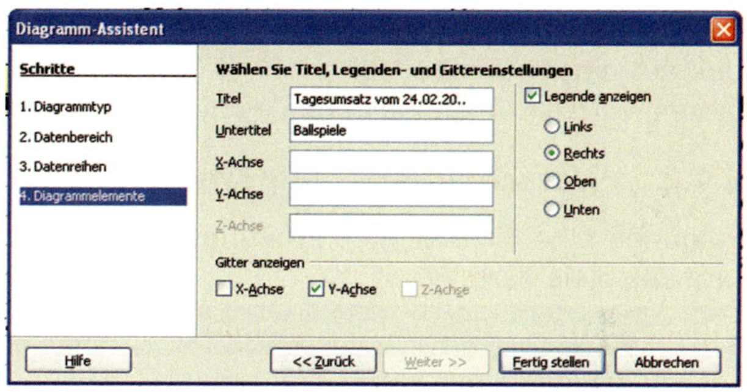

➔ Schaltfläche „Fertig stellen" anklicken.

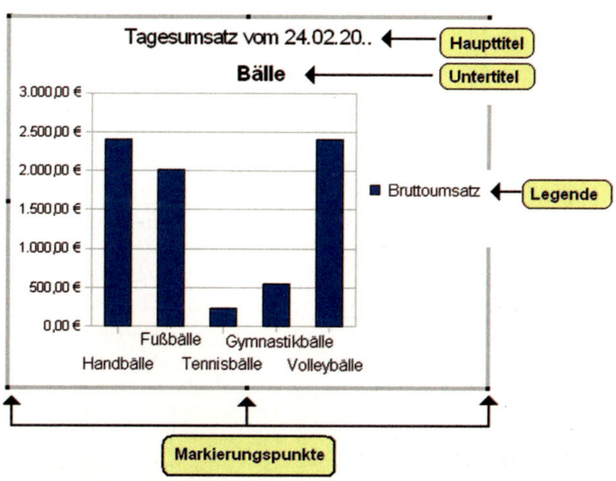

➔ Ändern Sie die Größe des Diagramms, wobei gilt:
Mit den **Markierungspunkten** an den Seiten lassen sich Höhe und Breite ändern.

> **Tipp**
> Soll die Größe des Diagramms proportional geändert werden, ist bei OpenOfficeCalc die Umschalttaste während des Mausziehens zu drücken.

3.4.1 Diagrammelemente bearbeiten

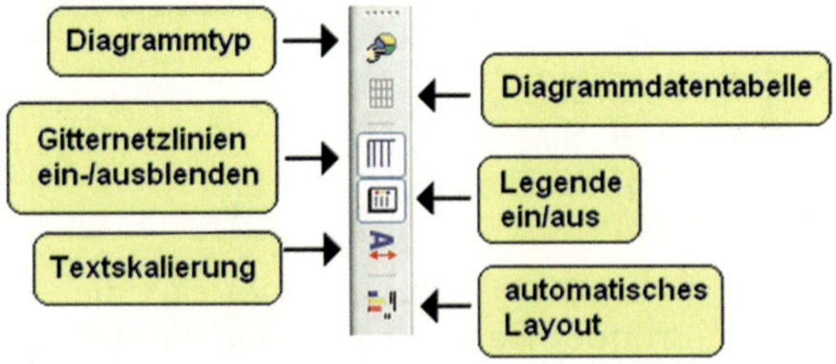

Um Änderungen in einem bestehenden Diagramm vorzunehmen, stellt das System eine „Extra-Werkzeugleiste" bereit. Diese spezielle Werkzeugleiste erscheint nur, wenn Sie mit einem **Doppelklick** das Diagramm markiert haben.

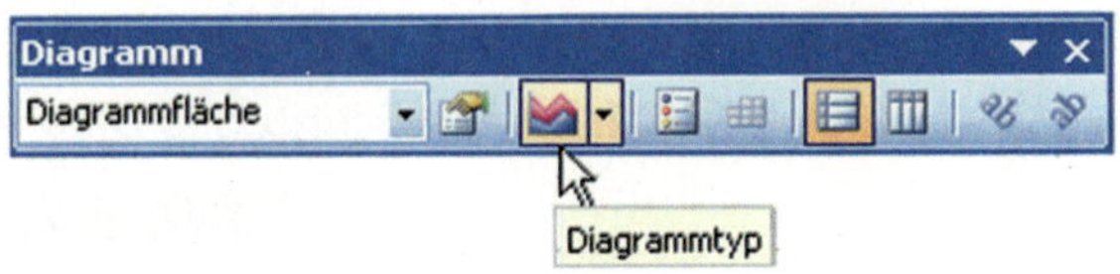

Für Excel-Anwender gilt nebenstehende Symbolleiste zur Diagrammgestaltung. Wenn Sie die Maus wenige Sekunden auf einem Symbol ruhen lassen, wird Ihnen die Aufgabe des Symbols eingeblendet.

3.4.2 Verschiedene Diagrammtypen und deren Anwendung

Folgende Übersicht zeigt die häufigsten Diagrammtypen, deren Verwendung und Beispiele dazu.

Diagrammtypen	Verwendung	Beispiele
Säulendiagramme 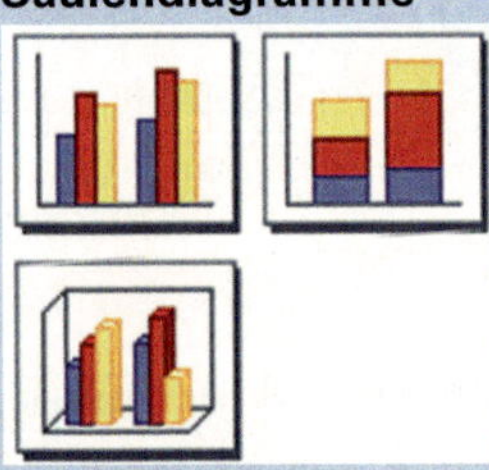	Gegenüberstellung bestimmter Datenreihen im Vergleich zu deren Entwicklung. Jede Säule repäsentiert ein Element der Datenreihe. Säulen (aber auch Balkendiagramme) sind gut geeignet für **Schwankungen, Trendverläufe** und **Vergleiche** verschiedener Reihen.	◆ Vergleich der Umsatzentwicklung zweier Produkte ◆ Gegenüberstellung der Entwicklung des Personalbestands von Arbeitern und Angestellten

	A	B
1	***Verkaufte PCs***	
2		
3	Januar	3.167
4	Februar	3.056
5	März	3.199
6	April	3.278
7	Mai	3.221
8	Juni	3.289

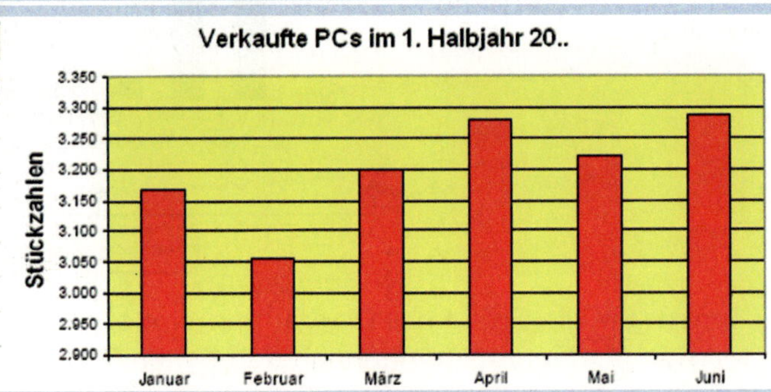

Diagrammtypen	Verwendung	Beispiele
Balkendiagramme 	Ein Balkendiagramm ist nichts anderes, als ein um 90 ° gedrehtes Säulendiagramm. Es dient der Veranschaulichung der Werte von Datenreihen zu einem bestimmten Zeitpunkt (Zustand), wobei meist Rangfolgen dargestellt werden.	◆ Umsätze verschiedener Unternehmensbereiche in einer Periode. ◆ Rangfolge bei Wettbewerben.

	A	B
1		
2	Umsatz nach Regionen	
3		in Tausend €
4	Ostasien	195
5	Südamerika	135
6	Europa	178

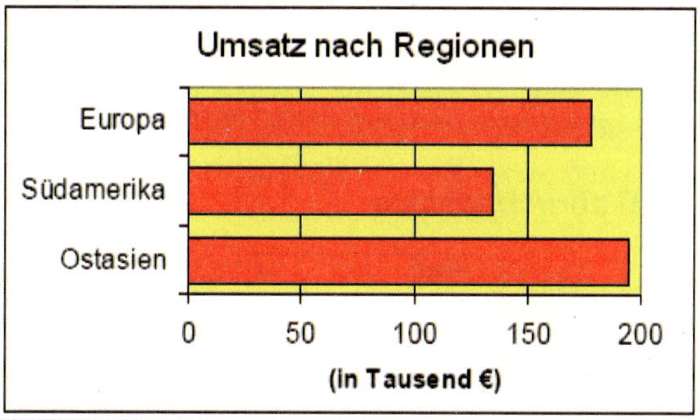

Diagrammtypen	Verwendung	Beispiele
Liniendiagramme 	Veranschaulichung der Veränderung der Werte in einem bestimmten Zeitraum (Trends, Entwicklungen). Sie eignen sich für Werte, die sich nicht sprunghaft, sondern kontinuierlich ändern, und sind z. B. geeignet für **zeitabhängige Verläufe** und **Trends.**	◆ Umsatzentwicklungen ◆ Kostenentwicklungen ◆ Beschäftigungsentwicklungen

	A	B	C
1	***Preisniveau***		
2			
3		Super	Diesel
4	14. Apr	1,123 €	0,894 €
5	21. Apr	1,145 €	0,918 €
6	28. Apr	1,169 €	0,931 €
7	05. Mai	1,181 €	0,956 €
8	12. Mai	1,176 €	0,945 €
9	19. Mai	1,168 €	0,942 €
10	26. Mai	1,172 €	0,926 €
11	02. Jun	1,145 €	0,921 €

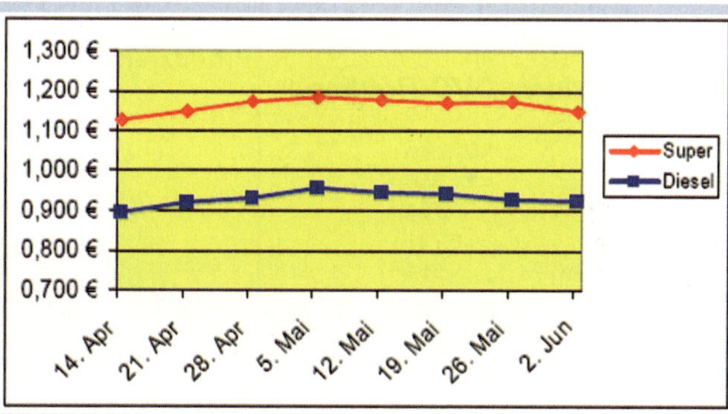

Diagrammtypen	Verwendung	Beispiele
Flächendiagramme 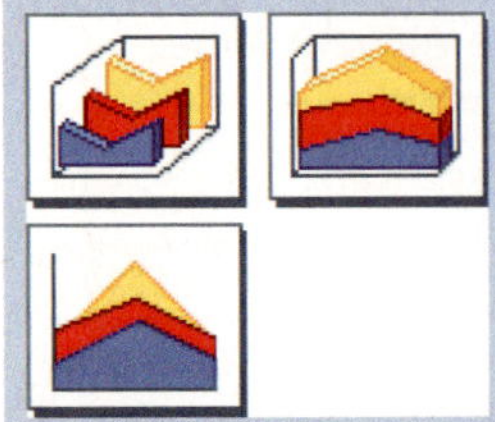	Hervorhebung des unterschiedlichen Verlaufs (Ausmaß des Unterschieds) der Werte verschiedener Datenreihen. Die Darstellungsform basiert auf dem Liniendiagramm. Die Flächen zwischen Achse und den Linien werden mit unterschiedlichen Farben, Mustern oder Schraffuren hervorgehoben.	◆ Darstellung des unterschiedlichen Verlaufs von Trends für Werte über einen Zeitraum ◆ Zuwanderer in ein Land, gegliedert nach deren Herkunft

	A	B	C	D
1	*Einbruchsdelikte*			
2				
3		Mai	Juni	Juli
4	Hamburg	3.654	3.578	3.765
5	Stuttgart	2.786	2.890	3.123
6	München	2.677	2.599	2.798
7	Köln	1.945	2.087	2.342

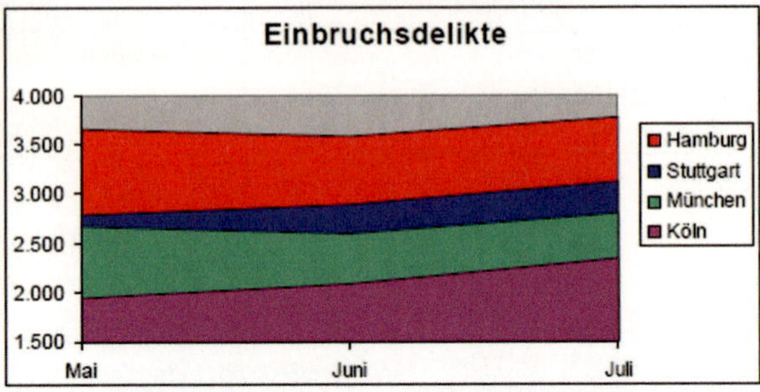

Diagrammtypen	Verwendung	Beispiele
Kreis-/Tortendiagramme 	Veranschaulichung der Anteile von Teilen zum Ganzen einer einzigen Datenreihe	◆ Umsatzanteile einzelner Produkte am Gesamtumsatz ◆ Sitzverteilung politischer Parteien bzw. Mandatsträger

	A	B	C
1	*Produzierte DVD-Rohlinge*		
2			
3		in Millionen	
4	Europa	1.356	
5	USA	9.754	
6	Japan	6.721	
7	Südamerika	954	
8	Australien	355	

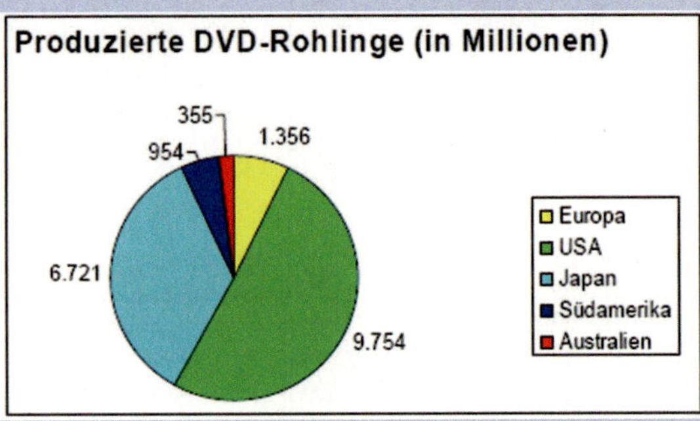

Diagrammtypen	Verwendung	Beispiele
Säulen und Linien (Verbunddiagramm) 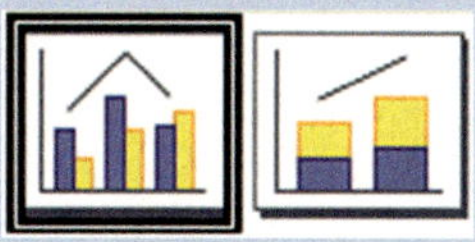	Veranschaulichung von Daten, mittels Kombination verschiedener Diagrammtypen. Meist soll ein langfristiger Trend dargestellt werden.	◆ Klimaentwicklungen (Niederschlag und Sonnenscheindauer) über längere Zeiträume ◆ Darstellung von einzelnen Aktienkursen und Ausgabe eines Trends über einen Index, z. B. DAX

	A	B	C
1	***Verkaufte PCs***		
2	1. Halbjahr 20..		
3			
4	Januar	3.167	2.676.115,00 €
5	Februar	3.056	2.582.320,00 €
6	März	3.199	2.703.155,00 €
7	April	3.278	2.769.910,00 €
8	Mai	3.221	2.721.745,00 €
9	Juni	3.289	2.779.205,00 €

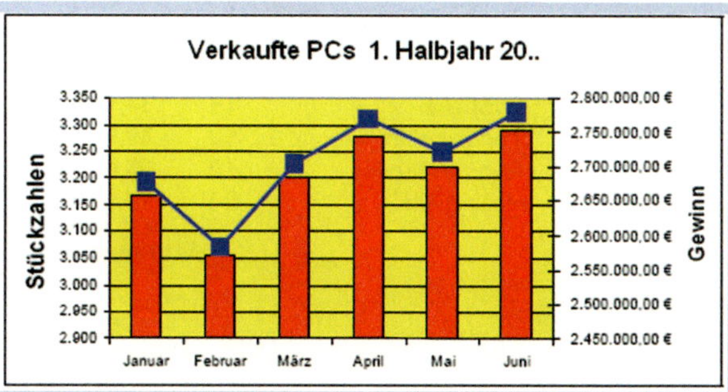

Wichtige Begriffe auf einen Blick

Diagramm	Grafische Darstellung von Tabellendaten, die in einem Tabellenblatt als Bereich markiert wurden.
Datenpunkt	Einzelner Wert in einer Tabelle, der im Diagramm dargestellt werden kann.
Datenreihe	Zusammengehörende Datenpunkte. Jede Datenreihe wird in einer Rubrik zusammengefasst.
Legende	Datenreihenbeschriftung

3.5 Funktionen erleichtern die Rechenarbeit

Aufgabe

Ermitteln Sie in der Zeile E11 die Spaltensumme des Bruttoumsatzes und übertragen Sie anschießend die Formel in die Bereiche F11:G11.

Ausgangstabelle *(vgl. die neu gewählten Abkürzungen der Zeile 5)*

	A	B	C	D	E	F	G
1	**Tagesumsätze Bälle**		**Datum:**	24.02.20..			
2							
3		**MwSt.-Satz**	**19**	%			
4							
5	**ArtNr.**	**ArtBez.**	**Menge**	**Preis**	**Bruttoumsatz**	**MwSt.**	**Nettoumsatz**
6	100010	Handbälle	20	120,00 €	2.400,00 €		
7	100020	Fußbälle	15	133,99 €	2.009,85 €		
8	100030	Tennisbälle	12	19,50 €	234,00 €		
9	100040	Gymnastikbälle	10	55,00 €	550,00 €		
10	100050	Volleybälle	24	99,99 €	2.399,76 €		
11				**Summen:**			
12	*Dateiname: umsatz_1_lö_3*						
13	*Register: Aufgabe*						

Lösungshinweise

- ➔ Zelle E11 zur aktiven Zelle machen.
- ➔ Gleichheitszeichen eingeben.
- ➔ In Symbolleiste Summensymbol anklicken.
- ➔ Es erscheint: =SUMME(E6:E10)
- ➔ Bestätigen mit der Eingabetaste.

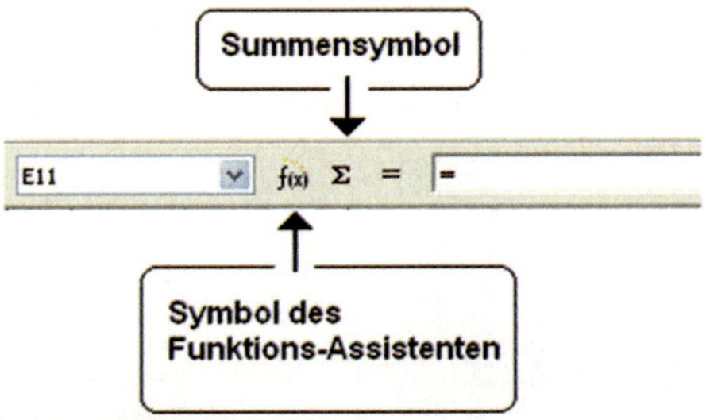

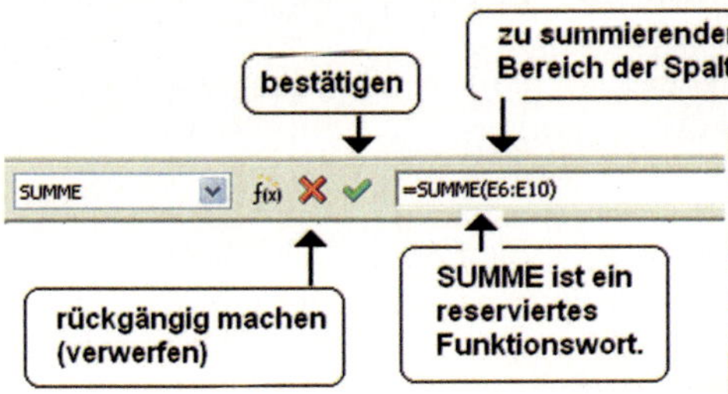

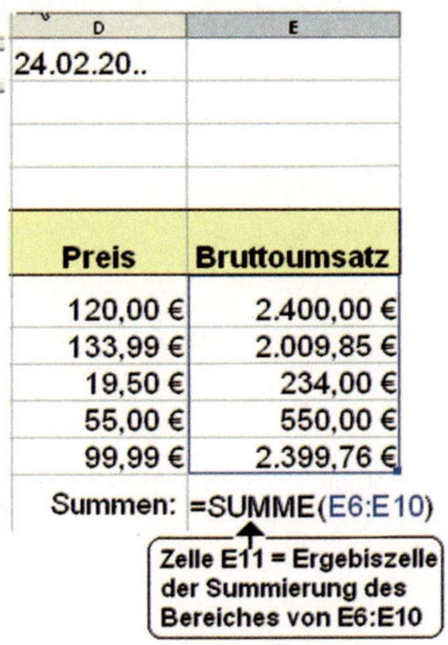

Jetzt steht in der Zelle E11 der berechnete Wert von 7.593,61 €.

- ➔ Mit dem Ausfüllkästchen die Formel der Zelle E11 in die Zellen F11 und G11 übertragen.

Das System kennt eine Vielzahl von Funktionen.

Arbeitsauftrag

Bitte machen Sie sich mit dem Funktions-Assistenten vertraut. Sie sollten sich vor allem die Funktionen
MITTELWERT
MIN
MAX
ANZAHL
näher anschauen.

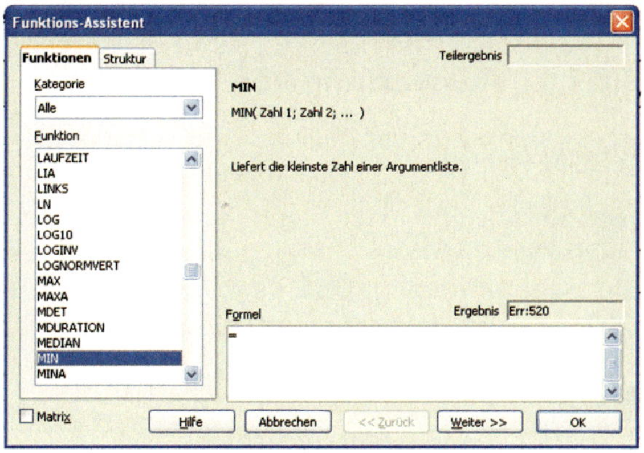

Wollen Sie z. B. den kleinsten Umsatz in der Zelle G14 berechnen, so gilt folgende Vorgehensweise:

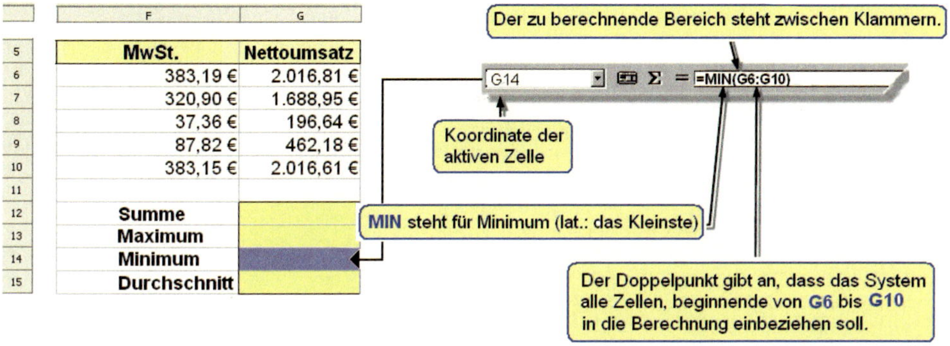

Bei MS Excel bietet die Funktionsbibliothek wertvolle Hilfen an:

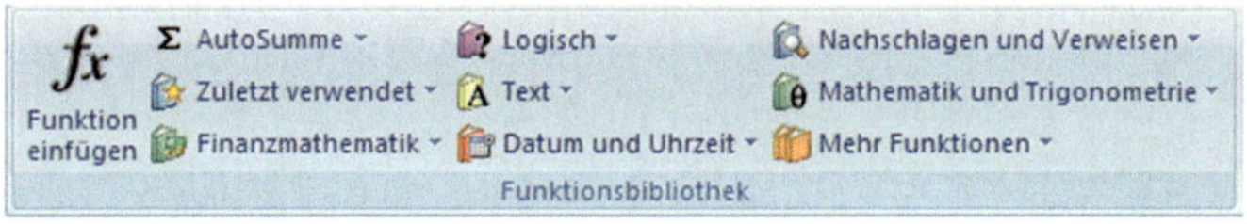

Wichtiges auf einen Blick

- Leiten Sie jede Formel mit dem **Gleichheitszeichen** ein.
- Rechnen Sie nicht mit Zahlen, sondern mit deren **Adressen.**
- Trennen Sie Texte von Werten (Zahlen).
- Adressieren Sie Formeln, sodass sie in andere Zellen übertragbar sind.
- Unterscheiden Sie exakt zwischen der **absoluten** und **relativen Adressierung.**
- Absolute Adressen greifen immer auf den gleichen Zellinhalt zu. Dieser bleibt auch beim Übertragen in andere Zellinhalte **absolut** unverändert.
- Absolute Adressen erkennt man an den $-Zeichen.
- Wenn nichts mehr hilft: Die Hilfe-Taste F1 hilft weiter!

3.6 Aufgaben mit Lösungshinweisen

3.6.1 Auswertung von Wahlen

PROBLEMSTELLUNG

Die Berger OHG hat einen Aerobic-Wettbewerb ausgeschrieben. Bei dieser öffentlichen Veranstaltung kamen die in unten stehender Tabelle aufgeführten Teilnehmerinnen gemäß dem Votum der Wertungsrichter in die Endrunde. Bei der Endausscheidung wurden die in Spalte B notierten Stimmen abgegeben.

Arbeitsaufträge

1. Berechnen Sie die prozentuale Verteilung der abgegebenen Stimmen.
2. Erstellen Sie ein Kreisdiagramm, in dem für jede einzelne Bewerberin der Vor- und Nachname sowie der erreichte prozentuale Stimmenanteil angezeigt wird. Das Diagramm soll ohne Legende aussagekräftig sein.

	A	B	C
1	**Wahl der Miss Aerobic**	**abgegebene Stimmen**	**erreichte Stimmen in %**
2	Abel, Anette	72	
3	Burger, Brigitte	33	
4	Bauer, Helga	24	
5	Baum, Maria	29	
6	Scharer, Petra	130	
7	**Gesamtzahl der Stimmen:**		
8			
9	*Dateiname: wahlen_1_aufg*		

Lösungshinweise

- ➔ Mit der Tastenkombination Strg + Return können Sie die Spaltenüberschriften in B1 und C1 darstellen. Für Excel gilt: Alt + Return.
- ➔ Zur Diagrammerstellung gilt: Damit das System die Namen der Bewerberinnen (A2:A6) nicht als darzustellende Datenreihe interpretiert, ist es zu empfehlen, nach dem Speichern der Tabelle, den Zellinhalt A1 zu löschen.
- ➔ Markieren Sie die Bereiche A1:A6 und B1:B6.
- ➔ Wählen Sie den Diagrammtyp „Kreis" in der 3D-Darstellung mit der Option „realistisch".
- ➔ Deaktivieren Sie im 4. Schritt „Diagrammelemente" die Option: „Legende anzeigen".
- ➔ Geben Sie Titel bzw. Untertitel ein.
- ➔ Schaltfläche „Fertig stellen" drücken.
- ➔ Klicken Sie mit der rechten Maustaste auf irgendein Diagrammobjekt, wählen Sie „Objekteigenschaften" und dort das Register „Datenbeschriftung".
- ➔ Wählen Sie die Optionen „Wert als Prozentwert anzeigen" und „Kategorie anzeigen".
- ➔ Wenn Sie nach der Fertigstellung des Diagramms Diagrammelemente wie z. B. Schriftart, Schriftgröße, usw., ändern wollen, so empfiehlt es sich, mit der rechten Maustaste auf die zu ändernden Objekte zu klicken und mit der linken Maustaste in dem erscheinenden Kontextmenü weitere Änderungen vorzunehmen.

Tabelle und Diagramm als Gestaltungsvorschlag

	A	B	C
1		abgegebene Stimmen	erreichte Stimmen in %
2	Abel, Anette	72	25,00%
3	Burger, Brigitte	33	11,46%
4	Bauer, Helga	24	8,33%
5	Baum, Maria	29	10,07%
6	Scharer, Petra	130	45,14%
7	**Gesamtzahl der Stimmen:**	**288**	**100,00%**
8	*Dateiname: wahlen_1_Dia_1_lö*		
9			

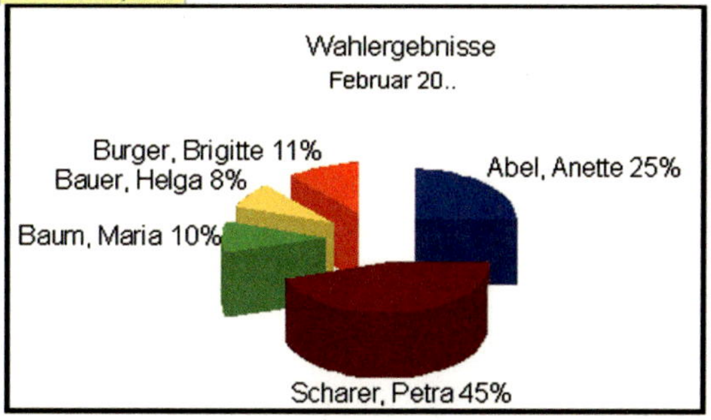

3.6.2 Übersicht über erhaltene Zinsen

Zur Bildung von Rücklagen werden auf das Konto der Berger OHG zu unterschiedlichen Zeitpunkten verschiedene Beträge zu wechselnden Zinssätzen einbezahlt.

Berechnen Sie lt. nebenstehender Tabelle kalendergenau die Tage und die angesparten Zinsen (ohne Zinseszinsen) sowie die Summen der Spalten A und F.

	A	B	C	D	E	F
1	**Zinsaufstellung**					
2	**Betrag**	**Zinssatz**	**Einzahlung**	**Fälligkeit**	**Tage**	**Zins**
3	20.000,00 €	6,750	05.01.2009	05.01.2012		
4	5.000,00 €	7,000	05.01.2009	05.01.2009		
5	5.000,00 €	4,000	15.07.2009	15.07.2010		
6	5.800,00 €	4,250	02.01.2009	02.01.2009		
7	5.000,00 €	5,000	07.02.2009	30.06.2009		
8	10.000,00 €	5,500	15.05.2009	15.08.2009		
9	12.000,00 €	5,500	30.06.2009	31.12.2012		
10						
11	*Dateiname: zinstabelle_1_aufg*					

Lösungshinweise

Wenn Sie die Kalenderdaten der Spalten C und D mit dem Datumsformat versehen, werden die eingegebenen Daten in serielle Zahlen umgewandelt. Das System beginnt mit der seriellen Zahl 1, die dem Datum 31.12.1899 entspricht (bei MS Excel 01.01.1900). Da ab diesem Datum alle Kalenderdaten durchnummeriert sind, ist eine problemlose Subtraktion in der Spalte E möglich.

Wollen Sie – gemäß kaufmännischer Konvention – das Jahr immer mit 360 Tagen berechnen, gelten die Lösungshinweise folgender Problemstellung.

3.6.3 Saldoberechnungen auf Konten

PROBLEMSTELLUNG

Herr Berger wünscht sich eine Übersicht über seine Kapitalbewegungen, wobei gilt, dass zu einem einheitlichen Zinssatz von 3 % alle Salden verzinst werden.

Laut kaufmännischer Konvention soll das Jahr mit 360 Tagen angesetzt werden, sodass es sich in diesem Fall lohnt, mit der Funktion TAGE360(..) zu arbeiten.

Lösungshinweise

Die Funktion `TAGE360(..)` berechnet die Anzahl der Tage zwischen einem Ausgangs- und einem Enddatum. Hierbei wird das Kalenderjahr mit 360 Tagen angesetzt.

Die allgemeine Form dieser Funktion lautet: `=TAGE360(Anfangsdatum;Enddatum)`

	A	B	C	D	E	F
1	**Zinsübersicht**					
2	Zinssatz	3,00%				
3	**Datum**	**Einzahlung**	**Auszahlung**	**Kontostand**	**Tage**	**Zinsen**
4	01.01.2009	2.500,00 €				
5	05.03.2009	3.000,00 €				
6	18.04.2009		500,00 €			
7	23.07.2009	1.000,00 €				
8	12.12.2009		1.000,00 €			
9						
10	*Dateiname: zinssaldo_1*				**Summe**	

3.6.4 Statistik der Personalentwicklung

Aufgabe

Ergänzen Sie unten stehende Tabelle und erstellen Sie das abgebildete Diagramm. Dateiname: *person_1_aufg.ods*

Lösungstabelle

	A	B	C	D	E	F	G
1	**Personalentwicklung des Jahres 20..**						
2	**Zeitraum**	**Gesamtbelegschaft**		**Zu- oder Abnahme der Belegschaft**		**Teilzeitkräfte**	
3		Quartals-anfang	Quartals-ende	in Personen	in Prozent	Teilzeit Personen Quartalsende	Teilzeit in % der Gesamtbelegschaft Quartalsende
4	**1. Quartal**	29	33				
5	**2. Quartal**	25	22				
6	**3. Quartal**	30	30				
7	**4. Quartal**	31	33				
8							
9	**Durchschnitt**	29	30				
10	**Maximum**	31	33				
11	**Minimum**	25	22				
12							
13	*Dateiname: person_1_lö*						
14							

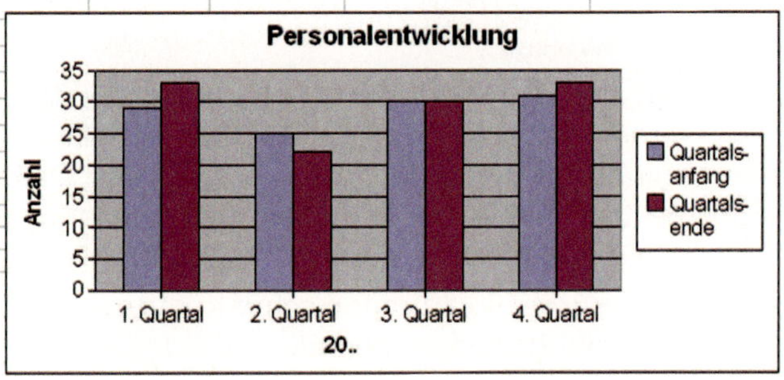

3.6.5 Angebotsvergleich

PROBLEMSTELLUNG

Die Firma Berger OHG will zur besseren Pflege des Firmengrundstückes einen Rasenmäher kaufen. Drei Unternehmen bieten dieses Gerät an, weshalb Herr Berger alle drei Anbieter auffordert, ein schriftliches Angebot abzugeben. Ausgangspunkt des zu erstellenden Angebotsvergleiches ist der angebotene Listenpreis, der bei allen drei Anbietern unterschiedlich hoch ist.

Betriebswirtschaftlicher Sachverhalt

Skonto ist ein prozentualer Preisnachlass auf den Rechnungsbetrag bei Zahlung innerhalb einer bestimmten Frist oder bei Barzahlung. Die Zahlungsbedingung *„innerhalb von 8 Tagen abzüglich 2 % Skonto, innerhalb von 30 Tagen rein netto"* bedeutet: Bei Begleichung der Rechnung innerhalb der Skontofrist von 8 Tagen dürfen 2 % des Rechnungsbetrages als Skonto abgezogen werden.

Ein **Rabatt** ist ein Preisnachlass, der in der Regel in Prozent ausgedrückt und vom Listenpreis (Nettoverkaufspreis) einer Ware abgezogen wird. Rabatte werden als Kaufanreize in der Preispolitik eingesetzt, wobei Mengenrabatt, Treuerabatt, Jubiläumsrabatt usw. gängige Rabattformen sind.

Ermitteln Sie das günstigste Angebot.

Nehmen Sie nebenstehende Tabelle als Ausgangstabelle für die Lösung und nutzen Sie zur Übertragung der Ergebnisse der Spalte C in die Spalten E und G die Möglichkeiten der Zwischenablage.

Speichern Sie die Aufgaben-, Lösungs- und Formeltabellen in drei verschiedene Register.

	A	B	C	D	E	F	G
1	**Angebotsvergleich dreier Firmen**						
2		%	**Anbieter 1**	%	**Anbieter 2**	%	**Anbieter 3**
3	**Listenpreis**		3.500,00 €		3.600,00 €		3.900,00 €
4	**- Rabatt**	25		25		25	
5	**Einkaufspreis**						
6	**- Skonto**	3		2		0	
7	**Bareinkaufspreis**						
8	**+ Bezugskosten**		25,00 €		70,00 €		25,00 €
9	**Bezugspreis**						
10							
11	*Dateiname: angebot_vgl_1*						

3.6.6 Kalkulationen im Warenhandel

Aufgabe 1: Kalkulation des Verkaufspreises mehrerer Artikel

Kalkulieren Sie für mehrere Artikel den Verkaufspreis. Von einem einzugebenden Einkaufspreis ist (unter Beachtung von Zuschlagssätzen) der Verkaufspreis zu berechnen.

Betriebswirtschaftlicher Sachverhalt

Kalkulieren heißt Preise berechnen. Hierbei sind für jeden Händler **Einkaufspreise,** also die Preise, zu denen er seine Waren bei seinen Lieferanten bezieht (Bezugspreise), und **Verkaufspreise,** also die Preise, zu denen er seine Waren seinen Kunden anbietet, von zentraler Bedeutung. Hierbei muss er – nachdem Liefererrabatte und Liefererskonto abgezogen sind – seine **Bezugskosten** (z. B. Verpackungkosten, Verladekosten, Transportversicherung, ...) zum Bareinkaufspreis hinzurechnen, um zum **Einstandspreis** zu gelangen.

Bezugspreis = Bareinkaufspreis + Bezugskosten.

Die Kosten zur Bereitstellung der Handelsleistungen nennt man **Handlungskosten.** Sie müssen über den Verkaufspreis „hereingewirtschaftet" und zum Einstandspreis hinzuaddiert werden. Da sie grundsätzlich für die gesamten Waren anfallen, lässt es sich nur schwer ermitteln, welcher Anteil auf die einzelne Ware anzusetzen ist. Daher benutzt man einen Durchschnittssatz. Dieser wird in Prozentform zum Bezugspreis addiert und heißt **Handlungskostenzuschlag** (HKZ).

Selbstkostenpreis = Bezugspreis + Handlungskostenzuschlag.

Neben den **Selbstkosten** ist ein angemessener Aufschlag für den **Gewinn** zu berücksichtigen. Dieser Aufschlag wird prozentual von den Selbstkosten errechnet und diesen zugeschlagen.

Zusätzliche **Verkaufszuschläge** (Vertreterprovision, Kundenskonto und Kundenrabatt) müssen einkalkuliert werden. Zum Barverkaufspreis werden zunächst Kundenskonto, Vertreterprovision und danach Rabatt zugeschlagen. Diese Zuschläge werden „im Hundert" hinzugerechnet.

Arbeitsauftrag 1

Vervollständigen Sie das nebenstehende Kalkulationsschema.

Bitte beachten Sie: Der Barverkaufspreis der Zeile 13 entspricht 95 %, da Vertreterprovision und Kundenskonto zusammen 5 % betragen.

	A	B	C	D	E
1	Warenkalkulation		Artikel 1	Artikel 2	Artikel 3
2		%			
3	Einkaufspreis		400,00 €	1.000,00 €	22,50 €
4	- Liefererrabatt	20			
5	Zieleinkaufspreis				
6	- Liefererskonto	2			
7	Bareinkaufspreis				
8	+ Bezugskosten				
9	Einstandspreis				
10	+ HKZ	25			
11	Selbstkosten				
12	+ Gewinnzuschlag	15			
13	Barverkaufspreis				
14	+ Vertreterprovision	3			
15	+ Kundenskonto	2			
16	Zielverkaufspreis				
17	+ Kundenrabatt	10			
18	Verkaufspreis				
19					
20	*Dateiname: kalk_1*				
21	*Register_Aufgabe*				

Erklärungen zu wichtigen Formeln

Der Wert der Zelle C13 entspricht 95 %, da zu diesem Wert die Vertreterprovision (3 %) und Kundenskonto (2 %) hinzugerechnet werden. Somit müsste man zur

Berechnung der Werte der Zellen in C14 und C15 durch 95 teilen. Damit aber der zu berechnende Wert auch für andere Zellinhalte in C14 und C15 Gültigkeit hat, wird der Wert 95 durch 100-($B$14+$B$15) ausgedrückt.

Somit gelten für die Prozentrechnung „im Hundert" folgende Formeln:

Formel in C14	`C13*$B$14/(100-($B$14+$B$15))`
Formel in C15	`C13*$B$15/(100-($B$14+$B$15))`
Formel in C16	`C16*$B$17/(100-$B$17)`

PROBLEMSTELLUNG

Herr Berger beobachtet mit Sorge den Sportartikelmarkt. Gerade für einige Auslaufprodukte erwartet er erhebliche Rückgänge der zu erzielenden Verkaufspreise. So rechnet er z. B. damit, dass der soeben kalkulierte Artikel 1 nicht mehr zu 577,69 € zu verkaufen ist und er den Preis auf 450,00 € reduzieren muss.

Aufgabe 2: Kalkulieren mit der „Zielwertsuche"

Lösen Sie das Problem mit der Zielwertsuche. Sie finden dieses nützliche Instrument im Menüpunkt:

→ EXTRAS

→ ZIELWERTSUCHE

Geben Sie die Adressen der Zielzellen und der veränderbaren Zellen ein und bestimmen Sie den Zielwert mit z. B. 450,00 €.

Bei MS Excel finden Sie im Registerblatt „Daten" unter „Was-wäre-wenn-Analyse" das Eingabefenster der Zielwertsuche.

	A	B	C	D	E	F	G
1	**Warenkalkulation**		**Artikel 1**	**Artikel 2**	**Artikel 3**		
2		%					
3	**Einkaufspreis**		400,00 €	1.000,00 €	22,50 €		
4	**- Liefererrabatt**	20	80,00 €	200,00 €	4,50 €		
5	**Zieleinkaufspreis**		320,00 €	800,00 €	18,00 €		
6	**- Liefererskonto**	2	6,40 €	16,00 €	0,36 €		
7	**Bareinkaufspreis**		313,60 €	[illegible]	[illegible]		
8	**+ Bezugskosten**		30,00 €				
9	**Einstandspreis**		343,60 €				
10	**+ HKZ**	25	85,90 €				
11	**Selbstkosten**		429,50 €				
12	**+ Gewinnzuschlag**	15	64,43 €				
13	**Barverkaufspreis**		493,93 €	1.170,13 €	36,14 €		
14	**+ Vertreterprovision**	3	15,60 €	36,95 €	1,14 €		
15	**+ Kundenskonto**	2	10,40 €	24,63 €	0,76 €		
16	**Zielverkaufspreis**		519,92 €	1.231,71 €	38,04 €		
17	**+ Kundenrabatt**	10	57,77 €	136,86 €	4,23 €		
18	**Verkaufspreis**		**577,69 €**	**1.368,57 €**	**42,27 €**		
19							
20	*Dateiname: kalk_lö_1_Zielwert*						

Zielwertsuche

Vorgaben

Formelzelle	$C$18	OK
Zielwert	450	Abbrechen
Variable Zelle	$B$12	Hilfe

Das System rechnet jetzt die neue Konstellation durch und ermittelt den Prozentsatz des Verlustes in Zelle B12 von 10,42 %.

Aufgabe 3: Trennung des Ein- und Ausgabeteils

Nehmen Sie oben durchgeführte Kalkulation zur Grundlage folgender Aufgabenerweiterung: Der Eingabebereich soll vom Ausgabebereich der Tabelle abgetrennt werden, um in einem begrenzten Eingabebereich die Einkaufspreise, Bezugskosten und die dazugehörenden Prozentsätze eingeben zu können.

	A	B	C	D	E
1	**Eingabeteil**			**Kalkulation des Verkaufspreises**	
2	Listenpreis in Euro	400,00 €		Listenpreis	
3	Liefererrabattsatz	20,00		Liefererrabatt	
4	Liefererskontosatz	2,00		Zieleinkaufspreis	
5	HKZ in %	25,00		Liefererskonto	
6	Gewinnzuschlag in %	15,00		Bareinkaufspreis	
7	Vertreterprovisionssatz in %	3,00		Bezugkosten	
8	Kundenskontosatz	2,00		Einstandspreis	
9	Kundenrabattsatz	10,00		HKZ	
10	Bezugskosten in Euro	30,00 €		Selbstkosten	
11				Gewinnzuschlag	
12				Barverkaufspreis	
13				Vertreterprovision	
14				Kundenskonto	
15				Zielverkaufspreis	
16				Kundenrabatt	
17	*Dateiname: kalktrenn_1_aufg*			Verkaufspreis	

Aufgabe 4: Verschiedene Kalkulationsarten in *einer* Tabelle vornehmen

Erweitern Sie die Tabelle der **Vorwärtskalkulation** um die **Rückwärts- und Differenzkalkulation.**

Betriebswirtschaftlicher Sachverhalt

Die **Rückwärtskalkulation** wird verwendet, wenn der Listenverkaufspreis eines Produktes vorgegeben ist und der maximale Listeneinkaufspreis ermittelt werden soll. Des Weiteren steht hier üblicherweise der prozentuale Gewinn fest. Die Kalkulation beginnt somit beim Listenverkaufspreis.

Bei der **Differenzkalkulation** stehen sowohl der Einkaufs- als auch der Verkaufspreis fest. Es ist dann nur noch die Frage zu beantworten, ob die Differenz zwischen gegebenen Einkaufs- und Verkaufspreisen zur Deckung der Kosten und Gewinnansprüche ausreicht.

Tipp

Wenn Sie eine Zahl mit dem Prozentzeichen ausgeben wollen, ist zu beachten, dass das System die so formatierte Zahl mit 100 erweitert, was für Zelle F12 von Bedeutung ist.

Ausgangstabelle und Lösungshinweise

	A	B	C	D	E	F
1	**Warenkalkulation**					
2		%	**Vorwärts**	**Rückwärts**	**Differenz**	
3	**Einkaufspreis**		**400,00 €**		**400,00 €**	
4	Liefererrabatt	20	80,00 €			
5	**Zieleinkaufspreis**		320,00 €			
6	Liefererskonto	2	6,40 €			
7	**Bareinkaufspreis**		313,60 €			
8	Bezugskosten		30,00 €			
9	**Einstandspreis**		343,60 €			
10	HKZ	25	85,90 €			
11	**Selbstkosten**		429,50 €			
12	Gewinn	15	64,43 €			
13	**Barverkaufspreis**		493,93 €			
14	Vertreterprovision	3	15,60 €			
15	Kundenskonto	2	10,40 €			
16	**Zielverkaufspreis**		519,92 €			
17	Kundenrabatt	10	57,77 €			
18	**Verkaufspreis**		577,69 €	**577,69 €**	**577,69 €**	
19						
20	*Dateiname: mehrkalk_1_aufg*					

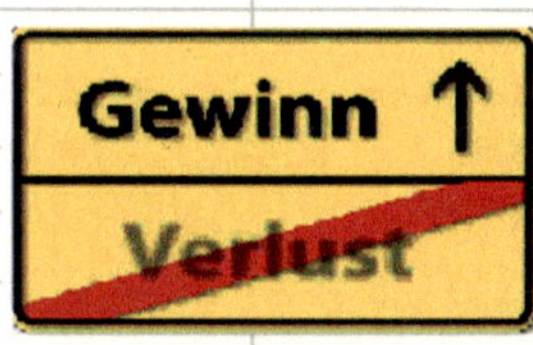

Für die **Rückwärtskalkulation** gilt folgende Vorgehensweise:

- ➔ Kalkulation in D18 beginnen.
- ➔ Stufenweise vom Verkaufspreis auf den Barverkaufspreis zurückrechnen. (Prozentrechnung „vom Hundert“).
- ➔ Stufenweise auf den Einstandspreis zurückrechnen. (Prozentrechnung „auf Hundert")
- ➔ Nach Berücksichtigung der Bezugskosten erfolgt die Rückrechnung zum Bareinkaufspreis. (Prozentrechnung „auf Hundert")
- ➔ Liefererskonto und Liefererrabatt berechnen. (Prozentrechnung „im Hundert“).

Für die **Differenzkalkulation** gelten folgende Hinweise:

- ➔ In einer Vorwärtsrechnung werden stufenweise – vom Einkaufspreis ausgehend in einer Prozentrechnung „vom Hundert" – die Selbstkosten ermittelt.
- ➔ In einer Rückwärtsrechnung wird in einer Prozentrechnung „vom Hundert" vom Verkaufspreis auf den Barverkaufspreis geschlossen.
- ➔ Gewinn = Barverkaufspreis minus Selbstkosten.
- ➔ Berechnung des Gewinnzuschlags in Zelle F12 als Prozentsatz der Selbstkosten.

Lösungstabelle mit Schema der Rechenrichtungen

	A	B	C	D	E	F	G	H
1	**Warenkalkulation**							
2		%	**Vorwärts**		**Rückwärts**		**Differenz**	
3	**Einkaufspreis**		**400,00 €**		400,00 €		**400,00 €**	
4	Liefererrabatt	20	80,00 €		80,00 €		80,00 €	
5	**Zieleinkaufspreis**		320,00 €		320,00 €		320,00 €	
6	Liefererskonto	2	6,40 €		6,40 €		6,40 €	
7	**Bareinkaufspreis**		313,60 €		313,60 €		313,60 €	
8	Bezugskosten		30,00 €		30,00 €		30,00 €	
9	**Einstandspreis**		343,60 €		343,60 €		343,60 €	
10	HKZ	25	85,90 €		85,90 €		85,90 €	
11	**Selbstkosten**		429,50 €		429,50 €		429,50 €	
12	Gewinn	15	64,43 €		64,43 €		64,43 €	**15,00%**
13	**Barverkaufspreis**		493,93 €		493,93 €		493,93 €	
14	Vertreterprovision	3	15,60 €		15,60 €		15,60 €	
15	Kundenskonto	2	10,40 €		10,40 €		10,40 €	
16	**Zielverkaufspreis**		519,92 €		519,92 €		519,92 €	
17	Kundenrabatt	10	57,77 €		57,77 €		57,77 €	
18	**Verkaufspreis**		577,69 €		**577,69 €**		**577,69 €**	
19								
20	*Dateiname: mehrkalk_1*							

Wichtige Formeln

Formel in D12	`D13*$B$12/(100+$B$12)`	Formel in D4	`D5*$B$4/(100-$B$4)`
Formel in D10	`D11*$B$10/(100+$B$10)`	Formel in E3	`C3`
Formel in D6	`D7*$B$6/(100-$B$6)`	Formel in F12	`$E$12/$E$11`

Tipp

Soll das System alle Formeln der Tabelle am Bildschirm anzeigen, so gilt die Befehlsfolge:

→ EXTRAS
→ OPTIONEN
→ OpenOffice.org
→ OpenOffice.org.calc
→ Wählen Sie im Bereich ANZEIGEN das Feld FORMELN.
→ OK

Für MS Excel gilt:

→ EXTRAS
→ OPTIONEN
→ Register Ansicht
→ Formeln

3.6.7 Vorteilsvergleich: Reisender – Handelsvertreter

PROBLEMSTELLUNG

Die Gesellschafter der Berger OHG beraten darüber, ob sie zur Erschließung neuer Marktanteile vor allem in den Bereichen Schul- und Vereinssport einen Handelsreisenden oder einen Vertreter mit dem Ziel der Umsatzsteigerung beauftragen sollen. In einer zu erstellenden Vergleichstabelle soll ein rechnerischer Kostenvergleich vorgenommen werden. Dieser Vergleich soll zeigen, bei welcher Umsatzhöhe sich der Einsatz eines Vertreters bzw. eines Reisenden für das Handelsunternehmen lohnt.

Betriebswirtschaftlicher Sachverhalt

Bei der Wahl des Absatzmittlers ist zu unterscheiden zwischen betriebseigenen Organen (eigene Verkaufsniederlassungen bzw. Einsatz eines Reisenden) und betriebsfremden Organen (Vertreter, Kommissionär und Handelsmakler).

Der **Handelsreisende** ist ein kaufmännischer Angestellter, während der **Handelsvertreter** als selbstständiger Kaufmann im Namen und für Rechnung der Firma beauftragt ist, Verträge abzuschließen. Aus der Sicht der Firma liegt der Vorteil beim Einsatz eines Reisenden darin, dass bei guter Auftragslage die Provisionskosten verhältnismäßig niedrig sind, bei zurückgehenden Umsätzen jedoch relativ hohe Fixkosten in Form eines Festgehaltes anfallen. Da diese Lage beim Vertreter genau umgekehrt ist, lohnt es sich unter kostenrechnerischen Aspekten, einen tabellarischen Vergleich vorzunehmen.

Aufgabe 1

Nehmen Sie einen tabellarischen Kostenvergleich unter folgenden Bedingungen vor:

Ein Handelsvertreter ist mit 4 % am Umsatz beteiligt, der Reisende erhält ein Fixum von 3.000,00 € zuzüglich 1 % Provision. Die Umsätze sollen – jeweils bei 0,00 € beginnend – um 30.000,00 € steigen. Der Punkt gleicher Gesamtkosten soll aus der folgenden Tabelle ermittelt und anschließend grafisch dargestellt werden. Das einzige Zahleneingabefeld ist die Zelle für den Anfangsumsatz (A4).

(Auch bei diesem Beispiel wurden die Zahlen bewusst klein gewählt, um die Ergebnisse überschlagsmäßig abschätzen zu können.)

	A	B	C
1	**Vergleich**	**Handelsvertreter**	**Reisender**
2		**4 % vom Umsatz**	**1 % vom Umsatz + 3.000**
3	**Umsätze**	**Vertreter**	**Reisender**
4	0,00 €		
5	30.000,00 €	**Bitte Tabelle ergänzen!**	
6	60.000,00 €		
7	usw.		
8			
9	*Dateiname: vertr_reisender_1*		

Zu ergänzende Ausgangstabelle

Aufgabe 2

Erweitern Sie die Tabelle so, dass der Eingabe- vom Ausgabeteil getrennt ist.

Dies hat den Vorteil, dass auch dann, wenn sich die Bedingungen ändern (z. B. der Provisionssatz steigt), die zugrunde liegende Formel nicht abgeändert werden muss. Bitte betrachten Sie nebenstehende Tabelle lediglich als Gestaltungsvorschlag für Ihre Arbeit.

	A	B	C
1	**Vergleich**	**Handelsvertreter – Reisender**	
2	**Anfangsumsatz**	**0**	
3	**Provision Vertreter (%)**	**4**	
4	**Provision Reisender (%)**	**1**	
5	**Festgehalt Reisender**	**3000**	
6	**Umsätze**	**Vertreter**	**Reisender**
7			
8			
9	**Tabelle bis Zeile 19 ergänzen**		
10			
11			
12	*Dateiname: vertr_reisender_2*		

Aufgabe 3

Erstellen Sie ein Diagramm, das den kritischen Kostenpunkt ausgibt. Gegenübergestellt werden sollen die Kosten des Reisenden und des Vertreters.

Lösungsvorschlag

	A	B
2	**Anfangsumsatz**	**0**
3	**Provision Vertreter (%)**	**4**
4	**Provision Reisender (%)**	**1**
5	**Festgehalt Reisender**	**3000**
6		**Vertreter**
7	0,00	0,00
8	30.000,00	1.200,00
9	60.000,00	2.400,00
10	90.000,00	3.600,00
11	120.000,00	4.800,00
12	150.000,00	6.000,00
13	180.000,00	7.200,00
14	210.000,00	8.400,00
15	240.000,00	9.600,00
16	270.000,00	10.800,00
17	300.000,00	12.000,00
18	330.000,00	13.200,00
19	360.000,00	14.400,00
20		
21	*Dateiname: vertr_reisender_2_dia*	

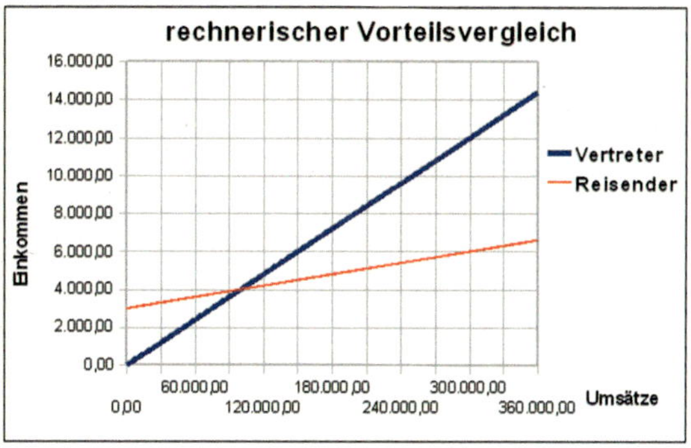

Aufgabe 4

In einer Umsatzstatistik werden die Verkaufszahlen regelmäßig erfasst und ausgewertet. In Abhängigkeit des Verkaufserlöses werden die Provisionen ermittelt.

1. Ermitteln Sie die Umsatzzahlen des Quartals und werten Sie diese aus.
2. Ermitteln Sie die Gewinnbeteiligung je Mitarbeiter.
3. Ergänzen Sie alle Tabellenbereiche.
4. Erstellen Sie Diagramme zur Veranschaulichung der Zahlen:
   a) Quartalsumsätze je Mitarbeiter als Säulendiagramm
   b) Prozentuale Anteile der Mitarbeiter am Gesamtumsatz als 3D-Tortendiagramm

Ausgangstabelle

	A	B	C	D	E	F	G
1	Umsatzstatistik der Vertriebsmitarbeiter						
2							
3	Gewinnbeteiligung in % vom Umsatz:			3			
4							
5	Mitarbeiter	Januar	Februar	März	Gesamtumsatz 1. Quartal	%-Anteil am Gesamtumsatz	Gewinnbeteiligung
6	**Schreiber**	7.500,00 €	8.800,00 €	9.280,00 €			
7	**Braun**	12.200,00 €	5.688,50 €	5.400,00 €			
8	**Scharer**	5.665,00 €	5.690,00 €	6.120,00 €			
9	**Weinelt**	2.443,00 €	3.455,50 €	4.120,00 €			
10	**Berner**	9.800,00 €	6.980,00 €	6.500,00 €			
11	**Frisch**	6.880,00 €	4.990,00 €	4.900,50 €			
12	**Föry**	13.060,00 €	2.655,00 €	3.500,20 €			
13	**Summe**						
14	**Minimum**						
15	**Maximum**						
16	**Durchschnitt**						
17	*Dateiname: umsatz_2_stat*						
18							

3.6.8 Ermittlung der optimalen Bestellmenge

PROBLEMSTELLUNG

Die Firma Berger OHG hat einen Jahresbedarf von Befestigungselementen zur Montage von Skibindungen von 1 000 Stück. Die Kosten je Bestellung belaufen sich auf 20,00 €. Der Einstandspreis je Stück beträgt 10,00 €. Die Firma rechnet mit einem Lagerhaltungskostensatz von 40 %. Dieser ist vom durchschnittlichen Lagerbestand zu berechnen.

Aufgabe

Erstellen Sie eine Tabelle, deren Eingabebereich die Spalte E ist. Die Anfangsbestellmenge von 50 ist in E5 einzutragen, aber gleichzeitig ist das Feld A7 darauf zu beziehen. Ermitteln Sie die optimale Bestellmenge (Gesamtkostenminimum) und erstellen Sie ein Diagramm, das präsentationsgerecht das Gesamtkostenminimum ausdrückt.

Betriebswirtschaftlicher Sachverhalt

Die **optimale Bestellmenge** bezeichnet innerhalb der Beschaffungslogistik jene Menge, bei der die Summe aus den fixen und variablen Bestell- sowie Lagerhaltungskosten im Planungszeitraum ein Minimum aufweist.

Je öfter bestellt wird, desto höher sind die Bestellkosten und desto niedriger sind die Lagerhaltungskosten. Bei einer geringeren Bestellhäufigkeit sind die Lagerhaltungskosten höher und die Bestellkosten niedriger. **Die optimale Bestellmenge ist erreicht, wenn die Summe aus Bestell- und Lagerhaltungskosten am geringsten ist.**

Aufgabentabelle mit Diagramm

	A	B	C	D	E	F
1	Jahresbedarf in Stück				1000	
2	Kosten je Bestellung in Euro				20	
3	Lagerhaltungskostensatz v. Ø Lagerwert				40	
4	Einstandspreis in Euro				10	
5	Anfangsbestellmenge				50	
6	**Bestell-menge**	**Bestell-häufigkeit**	**Ø Lager-bestand**	**Bestell-kosten**	**Lager-kosten**	**Gesamt-kosten**
7	50					
8						
9						
10	*Dateiname: optbest_1*					

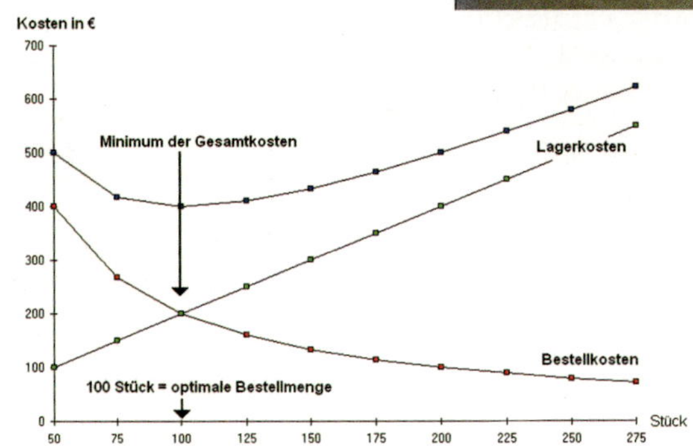

Zu verwendende Formeln:

Bestellhäufigkeit	Jahresbedarfsmenge/Bestellmenge
Ø Lagerbestand	Bestellmenge/2
Bestellkosten	Bestellhäufigkeit * Kosten je Bestellung
Lagerkosten	Ø Lagerbestand * 40/100 * Einstandspreis
Gesamtkosten	Bestellkosten + Lagerkosten

Wie schreibt man das Ø-Zeichen?

Sie können das Durchschnittszeichen aus dem ANSI-Code[1] (American National Standard Institute) entnehmen. Drücken Sie die Taste Alt und schreiben Sie die Zahlenfolge 0216 auf dem Zahlenblock Ihrer Tastatur.

STOP

3.6.9 Barkauf, Bankkredit oder Leasing beim Autokauf

Betriebswirtschaftlicher Sachverhalt

Leasing (engl. *to lease* = mieten, pachten) ist eine Finanzierungsalternative, bei der das Leasinggut vom Leasinggeber dem Leasingnehmer gegen Zahlung eines vereinbarten Leasingentgelts zur Nutzung überlassen wird.

Leasingverträge haben einen ähnlichen Charakter wie Mietverträge. Von der Miete unterscheidet sich Leasing durch die Tatsache, dass die mietvertraglich geschuldete Wartungs- und Instandsetzungsleistung bzw. der Gewährleistungsanspruch auf den Leasingnehmer umgewälzt wird, was im Kfz-Bereich den Abschluss einer Vollkaskoversicherung zur Folge hat. Nach Ende des Leasingvertrages geht das Leasinggut an den Leasinggeber zurück oder wird an den Leasingnehmer oder einen Dritten veräußert.

PROBLEMSTELLUNG

Herr Berger möchte für die Berger OHG einen Mittelklassewagen mit Sonderausstattung kaufen. Der Grundpreis beträgt 14.700,00 €, der Endpreis beläuft sich auf 21.500,00 €. Das Autohaus Blechle unterbreitet einen Leasingvertrag zu folgenden Konditionen:

- einmalige Sonderzahlung: 20 %
- monatliche Leasingrate: 200,00 €
- Laufzeit: 36 Monate
- Restwert des Wagens nach drei Jahren: 50 % des Neupreises

Außerdem bietet das Autohaus Blechle über die Hausbank einen „Hauskredit" an:

- einmalige Sonderzahlung: 20 %
- monatliche Kreditrate: 450,00 €
- Laufzeit: 36 Monate

Beim Barkauf gewährt das Autohaus Blechle einen Sofortzahlerrabatt von 10 %.

Ein Bankkredit bei der Allesbank beläuft sich auf 8,0 % eff. Zinssatz (Laufzeit 36 Monate).

1 Siehe ANSI-Code im Anhang dieses Buches.

Arbeitsaufträge

1. Berechnen Sie die Gesamtkosten, wenn das Auto geleast wird.
2. Ermitteln Sie die Gesamtkosten, wenn das Auto über die Hausbank mit einer Laufzeit von 36 Monaten finanziert wird.
3. Berechnen Sie die Gesamtkosten, wenn der Bankkredit und der Sofortzahlerrabatt in Anspruch genommen werden.
4. Vergleichen Sie die drei Finanzierungsmöglichkeiten im Hinblick auf die entstehenden Kosten. Berechnen Sie die Mehrausgaben gegenüber dem Kaufpreis.

Ausgangstabelle

	A	B	C	D	E	F	G	H	I	J	K
1	**Barkauf, Bankkredit oder Leasing**										
2											
3	**Mittelklassewagen mit Sonderausstattungspaket**										
4											
5	**Leasing**				**Bankkredit**				**Kredit „Hausbank“**		
6											
7	Verkaufspreis (netto)		21.500,00 €		Verkaufspreis				Verkaufspreis		
8					Sofortzahlerrabatt	10%					
9	Sonderzahlung	20%			Eigenkapital				Sonderzahlung 20%:		
10					Kreditbetrag						
11											
12	monatliche Leasingrate	200			eff. Zinssatz	8,0%			monatliche Rate:	450,00 €	
13	Laufzeit in Monaten	36			Laufzeit in Monaten				Laufzeit in Monaten		
14	Leasingkosten insgesamt				**Kreditkosten insgesamt**				**Kreditkosten insgesamt**		
15											
16	Restwert nach 3 Jahren	50%									
17											
18	**Gesamtsumme**				**Gesamtsumme**				**Gesamtsumme**		
19											
20			**Mehrausgaben**								
21	Barkauf										
22	Leasing										
23	Bankkredit										
24	Kredit „Hausbank“										
25											
26	*Dateiname: Auto_Leasing_1*										

3.7 Tipps zur Arbeitserleichterung

3.7.1 Vergeben Sie sprechende Namen

Stören Sie sich auch an der Unübersichtlichkeit mancher Formeln?

Wenn ja, sollten Sie Zellen und Zellbereiche mit Namen versehen. Dies erleichtert die Lesbarkeit. Bei langen Formeln mit vielen Feldbezügen ist es schwierig nachzuvollziehen, was diese Formeln berechnen. Daher ist es oft angebracht, Zellen mit Namen zu belegen.

Eine komfortable Möglichkeit der Namensvergabe besteht darin, den Namen direkt in das Bezugsfeld (auch Namensfeld genannt) einzugeben, was nebenstehender Bildschirm am Beispiel der Kalkulation zeigt.

Liefrabattsatz | fx 25

	A	B	C
1		%	**Artikel 1**
2	**Einstandspreis**		1600
3	**+ HKZ**	25	=C2*Liefrabattsatz/100
4	**Selbstkosten**		=C2+C3

Bitte vergleichen Sie die gemischte Adressierung (relativ und absolut) und die Adressierung mit Namen in der folgenden Gegenüberstellung einer Handelskalkulation.

B	C
	Artikel 1
%	
	400,00
20	=C3*Liefrabattsatz/100
	=C3-C4
2	=C5*liefskontosatz/100
	=C5-C6
	30,00
	=C7+C8
25	=C9*hkzsatz/100
	=C9+C10
15	=C11*gewinnzsatz/100
	=C11+C12
3	=C13*vertrsatz/(100-vertrsatz-kuskonsatz)
2	=C13*kuskonsatz/(100-vertrsatz-kuskonsatz)
	=C13+C14+C15
10	=C16*kunrabsatz/(100-kunrabsatz)
	=C16+C17

B	C
	Artikel 1
%	
	400,00
20	=C3*$B$4/100
	=C3-C4
2	=C5*$B$6/100
	=C5-C6
	30,00 €
	=C7+C8
25	=C9*$B$10/100
	=C9+C10
15	=C11*$B$12/100
	=C11+C12
3	=C13*$B$14/(100-($B$14+$B$15))
2	=C13*$B$15/(100-($B$14+$B$15))
	=C13+C14+C15
10	=C16/(100-$B$17)*$B$17
	=C16+C17

Die Namensvergabe funktioniert aber nicht nur für einzelne Zellen, sondern auch für Zellbereiche. Das bietet sich immer an, wenn Sie Zahlenreihen in verschiedenen Varianten berechnen wollen; also nicht nur die SUMME, sondern eventuell noch MIN, MAX und MITTELWERT. Hier wird der gewünschte Bereich markiert und dann kann man sowohl über das Namenfeld als auch über den Menübefehl den Namen bestimmen.

In der Formel wird dann statt der Zelladressierung der Name benutzt, so z. B.:

```
=SUMME(Januar)

=MITTELWERT(Januar)

=MIN(Januar)
```

3.7.2 Ausgabe von Reihen

Tabellenkalkulationsprogramme nehmen Ihnen viel Arbeit beim Erzeugen von Datenreihen ab, da diese (fast) automatisch erstellt werden können.

Folgende Reihentypen werden unterschieden:

- Zeit- und Datenreihen (Kalender-Datumsreihen)
- arithmetische Reihen
- geometrische Reihen
- AutoAusfüllen

Unter Zuhilfenahme des **Ausfüllkästchens** versucht das System, selbst zu erkennen, ob in der Reihe eine Wiederholung vorliegt und ob es sich um eine auf- oder absteigende Reihe handelt. Die Reihe wird dann automatisch erweitert.

Diesen Sachverhalt erklärt folgendes Beispiel, wobei die linke Spalte die Dateneingabe aufnimmt.

Feldinhalt	Erkannter Dateityp	Erweiterung der Reihe
Montag	▶ Wochentag	Dienstag, Mittwoch
Mon	▶ Wochentag abgekürzt	Die, Mit
23:00	▶ Uhrzeit	00:00, 01:00
November	▶ Monat	Dezember, Januar
Nov	▶ Monat abgekürzt	Dez, Jan
01.11.09	▶ Datum	02.11.09, 03.11.09
3. Quartal	▶ Vierteljahr	4. Quartal, 1. Quartal

Vorgehensweise

- ➔ Eingabe der ersten beiden Elemente der Reihe in verschiedene Zellen, z. B. Montag in A1, Dienstag in A2.
  (Manchmal genügt auch die Eingabe eines einzigen Elementes.)
- ➔ Markierung beider Zellen
- ➔ Ziehen des Ausfüllkästchens

Arbeitsaufträge

1. Addieren Sie in Spalte A zum Eingabewert 0,1 13-mal den Wert 0,5.
2. Addieren Sie in Spalte B zum Anfangswert 1.000 je 1.000 hinzu, bis der Endwert 10.000 erreicht ist.
3. Fügen Sie in Spalte C zum Ausgangsdatum in C1 (01.10.2009) immer einen weiteren Tag hinzu; Ende = 30.10.2009.
4. In Spalte D soll vom Ausgangswert 1 % aus der Prozentsatz um 0,5 % erhöht werden; Endwert = 8,5 %.

3.7.3 Tabellenoutfit ändern

... bei OpenOfficeCalc	... bei MS Excel
➔ EXTRAS ➔ OPTIONEN ➔ OpenOffice.Org ➔ OpenOffive.OrgCalc ➔ Ansicht	➔ EXTRAS ➔ OPTIONEN ➔ Register „Ansicht“
Obige Menüpunkte erlauben die Änderung globaler Einstellungen für die Tabellendokumente. So können Sie u. a. festlegen, welche Tabelleninhalte sichtbar sein sollen, in welche Richtung der Cursor nach einer Zelleingabe weitergehen soll u. v. m.	
Abbildungen siehe nächste Seite	

... bei OpenOfficeCalc	... bei MS Excel

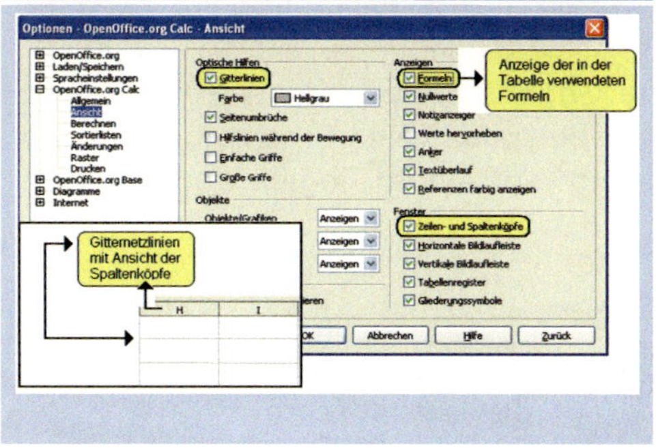

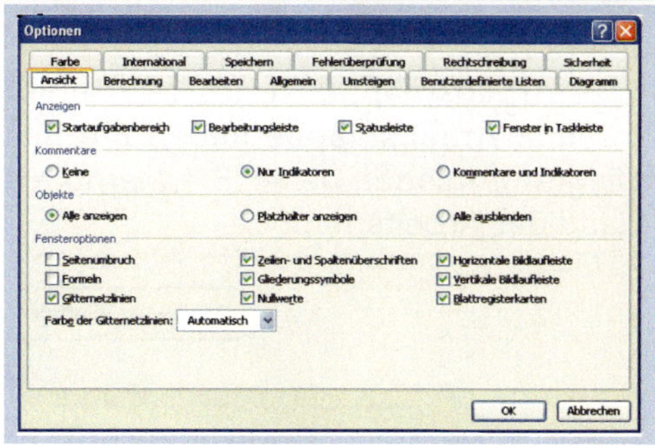

Wollen Sie innerhalb einer bestehenden Tabelle weitere Fenster anzeigen lassen, machen Sie sich mit dem Menüpunkt FENSTER vertraut.

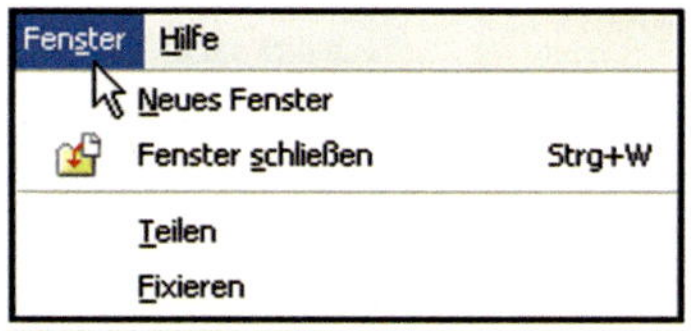

Bei MS Excel lohnt es sich, die Gestaltungsmöglichkeiten des Menüpunktes „Ansicht" näher zu betrachten.

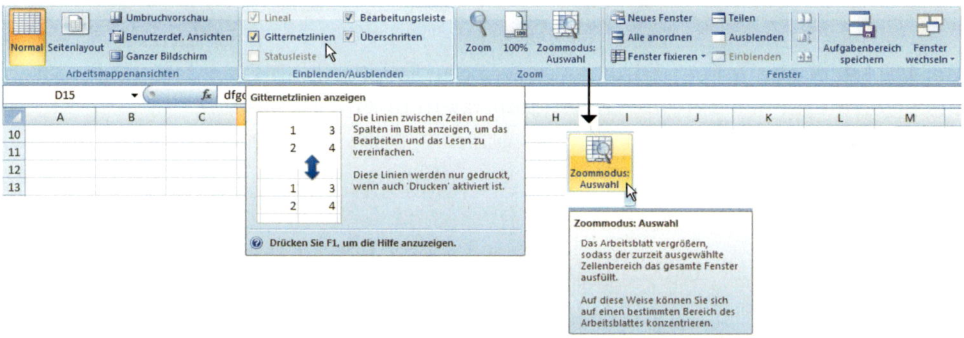

3.7.4 Die Maus: Ein nützliches Nagetier

Bisher konnten Sie sich auf die Benutzung der linken Maustaste beschränken. Der Einsatz der Maus wird aber dadurch aufgewertet, dass auch die rechte Maustaste den Benutzer unterstützt.

→ Klicken Sie mit der rechten Maustaste auf ein zu änderndes Tabellenelement.

Jetzt öffnet sich ein sog. **Kontextmenü**. Es bietet Ihnen inhaltsabhängig eine Reihe von Befehlen an, die Sie wahrscheinlich (oder sicher) in der aktuellen Situation benötigen. Abhängig von der Position, über der sich der Mauszeiger gerade befindet, ändert das Menü seinen Inhalt.

Salopp könnte man sagen: „Die rechte Maustaste denkt mit!"

3.7.5 Arbeitsmappen erleichtern die Verwaltung

Merke

Eine **Arbeitsmappe** ist das elektronische Gegenstück zu einem Aktenordner. In einer Arbeitsmappe finden Sie Blätter, beispielsweise Tabellenblätter und Diagrammblätter. Jeder Blattname erscheint auf einem Register am unteren Rand der Arbeitsmappe.

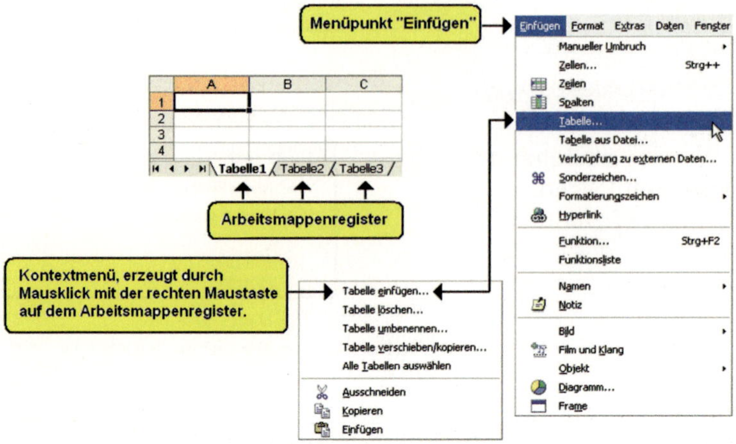

Bei MS Excel genügt es, wenn sie neben den Tabellenblatt-Registern am unteren Bildschirmrand das Symbol „Tabellenblatt einfügen" anklicken.

3.7.6 Formate und allerlei Spezialitäten

Zahlenformate verändern die äußere Darstellung einer Zahl, aber nicht ihren Wert. Intern bleiben die Zahlen unverändert, d. h., das Programm rechnet immer mit allen vorhandenen Kommastellen, auch wenn sie nicht sichtbar sind.

STOP

Tabellenkalkulationsprogramme speichern ein Datum nicht mit Tag, Monat und Jahr, sondern zählen die Anzahl der Tage ab dem 31.12.1899 (bei MS Excel ab dem 01.01.1900). Vor dem Komma werden die Tage gezählt, nach dem Komma werden sie als Bruchteile eines Tages betrachtet; dort sind also die Stunden „versteckt".

Deshalb ist 40 082,44 als Datum der 26.09.2009 um 10:35 Uhr

Wird bei einer Funktion zwischen den beiden Klammern kein Funktionsargument angegeben, wird der aktuelle Wert ausgegeben, so z. B. bei den Funktionen =JETZT() oder HEUTE().

Arbeitsauftrag

Geben Sie in der Zelle B3 ein Kalenderdatum, z. B. Ihr eigenes Geburtstagsdatum, ein und formatieren Sie diese Zelle mit dem Datumsformat. Bestimmen Sie mit der Funktion JETZT() das aktuelle Datum und berechnen Sie die Werte der Zellen B5:B10.

	A	B	C	D
1	**Alter**			**Formeln**
2				
3	Geburtstag	12.05.1980		29353
4	Jetzt	26.09.2009		=JETZT()
5	Alter in Jahren	29,80		=(D4-D3)/360
6	Alter in Monaten	894,14		=(D4-D3)/12
7	Alter in Tagen	10.730		=D4-D3
8	Alter in Stunden	257.512		=D7*24
9	Alter in Minuten	15.450.706		=D8*60
10	Alter in Sekunden	927.042.368		=D9*60
11				
12	*Dateiname: Kalk_Alter_1*			

3.7.7 Formate übertragen

Formate kann man mithilfe des Pinsels von einer Musterzelle auf andere Zellen übertragen.

- ➔ Musterzelle anklicken (z. B. B3)
- ➔ Pinselsymbol anklicken
- ➔ Neue Zelle anklicken (z. B. D4)

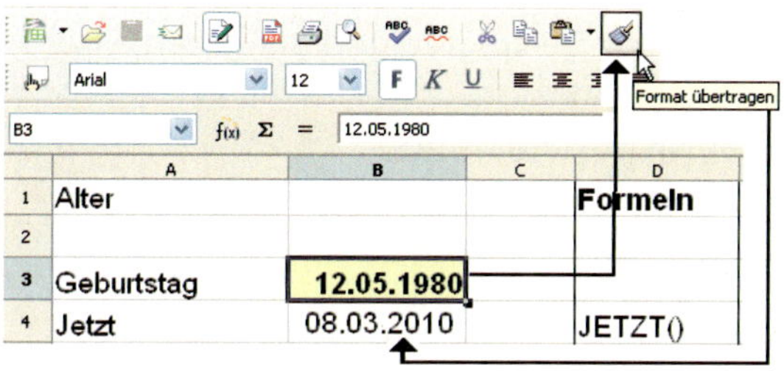

3.8 Entscheidungen treffen: Die WENN-DANN-Funktion

3.8.1 Ein- und mehrseitige Auswahlanweisungen

Wichtiges auf einen Blick

Die Funktion WENN() führt eine Wahrheitsprüfung einer angegebenen Bedingung durch und bietet standardmäßig eine zweiseitige Verzweigung in Abhängigkeit des Ergebnisses der Überprüfung durch.

Folgende Punkte müssen erfüllt sein:

1. Die formulierte Bedingung muss eindeutig überprüfbar (WAHR oder FALSCH) sein.
2. Unterlässt man die Angabe einer „Sonst"-Anweisung für den Fall, dass die überprüfte Bedingung FALSCH ist, erzeugt man eine einseitige Verzweigung.
3. Durch das Einfügen von weiteren Wenn-Funktionen in die Anweisungszweige lassen sich „verschachtelte" Verzweigungsstrukturen erstellen, mit der die zu überprüfende Bedingung differenzierter analysiert werden kann.

Folgende Fragestellungen gehören zum betrieblichen Alltag:

WENN Aktienkurs <= 500,00 €	DANN verkaufe	SONST behalte das Papier
WENN Umsatz >= 1.000,00 €	DANN Provision = 10 %	SONST keine Zahlung
WENN Bestellmenge > 10 Stück	DANN gewähre 5 % Rabatt	SONST 3 %

Merke

Man bezeichnet solche Strukturen als **Auswahlanweisungen**. Eine Auswahl wird getroffen, indem eine Frage mit *Ja* oder *Nein* beantwortet wird. Führt nur **ein** Fall zu einer Aktivität, so handelt es sich um eine **einfache** bzw. **einseitige Auswahl**. Die Syntax lautet allgemein:

=WENN(Bedingung;Dann-Anweisung;[Sonst-Anweisung])

Folgendes Beispiel zeigt den Aufbau einer WENN-Funktion. Gegeben ist der Ausdruck:

=WENN(A5>A6;A5;A6)

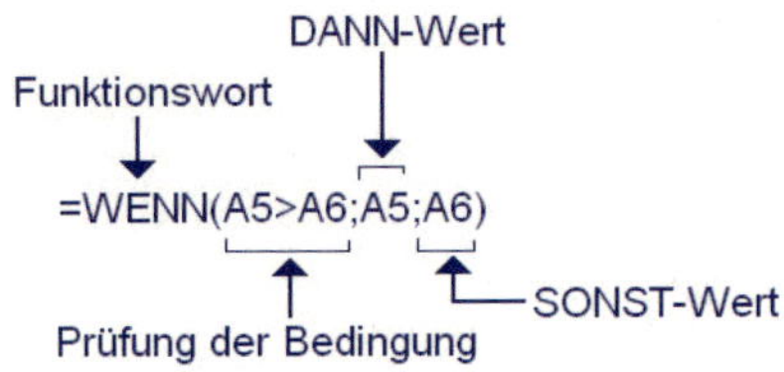

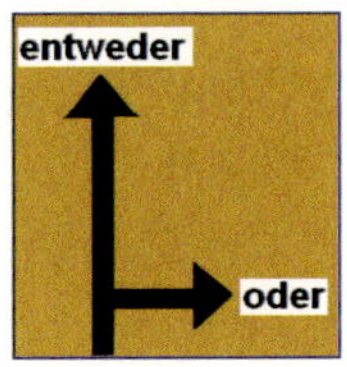

Erklärungen

- Das erste Argument A5>A6 (WENN) enthält die Bedingung, in diesem Fall die Frage, ob der Zellinhalt von A5 größer als A6 ist. Dabei gibt es ein eindeutiges Ergebnis: (bei Excel) WAHR oder FALSCH (bei OpenOfficeCalc) in Zahlen ausgedrückt: 1 oder 0.
- Das zweite Argument A5 (DANN) wird ausgeführt, wenn die Bedingung im ersten Argument WAHR ist, d. h., A5 größer als A6 ist. In diesem Fall wird der Zellinhalt von A5 angezeigt.
- Das dritte Argument A6 (SONST) wird ausgeführt, wenn die Bedingung im ersten Argument nicht wahr (FALSCH) ist, d. h., A6 kleiner oder gleich A5 ist. In diesem Fall wird der Zellinhalt von A6 angezeigt.

PROBLEMSTELLUNG

Die Berger OHG will das unterschiedliche Engagement der beiden Außendienstmitarbeiter (vgl. Spalte B), die verschiedene Sportvereine im gesamten Einzugsbereich betreuen, belohnen, wobei folgende Bedingungen gelten:

Für erzielte Umsätze kleiner/gleich 1.000,00 € wird die Provision mit einem Provisionssatz von 5 % berechnet. Bei allen darüberliegenden Umsätzen werden 10 % angesetzt. *(Die Zahlen wurden bewusst klein gewählt.)*

Aufgabe

Berechnen Sie mit den unterschiedlichen Provisionssätzen die jeweiligen Provisionen der Mitarbeiter Bäuerle und Hansen.

Ausgangstabelle

	A	B	C	D	E	F	G	H	I
1	**Tagesumsätze Bälle**			**Datum:**	24.02.20..				
2									
3			**MWSt.-Satz**	**19**	**%**				
4			**Provisionssatz 1**	**5**	**%**				
5			**Provisionssatz 2**	**10**	**%**				
6									
7	**ArtNr.**	**Mitarbeiter**	**ArtBez.**	**Menge**	**Preis**	**Bruttoumsatz**	**MWSt.**	**Nettoumsatz**	**Provision**
8	100010	Bäuerle	Handbälle	20	120,00 €	2.400,00 €	383,19 €	2.016,81 €	
9	100020	Bäuerle	Fußbälle	15	133,99 €	2.009,85 €	320,90 €	1.688,95 €	
10	100030	Hansen	Tennisbälle	12	19,50 €	234,00 €	37,36 €	196,64 €	
11	100040	Bäuerle	Gymnastikbälle	10	55,00 €	550,00 €	87,82 €	462,18 €	
12	100050	Hansen	Volleybälle	24	99,99 €	2.399,76 €	383,15 €	2.016,61 €	
13					**Summe**	7.593,61 €	1.212,43 €	6.381,18 €	
14					**Maximum**	2.400,00 €	383,19 €	2.016,81 €	
15	*Dateiname: umsatz_3_WENN_Dann_1*				**Minimum**	234,00 €	37,36 €	196,64 €	
16	*Register: Aufgabe*				**Durchschnitt**	1.518,72 €	242,49 €	1.276,24 €	

Problemanalyse

Ausgabedaten	Provisionen in Euro, abhängig von der Höhe des Umsatzes, in Spalte I
Bedingungen	Berechne 5 % bei Umsätzen kleiner/gleich 1.000,00 €. Berechne 10 % bei Umsätzen größer 1.000,00 €.

Der in I8 zu ermittelnde Wert berechnet sich nach der Anweisung:

WENN der Umsatz kleiner oder gleich 1.000,00 € ist, **DANN** berechne Umsatz * 0,05; **SONST** berechne Umsatz * 0,1.

Und hier die Lösung für die Zelle I8:

Adresse	Formel
I8	`=WENN(H8<=1000;H8*$D$4/100;H8*$D$5/100)`

Merke

Eine WENN-DANN-SONST-Anweisung wird durch: =WENN(...) eingeleitet. In der Klammer stehen – durch Semikolon getrennt – drei Anweisungen:

- eine logische Anweisung (Prüfwert)
- ein DANN-Wert
- ein SONST-Wert

Vergleichsoperatoren vergleichen zwei Werte und liefern dann den Wahrheitswert WAHR oder FALSCH (1 oder 0).

Nebenstehende Operatoren werden häufig benötigt:

>	größer
<	kleiner
<>	ungleich
>=	größer gleich
<=	kleiner gleich
UND	Alle Aussagen sind wahr.
ODER	Mindestens eine Aussage ist wahr.

3.8.2 Geschachtelte WENN-DANN-Funktion

Merke

Wird innerhalb einer WENN-Funktion eine weitere WENN-Funktion formuliert, spricht man von einer mehrstufigen Verzweigung.

Allgemein gilt:

=WENN(Bedingung1;DANNWERT1;WENN(Bedingung2;DANNWERT2;SONST WERT2))

3.8.2.1 Provisionsberechnung mit mehreren Alternativen

Für die Entlohnung von Außendienstmitarbeitern gelten folgende Bedingungen:

WENN der erreichte Umsatz	DANN ...
geringer als 3.000.000,00 € ist,	wird keine Provision gezahlt.
zwischen 3.000.000,00 € und 4.000.000,00 € liegt,	wird 5,0 % Provision gezahlt.
zwischen 4.000.000,00 € und 5.000.000,00 € liegt,	wird 8,0 % Provision gezahlt.
über 5.000.000,00 € ist,	wird 10,0 % Provision gezahlt.

Unabhängig vom Umsatz erhält jeder Außendienstmitarbeiter eine Grundvergütung von 2.000,00 €.

Lösungshinweise

Bei dieser Problemstellung werden mehrere Bedingungen formuliert. Es gelangen jetzt drei WENN-Anweisungen zum Einsatz. Hier ist z. B. die zweite WENN-Anweisung das Argument SONST-Wert der ersten WENN-Anweisung. Ähnliches gilt für die dritte WENN-Anweisung, die das Argument SONST-Wert der zweiten WENN-Anweisung ist. Ergibt z. B. die erste Prüfung den Wert WAHR (1), wird der DANN-Wert der ersten Prüfung zurückgegeben. Ergibt die erste Prüfung den Wert FALSCH (0), wird die zweite WENN-Anweisung ausgeführt usw.

Arbeitsauftrag (Alternative 1)

Erstellen Sie die Provisionstabelle und stellen Sie das Gehalt der Mitarbeiter in einem geeigneten Diagramm dar.

	A	B	C	D
1	Provisionsabrechnung für Monat Februar 20..			
2		Grundgehalt	2.000,00 €	
3		Umsatz	Provision	Gesamtgehalt
4	Hansen	500.000,00 €		
5	Bäuerle	250.000,00 €		
6	Berner	480.000,00 €		
7	Scharer	320.000,00 €		
8				
9	*Dateiname: prov_geschachtelt_1*			

In andere Zellen übertragbare Formeln

Formel in Zelle C4

```
=WENN(B4<300000;0;WENN(B4<400000;B4*0,05;WENN(B4<500000;B4*0,08;B4*0,1)))
```

Formel in Zelle D4

```
=$C$2+C4
```

Diagrammerstellung

- ➔ Markierung: A3:A7 und D3:D7
- ➔ Diagramm einfügen
- ➔ Kreisdiagramm auswählen
- ➔ Mit rechter Maustaste ein Kreiselement anklicken
- ➔ Objekteigenschaften auswählen, hier: *„Wert als Prozentwert anzeigen"*
- ➔ Datenbeschriftungen formatieren

Lösungstabelle mit Diagramm

	A	B	C	D
1	Provisionsabrechnung für Monat Februar 20..			
2		Grundgehalt:	2.000,00 €	
3		Umsatz	Provision	Gesamtgehalt
4	Hansen	500.000,00 €	50.000,00 €	52.000,00 €
5	Bäuerle	250.000,00 €	0,00 €	2.000,00 €
6	Berner	480.000,00 €	38.400,00 €	40.400,00 €
7	Scharer	320.000,00 €	16.000,00 €	18.000,00 €
8				
9	*Dateiname: prov_gechachtelt_1_lö*			

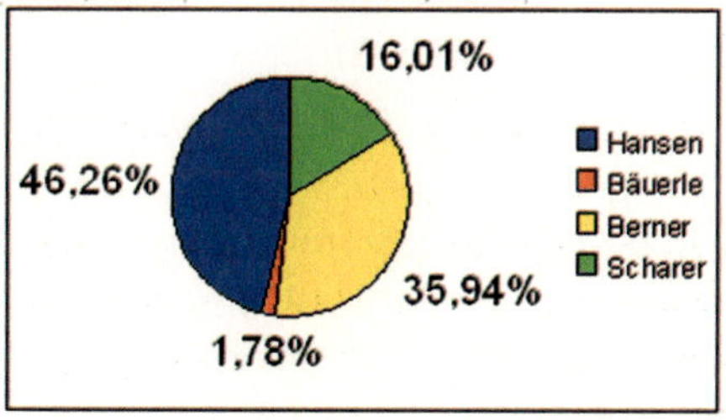

3.8.2.2 Provisionsberechnung mit WENN-ODER-Anweisungen

Arbeitsauftrag (Alternative 2)

Abweichend von der Provisionsberechnung (Alternative 1) gelten jetzt folgende Bedingungen:

Die Provision beträgt 10 % vom Umsatz, wenn die Betriebszugehörigkeit entweder zehn Jahre und mehr beträgt oder wenn in Vollzeit gearbeitet wird. Ansonsten beträgt der Provisionssatz 5 % des Umsatzes.

Lösungshinweise

Hier kommt jetzt neu hinzu, dass eine „Entweder-oder-Aussage" in eine Formel umzusetzen ist. Hierzu dient der Prüfausdruck **ODER**. Er gibt WAHR (1) zurück, wenn **ein** Argument WAHR ist. Er gibt FALSCH (0) zurück, wenn **alle** Argumente FALSCH sind.

	A	B	C	D	E	F
1	Provisionsabrechnung der Berger OHG					
2						
3	Datum	22.12.20..				
4	ProvSatz 1 in %	5				
5	ProvSatz 2 in %	10				
6						
7	Name	Eintritt	Betriebs-zugehörigkeit in Jahren	Arbeits-zeit	Umsatz 20..	Provision
8	Hansen	12.10.1978		Vollzeit	500.000,00 €	
9	Bäuerle	25.02.1993		Vollzeit	250.000,00 €	
10	Berner	01.04.2000		Teilzeit	480.000,00 €	
11	Scharer	01.10.1985		Vollzeit	320.000,00 €	
12						
13	*Dateiname: prov_geschachtelt_2*					
14	*Register: prov_geschachtelt_2_Aufg*					

In andere Zellen übertragbare Formeln

B3	=HEUTE()
C8	=($B$3-B8)/365
F8	=WENN(ODER(C8>=10;D8="Vollzeit");$B$5*E8/100;$B$4*E8/100)

Formeln mit Namen

C8	=(Datum-B8)/365
F8	=WENN(ODER(C8>=10;D8="Vollzeit");ProvSatz2*E8/100;ProvSatz1*E8/100)

3.8.2.3 Provisionsberechnung mit WENN-ODER-UND-Anweisungen

Arbeitsauftrag (Alternative 3)

Abweichend von obiger Provisionsberechnung gelten jetzt folgende Bedingungen:

Die Provision beträgt 10 % vom Umsatz, wenn sowohl die Betriebszugehörigkeit mindestens zehn Jahre beträgt *und* in Vollzeit gearbeitet wird *oder* wenn die Umsatzsteigerung zum Vorjahr mehr als 30.000,00 € beträgt. Andernfalls werden 5 % Provision bezahlt.

Lösungshinweise

Hier kommt jetzt neu hinzu, dass neben der „Entweder-oder-Aussage" eine „Und-Aussage" in eine Formel umzusetzen ist. Hierzu dient der Prüfausdruck **UND.** Er gibt WAHR (1) zurück, wenn **alle** Argumente WAHR sind. Er gibt FALSCH (0) zurück, wenn ein einziges Argument FALSCH ist.

Ausgangstabelle

	A	B	C	D	E	F	G
1	**Provisionsberechnung der Berger OHG**						
2							
3	Datum						
4	ProvSatz 1	5					
5	ProvSatz 2	10					
6							
7	**Name**	**Eintritt**	**Betriebs-zugehörigkeit**	**Arbeitszeit**	**Umsatz Vorjahr**	**Umsatz aktuelles Jahr**	**Provision**
8	Hansen	12.10.1978		Teilzeit	500.000,00 €	550.000,00 €	
9	Bäuerle	25.02.1993		Vollzeit	250.000,00 €	300.000,00 €	
10	Berner	01.04.2000		Teilzeit	480.000,00 €	350.000,00 €	
11	Scharer	01.10.1985		Vollzeit	320.000,00 €	500.500,00 €	
12							
13	*Dateiname: prov_geschachtelt_3*						
14	*Register: prov_geschachtelt_3_Aufg*						

Formeln

C8	`=($B$3-B8)/365`
G8	`=WENN(ODER(UND(C8>=10;D8="Vollzeit");F8-E8>=30000);F8*$B$5/100;F8*$B$4/100)`

Hinweis

Wollen Sie anstatt Zahlen z. B. Texte ausgeben, so sind diese zwischen Anführungs- und Schlusszeichen zu setzen, z. B.

```
WENN(A1 > 100.000; „gut so"; „bitte anstrengen")
```

Stehen zwischen Anführungs- und Schlusszeichen keine Zeichen, so handelt es sich um eine leere Zelle, z. B.

```
WENN(A1 = " "; „bitte Zahl eingeben"; A1 * 3 / 100)
```

3.8.2.4 Mit Funktionen sinnlose Eingaben vermeiden

In der folgenden Tabelle wurden die Einnahmen und Ausgaben aus zwölf Monaten addiert. Wenn Sie versehentlich z. B. eine Null zu viel eintippen (vgl. C10), wird dies fatale Folgen haben.

Mit der WENN-Funktion können Sie solche offensichtlich unsinnigen Eingaben zwar nicht verhindern, aber mit einer Textausgabe darauf hinweisen, dass ...

z. B. die Summe aller Eingaben 100.000,00 € oder die Summe aller Ausgaben 80.000,00 € nicht übersteigen darf.

	A	B	C
1		**Einnahmen**	**Ausgaben**
2	Januar	3.000,00 €	7.990,00 €
3	Februar	3.800,00 €	3.988,00 €
4	März	7.000,00 €	6.200,00 €
5	April	11.000,00 €	12.000,00 €
6	Mai	7.200,00 €	4.500,00 €
7	Juni	3.800,00 €	3.200,00 €
8	Juli	4.900,00 €	4.900,00 €
9	August	6.949,00 €	4.870,00 €
10	September	9.121,00 €	50.000,00 €
11	Oktober	4.399,00 €	5.200,00 €
12	November	8.232,00 €	3.422,00 €
13	Dezember	8.326,00 €	3.822,00 €
14	**Summen**	**77.727,00**	**Irgendwas stimmt nicht!**
15			
16	*Dateiname: sinnlos*		

Formel in B14:

```
=WENN(SUMME(B2:B13)<100000;SUMME(B2:B13);"Irgendwas stimmt nicht!")
```

Formel in C14:

```
=WENN(SUMME(C2:C13)<80000;SUMME(C2:C13);"Irgendwas stimmt nicht!")
```

3.8.2.5 Darstellung in Struktogrammen

Einseitige Auswahlstruktur

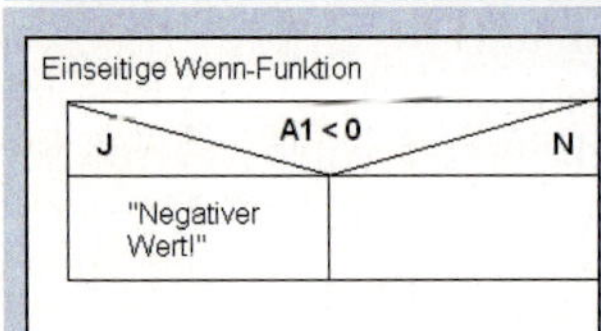

Zweiseitige Auswahlstruktur

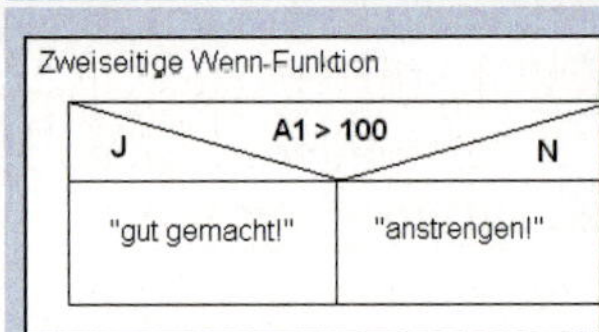

Verschachtelte Auswahlstruktur

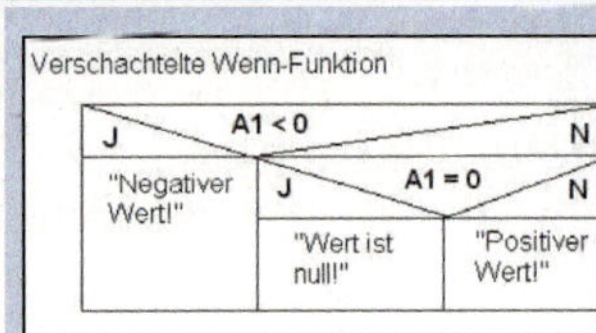

3.8.2.6 WENN-Funktionen im Überblick

1. Geschachtelte WENN-Funktionen

Beispiel

=WENN(A1=" ";" ";WENN(B1=" ";A1;WENN(B1<10;A1*B1;A1*B1*0,95)))

Erklärungen

Wenn A1 leer ist, wird kein Ergebnis angezeigt (also eine leere Zeichenkette). Wenn B1 leer ist (in diesem Fall ist bereits sichergestellt, dass A1 nicht leer ist), wird als Ergebnis der Inhalt von A1 angezeigt. Die dritte WENN-Funktion kommt erst zur Geltung, wenn sichergestellt ist, dass sowohl A1 als auch B1 nicht leer sind.

2. **Zusammengesetzte Bedingungen**

   Häufig müssen mehrere Bedingungen gleichzeitig oder wahlweise erfüllt sein. Zu diesem Zweck können Sie mehrere Bedingungen in einer UND- oder in einer ODER-Funktion angeben.

   UND liefert als Ergebnis den Wahrheitswert WAHR, wenn alle aufgezählten Bedingungen erfüllt sind. ODER liefert bereits den Wahrheitswert WAHR, wenn zumindest eine Bedingung erfüllt ist.

3.9 Manchmal helfen Verweise: Die Funktion SVERWEIS

Eine Tabelle wird in zwei Tabellenbereiche aufgeteilt. In dem einen Tabellenbereich wird ein Suchkriterium eingegeben, meist irgendeine Nummer. Dieses Suchkriterium verweist auf den anderen Tabellenbereich (Informationstabelle) und gibt alle gesuchten Daten komplett aus.

Beispiel

Wird in einem Tabellenbereich z. B. eine Artikelnummer eingegeben, so soll die Funktion SVERWEIS es ermöglichen, aus der **Informationstabelle** alle dazugehörenden Daten in einem separaten Bereich (z. B. Preise, Lieferzeit, Lieferbedingungen, ...) auszugeben. Das „S" in SVERWEIS steht für „Senkrecht".

PROBLEMSTELLUNG 1: Mietwagenkonditionen

Die Berger OHG bietet mehrere Campingfahrzeuge als Mietwagen an. Die Preise setzen sich aus der Kilometerleistung (0,85 €/km) sowie einer Pauschale über 190,00 € zusammen. Es soll eine möglichst einfache Mietabrechnung erstellt werden.

Allgemeine Form der Funktion

```
SVERWEIS(Suchkriterium; Matrix; Spaltenindex)
```

- **„Suchkriterium"** ist der Wert, der in der ersten Spalte der Matrix gefunden werden soll.
- **„Matrix"** ist die Tabelle mit Informationen, in der die Daten nachgeschlagen werden.
- Der **Spaltenindex** (Durchnummerierung der Spalten von links nach rechts) von 1 liefert den Wert, der in der ersten Spalte der Informationstabelle steht.

Die Werte der ersten Spalte der Matrix müssen in aufsteigender Reihenfolge angeordnet sein.

Arbeitsauftrag

Erstellen Sie eine Mietabrechnung, in der lediglich in der Zeile 13 die Fahrzeugnummer und die Kilometerleistung einzugeben sind. Alle anderen Daten soll das Tabellenkalkulationsprogramm berechnen.

Lösungsschritte

1. Erstellen Sie bis zur Zeile 7 die Tabelle der Mietkonditionen.
2. Erstellen Sie ab der Zeile 10 die Abrechnungstabelle.
3. Cursor in Zelle C14 positionieren.
4. Aktivieren Sie die Funktion SVERWEIS (Funktions-Assistenten anklicken).
5. Suchkriterium = $C$13
6. Matrix = $A$4:$D$7 (zu durchsuchender Tabellenbereich)
7. Spaltenindex = 2 (Achten Sie darauf, dass die Tabelle nach der Spalte des Suchkriteriums sortiert ist.)

Ausgangstabelle

	A	B	C	D	E
1		**Wohnmobil Mietkonditionen**			
2					
3	Nr.	**Kfz**	**Pauschale**	**km-Geld**	
4	1	Camping Star I	180,00 €	0,80 €	*Tabelle der*
5	2	Camping Star II	190,00 €	0,85 €	*Datenquelle*
6	3	Alltour Sun I	135,00 €	0,66 €	*(Informationstabelle)*
7	4	Alltour Sun II	145,00 €	0,55 €	*(Verweistabelle)*
8					
9					
10		**Abrechnung**		inkl. MWSt	19,00 %
11					
12			**Nummer**	**gefahrene km**	**Kosten**
13		**Eingabe:**			
14		Kfz			
15		Pauschale			- €
16		km-Geld			- €
17		Betrag (Netto)			- €
18		MWSt			- €
19		**Gesamt**			**- €**
20					
21		*Dateiname: mobil1*			
22		*Register: mobel1_aufg*			

Lösungstabelle

	A	B	C	D	E
1		**Wohnmobil Mietkonditionen**			
2					
3	Nr.	**Kfz**	**Pauschale**	**km-Geld**	
4	1	Camping Star I	180,00 €	0,80 €	
5	2	Camping Star II	190,00 €	0,85 €	
6	3	Alltour Sun I	135,00 €	0,66 €	
7	4	Alltour Sun II	145,00 €	0,55 €	
8					
9					
10		**Abrechnung**		inkl. MWSt	19,00 %
11					
12			**Nummer**	**gefahrene km**	**Kosten**
13		**Eingabe:**	**2**	**1200**	
14		Kfz	Camping Star II		
15		Pauschale	190,00 €		190,00 €
16		km-Geld	0,85 €		1.020,00 €
17		Betrag (Netto)			1.210,00 €
18		MWSt			229,90 €
19		Gesamt			1.439,90 €
20					
21		*Dateiname: mobil1*			
22		*Register: mobel1_lö*			

Formeltabelle

	A	B	C	D	E
1		**Wohnmobil Mietkonditionen**			
2					
3	Nr.	**Kfz**	**Pauschale**	**km-Geld**	
4	1	Camping Star	180	0,8	
5	2	Camping Star	190	0,85	
6	3	Alltour Sun I	135	0,66	
7	4	Alltour Sun II	145	0,55	
8					
9					
10		**Abrechnung**		inkl. MWSt.	0,19
11					
12			**Nummer**	**gefahrene km**	**Kosten**
13		**Eingabe:**	**2**	**1200**	
14		Kfz	=SVERWEIS($C$13;$A$4:$D$7;2)		
15		Pauschale	=SVERWEIS($C$13;$A$4:$D$7;3)		=C15
16		km-Geld	=SVERWEIS($C$13;$A$4:$D$7;4)		=$D$13*C16
17		Betrag (Netto)			=SUMME(E15:E16)
18		MWSt			=E17*$E$10
19		Gesamt			=SUMME(E17:E18)
20					
21		*Dateiname: mobil_1*			
22		*Register: mobil1_Formeln*			

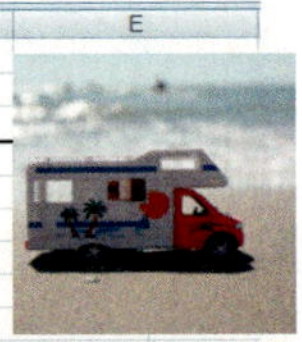

Erweiterung des Arbeitsauftrages

Ersetzen Sie den Matrixbereich (`$A$4:$D$7`) durch einen Bereichsnamen.

PROBLEMSTELLUNG 2: Gehaltsabrechnung

Die Berger OHG verwaltet in tabellarischer Form die Gehaltsabrechnung von sieben Mitarbeitern. Im zweiten Tabellenbereich wird eine (fiktive) Lohnsteuertabelle geführt. Mittels der Funktion SVERWEIS soll in der Haupttabelle der Steuersatz eingeblendet werden, der sich nach der Höhe der in der Lohnsteuertabelle eingetragenen Beträge richtet.

Aufgabentabelle

	A	B	C	D	E	F
1	**Gehaltsabrechnung**					
2	**Name**	**Brutto**	**Steuersatz**	**Lohnsteuer**	**Kirchensteuer**	**Netto**
3	Schulz	42.000,00 €				
4	Frank	45.030,00 €				
5	Bergmann	98.034,00 €				
6	Hinte	48.034,00 €				
7	Frenk	45.621,00 €				
8	Karlein	33.566,00 €				
9	Scharer	88.032,00 €				
10	**Summen**					
11						
12	**Lohnsteuertabelle (fiktive Zahlen)**					
13	- €	0,00 %				
14	5.300,00 €	15,00 %				
15	12.500,00 €	20,00 %				
16	18.000,00 €	25,00 %				
17	25.000,00 €	30,00 %				
18	36.000,00 €	40,00 %				
19	52.000,00 €	50,00 %		*Dateiname: gehalt_2*		
20	85.000,00 €	54,00 %		*Register: gehalt_2_aufg*		

Lösungshinweise

1. *Brutto* = Name des Bereiches von B3 bis B9
2. Weitere Namen der Haupttabelle: *Kirchensteuer, Lohnsteuer, Steuersatz*
3. Name des zweiten Tabellenbereiches = *Lohnsteuertabelle*
4. Kirchensteuer = 1,5 % der Lohnsteuer

Übertragbare Formeln

C3	=SVERWEIS(Brutto;Lohnsteuertabelle;2)
D3	=Brutto * Steuersatz
E3	=Lohnsteuer * 1,5/100
F3	=Brutto – Lohnsteuer – Kirchensteuer

3.10 Vom Lieferschein zur Rechnungsstellung

PROBLEMSTELLUNG

Herr Berger möchte ein Formular entwerfen, das zur Erstellung von Rechnungen verwendet werden kann. Dabei soll das jeweilige Rechnungsdatum automatisch eingefügt und ab einer Stückzahl von zehn Stück automatisch ein Mengenrabatt von 5 % vergeben werden. Neben dem Rechnungsformular soll eine Preisliste erstellt werden, von der nach Eingabe der entsprechenden Artikelnummer automatisch Artikelbezeichnung und Einzelpreis in die Rechnung übernommen werden.

Bedingungen für die Preisgestaltung

1. Ist die Stückzahl kleiner 10, so wird kein Preisnachlass gewährt.
2. Zwischen 10 und 99 Stück beträgt der Rabattsatz 5 %.
3. Ab 100 Stück gewährt die Firma 10 % Rabatt.
4. Es erfolgt eine Plausibilitätsprüfung der Dateneingabe: Stückzahlen und Artikelnummern müssen > 0 sein.

Arbeitsauftrag

Entwerfen Sie ein Formular, welches in den Zellbereichen A1:A15 die Rechnung und in den Zellbereichen G1:I15 die Preisliste ausgibt.

Vorschlag einer Tabellengestaltung

	A	B	C	D	E	F	G	H	I
1		**Rechnung**					**Preisliste**		
2	Firma			Kunden-Nr.		1234	**Nr.**	**Bezeichnung**	
3	Wellness Park			Auftr.-Nr.		222	1	Rennski Davos	599,00 €
4	Industriestraße 9			vom		19.07.20..	2	Rennski Cortina	688,00 €
5	76437	Rastatt		Rechn.-Nr.		222	3	Fußball EM 08	99,00 €
6				vom			4	Handball goal	120,00 €
7							5	Skiwachs	9,99 €
8	**ArtNr**	**Stück**	**ArtBez**	**Preis**	**Rabatt**	**Gesamtpreis**	6	Tennisshirt	199,00 €
9					**%**		7	T-Shirt racer	88,00 €
10	8	12					8	T-Shirt sky	99,00 €
11	11	8					9	Tennisshirt winner	220,00 €
12	7	25					10	Tennisschuhe runner	220,00 €
13			Summe				11	T-Shirt blue	120,00 €
14			MWSt.		19		12	Trainingsanzug black	166,99 €
15		**Rechnungsbetrag**					13	Skatboard runner	229,00 €
16									
17	*Dateiname: rech_1*								
18	*Register: rech_1_Aufg*								

Lösungsschritte

→ Benennen Sie den Bereich der Preisliste (G3 bis I15) mit dem Namen *Preis.*
→ Der Bereich für die Eingabe der Artikelnummer erhält den Namen *ArtNr*
→ Verwenden Sie in F6 die Funktion HEUTE().

Wichtige Formeln

C10	=WENN(ArtNr>0;SVERWEIS(ArtNr;Preis;2);“ ")
D10	=WENN(ArtNr>0;SVERWEIS(ArtNr;Preis;3);“ ")
E10	=WENN(B10<10;0;WENN(B10<100;5;10))
F10	=WENN(A10>0;B10*D10*(100-E10)/100;“ ")

1. Erweiterung des Arbeitsauftrages

Obige Tabelle soll so erweitert werden, dass nach Eingabe der Kundennummer in Zelle F2 die gesamte Adresse inkl. Anrede ab der Zelle A2 automatisch eingetragen wird.

Lösungsschritte

- → Erstellen Sie einen eigenen Tabellenbereich für die Kundenadressen. In unserem Fall wurde die Kundenliste ab der Zelle K2 erstellt.
- → Benennen Sie den gesamten Bereich mit einem Namen, z. B. *Kunden.*
- → Benennen Sie die Zelle F2 mit dem Namen *KdNr.*
- → Definieren Sie den SVERWEIS, z. B. in Zelle A2:

Formel:

```
=WENN(KdNr>0;SVERWEIS(KdNr;kunden;2;" ")
```

	K	L	M	N	O	P
1	**Kundenliste**					
2	**KdNr**	**Anrede**	**Name**	**Straße**	**PLZ**	**Ort**
3	1231	Firma	Gert Oberhofer	Am Grün 5	32323	Langen
4	1232	Herr	Eberhard Dudenhofer	Veilchenweg 6	54343	Leinfeld
5	1233	Herr	Franz Unterhofer	Berwald 5	43234	Berghausen
6	1234	Firma	Wellnesspark	Industriestraße 8	76437	Rastatt
7	1235	Firma	Bergmann OHG	Hauptstraße 5	76437	Rastatt

2. Erweiterung des Arbeitsauftrages

Die Tabelle der Datenquelle soll als Ausgangspunkt für die Erstellung eines Lieferscheines dienen. Neuer Dateiname = *rech_3.ods,* Namen der Registerblätter = *rech3_lieferschein, rech3_aufgabe und rech3_artikel.*

Bedingungen und Lösungshinweise

- ◆ Der Einzelpreis der verkauften Sportartikel ist abhängig von den verkauften Stückzahlen. Bis zu 50 Stück gilt der reguläre Verkaufspreis, über 50 Stück gilt ein verminderter Preis (vgl. hierzu die Daten, die die Tabelle mit dem Namen *rech3_artikel* enthält). In diesem Tabellenblatt sollen die Artikelnummern, die Artikelbezeichnungen und die jeweiligen Stückpreise eingetragen werden.
- ◆ Die Funktion **ISTLEER** soll die Zellinhalte des Tabellenblatts *rech3_lieferschein* ab A9 auf einen vorhandenen Wert hin untersuchen.

So ermitteln Sie, ob eine Zelle leer ist:

Unter Umständen kann es notwendig sein, in einer Formel zu berücksichtigen, ob eine Zelle, auf die Bezug genommen wird, leer ist oder nicht. In diesem Fall verwenden Sie die Funktion ISTLEER. Sie benötigt als Argument einen Zellbezug. Wenn diese Zelle leer ist, liefert die Funktion den Wert WAHR, ansonsten FALSCH.

Ab der Zelle B8 der Tabelle

rech_3_lieferschein

soll die Funktion SVERWEIS auf die Spalte 2 des Tabellenblatts

rech3_artikel

verweisen. In dieser Tabelle wurde der Bereich *A2:D12* mit dem Namen *artikel* vereinbart.

	A	B	C	D	E
1	Sportring KG				16.04.20..
2	An der Rennbahn 25				
3	76437 Iffezheim				
4					
5	Lieferschein Nr 12/12345				
6					
7	Artikelnummer	Artikelbezeichnung	Stück	Einzelpreis	Gesamtpreis
8	10001	Zeltspanner	13	33,30 €	432,90 €
9	10005	Turnschuh EM winner	12	120,00 €	1.440,00 €
10	10006	Tennisshirt 0/123	10	155,00 €	1.550,00 €
11	10010	Sonnenschutz 6	60	11,00 €	660,00 €
12	10002	Skihalter Mountain	5	9,90 €	49,50 €
13					
14					
15					
16		Wir danken für Ihren Einkauf		Gesamtpreis	4.132,40 €
17	Dateiname: rech_3				
18	Register: rech_3_lieferschein				
19					

- Die Stückzahlen des Tabellenblatts *rech 3_lieferschein* sind Tastatureingaben.
- Die Einzelpreise des Tabellenblatts *rech 3_lieferschein* sollen mit der Funktion ISTLEER auf Inhalte überprüft werden, ansonsten soll mit der WENN-Funktion die Bedingung > 50 formuliert werden. Die Funktion SVERWEIS soll auf das Tabellenblatt *rech3_artikel* auf die Spalte 4 verweisen. Trifft die gestellte Bedingung nicht zu, gilt der Verweis der Spalte 3.

	A	B	C	D	E
1	Sportring KG			Datum	
2	An der Rennbahn 25				
3	76437 Iffezheim				
4					
5	Lieferschein Nr 12/12345				
6					
7	Artikelnummer	Artikelbezeichnung	Stück	Einzelpreis	G
8	10001		13		
9	10005		12		
10	10006		10		
11	10010		60		
12	10002		5		
13					
14					
15					
16		Wir danken für Ihren Einkauf		Gesamtpreis	
17	Dateiname: rech_3				
18	Register: rech_3_Aufgabe				
19					

A	B	C	D
Artikelnummer	Artikelbezeichnung	bis 50 Stück	mehr als 50 Stück
10001	Zeltspanner	33,30 €	29,29 €
10002	Skihalter Mountain	9,90 €	7,99 €
10003	Hauszelt Zermatt	620,00 €	577,00 €
10004	Hauszelt Montana	788,90 €	720,50 €
10005	Turnschuh fire sport	120,00 €	110,00 €
10006	Tennisshirt 0/123	155,00 €	122,00 €
10007	Tennisshirt 1/321	199,00 €	177,90 €
10008	Rucksack Tirol	420,00 €	399,00 €
10009	Stirnband Sunshine	9,99 €	788,00 €
10010	Sonnenschutz sun 6	12,44 €	11,00 €
10011	Mineraldrink	1,99 €	1,77 €

Dateiname: rech_3
Register: rech_3_Artikel

PROBLEMSTELLUNG

Die Berger OHG führt in der Arbeitsmappe mit dem Namen *rech 4.ods* die Tabellenblätter *rech 4_artikel, rech 4_kunde, rech 4_aufg* und *rech 4_rechnung.*

Die Artikeltabelle enthält die Artikelnummern, Artikelbezeichnungen, Einheiten (z. B. Stück, Karton, ...) und die Preise der einzelnen Artikel. Die Kundentabelle enthält die Stammdaten der Kunden (Kundennummer, Anrede, Straße, PLZ/Ort).

Arbeitsauftrag

Erstellen Sie mittels der Funktionen **WENN, ISTLEER** und **SVERWEIS** eine Rechnung, bei der lediglich die Kundennummer, Rechnungsnummer, Artikelnummer und Mengen über die Tastatur einzugeben sind.

Verwenden Sie in der Artikeltabelle den Bereichsnamen *Artikel* und in der Kundenstammdatentabelle den Namen *Kunden.* Das Rechnungsdatum ist mittels der Funktion JETZT zu ermitteln.

	A	B	C	D	E	F
1					**Sport Berger**	
2					**Rödernweg 1**	
3						
4					**76437 Rastatt**	
5						
6						
7	Sport Berger OHG Rödernweg 1 76437 Rastatt					
8				**Rechnungs-Nr.:**		3
9	Firma			**Rechnungsdatum:**		
10	Sportring GmbH			**Kundennummer:**		20001
11	Leutenweg 4					
12	76437 Rastatt					
13			**RECHNUNG**			
14						
15	ARTNR	ARTBEZ	MENGE	EINHEIT	EINZELPREIS	GESAMT
16						
17	10001		2	Stück		
18	10003		2	Stück		
19	10004		1	Stück		
20						
21			**Zwischensumme**			
22			**+ Umsatzsteuer**		**19%**	
23	*Dateiname: rech_4*		**Endsumme Rechnungsbetrag**			
24	*Register: rech_4_Aufg*					

Formeln in OpenOfficeCalc

B17	=WENN(ISTLEER(A17);“ „;SVERWEIS(A17;artikel;2))
D17	=SVERWEIS(A17;artikel;3)
E17	=WENN(A17=““;““;SVERWEIS(A17;artikel;4))

Formeln in MS Excel

B17	=WENN(ISTLEER(A17);“ „;SVERWEIS(A17;rech4.XLS!artikel;2))
D17	=SVERWEIS(A17;rech4.XLS!artikel;3)
E17	=WENN(A17=“ „;“ „;SVERWEIS(A17;rech4.XLS!artikel;4))

Das Ausrufezeichen in der Formel verweist auf die externe Tabelle, hier die Tabelle mit dem Namen `artikel`.

Tabellen der Datenquellen

	A	B	C	D
1	**Artikelstammdaten**			
2				
3	**ARTNR**	**ARTBEZ**	**EINHEIT**	**EINZELPREIS**
4				
5	10001	Minizelt Iglu I	Stück	99,99 €
6	10002	Zeltspanner	Stück	9,99 €
7	10003	Schlafsack Montana	Stück	550,89 €
8	10004	Rennski Tiger	Stück	499,00 €
9	10005	Rennski Obermoos	Stück	799,99 €
10	10006	Zeltheringe	Karton	29,99 €
11	10007	Stirnbänder	Karton	55,55 €
12	10008	Fußballschuh runner	Stück	144,99 €
13	10009	Tennisschläger goal	Stück	399,99 €
14	10010	Skiwachs	Stück	12,66 €
15	10011	Skibindung Mountain	Stück	155,99 €
16				
17	*Dateiname: rech_4*			
18	*Register: rech_4_Artikel*			

	A	B	C	D	E
1	**Kundenstammdaten**				
2					
3	**KDNR**	**ANREDE**	**NAME**	**STRASSE**	**PLZ/ORT**
4					
5	20001	Firma	Sportring GmbH	Leutenweg 4	76437 Rastatt
6	20002	Herr	Neumann Hans	Hauptstraße 4	76437 Rastatt
7	20003	Firma	Sport Lang OHG	Wiesenweg 5	12345 Irgendwo
8	20004	Firma	Schulsport AG	Murgweg 4	98767 Leinen
9	20005	Frau	Gudrun Schäfer	Am Federbach 5	75754 Baden-Baden
10	20006	Firma	Rieger OHG	Industriestr. 18	43456 Weidenberg
11	20007	Firma	Well KG	Schwarzwaldstraße 5	73456 Baden-Baden
12	20008	Firma	Adolf & Brennerl KG	Rheinstraße 9	76437 Rastatt
13					
14	*Dateiname: rech_4*				
15	*Register: rech_4_Kunden*				

... und hier das „Endprodukt“

	A	B	C	D	E	F
1					Sport Berger	
2					Rödernweg 1	
3					76437 Rastatt	
4						
5						
6						
7	Sport Berger OHG Rödernweg 1 76437 Rastatt					
8				Rechnungs-Nr.		3
9	Firma			Rechnungsdatum		04.08.20..
10	Sportring GmbH			Kundennummer		20001
11	Leutenweg 4					
12	76437 Rastatt					
13			RECHNUNG			
14						
15	ARTNR	ARTBEZ	MENGE	EINHEIT	EINZELPREIS	GESAMT
16						
17	10001	Minizelt Iglu I	2	Stück	99,99 €	199,98 €
18	10003	Schlafsack Montana	2	Stück	550,89 €	1.101,78 €
19	10004	Rennski Tiger	1	Stück	499,00 €	499,00 €
20						
21			Zwischensumme			1.800,76 €
22	*Dateiname: rech_4*		+ Umsatzsteuer		19%	342,14 €
23	*Register: rech_4_Rechnung*		Endsumme Rechnungsbetrag			2.142,90 €

3.11 Steuerelemente erlauben ein komfortables Arbeiten

Der Einsatz von **Steuerelementen** erhöht vor allem bei immer wiederkehrenden Aufgaben die Benutzerfreundlichkeit einer Anwendung. Steuerelemente sind **Dialogobjekte,** die meist auf Formularen platziert werden, um Daten anzuzeigen, Optionen auszuwählen oder Werte zu ändern. Durch Anklicken des Steuerungselements und Aufziehen eines Rechteckes an der gewünschten Stelle wird es in das Tabellenblatt integriert. Wichtige Steuerelemente sind **Kontrollkästchen, Optionsfelder, Liste-, Kombinations- und Drehfelder, Bildlaufleisten** sowie **Schaltflächen** und **Textfelder.** Um solche Elemente einzufügen, muss bei OpenOfficeCalc die Symbolleiste „Formlar-Steuerelemente“ und bei MS Excel die Symbolleiste „Steuerelement-Toolbox“ eingeblendet sein.

OpenOfficeCalc

MS Excel

Kontrollkästchen sollten in einer Optionsgruppe zusammengefasst werden, wenn mehrere Auswahlmöglichkeiten bestehen. Bei einer Ja/Nein-Entscheidung kann die Optionsgruppe entfallen. Ein **Kombinationsfeld** ermöglicht die Auswahl aus einer Liste und zeigt die Auswahl an. Bei einer **Bildlaufleiste** ändert sich der Wert durch das Ziehen des Bildlaufleisten-Anzeigers oder durch Anklicken der Pfeile. Als Eigenschaften müssen ein **Maximal-** und ein **Minimalwert** sowie die **Schrittweite** (step) angegeben werden.

	Kontrollkästchen / Markierfeld / CheckBox
Januar	Kombinationsfeld / ComboBox
	Bildlaufleiste / Schieberegler / ScrollBar
Start	Schaltfläche / CommandButton

Wenn Sie Steuerelemente hinzufügen wollen, müssen Sie in den **Entwurfsmodus** wechseln. Hierzu dient das Zeichendreieck-Symbol. Es ermöglicht Ihnen, den Entwurfsmodus ein- bzw. auszuschalten.

Bei MS Excel ist es im Standardlayout nicht möglich Steuerelemente einzufügen. Dazu mus erst die Entwicklerregisterkarte eingeschaltet sein.

→ Office-Button

→ Excel-Optionen

→ Häufig verwendet

→ Häkchen auf „Entwicklerregisterkarte in der Multifunktionsleiste anzeigen" aktivieren

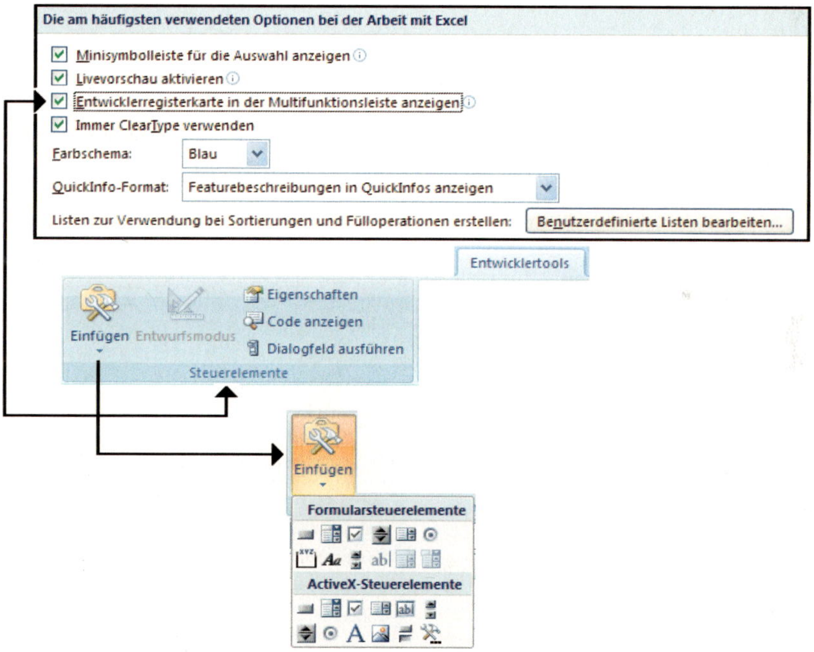

3.11.1 Mit Markierfeldern einzelne Bausteine zusammenstellen

PROBLEMSTELLUNG

Die Berger OHG bietet sog. „Weiße Wochen" zur Eröffnung der Skisaison an. Alle Kunden, die diese Reise buchen, können verschiedene Bausteine auswählen. Hierfür sollen Kontrollkästchen (Markierfelder) eingesetzt werden.

Arbeitsauftrag

Erstellen Sie eine Tabelle mit den abgebildeten vier Auswahlmöglichkeiten.

Der Basispreis ist auf jeden Fall zu bezahlen. Er umfasst u. a. den Hotelaufenthalt mit Halbpension. Eine Versicherung wird zu 9,50 €, der Skikurs zu 90,00 € angeboten.

	A	B	C
1	**Weiße Wochen im Traum-Skigebiet**		
2		Basispreis	140,00 €
3			
4		☐ Versicherung	
5		☑ Fahrt	80,00 €
6		☑ Leihski	30,00 €
7		☐ Skikurs	
8		Reisepreis gesamt	250,00 €
9			
10	*Dateiname: Skiwochenende_Kontrollkästchen_1*		

Lösungsschritte (Arbeiten im Entwurfsmodus)

→ Nach Einblenden der Symbolleiste ab Zelle A4 neues Kontrollkästchen (Markierfeld) aufziehen.

→ Kontextmenü mit rechter Maustaste öffnen und Menüpunkt „Kontrollfeld" aktivieren.

→ Im Menü „Titel" die Beschriftung ändern, hier: „Versicherung".

→ Im Register „Daten" die verknüpfte Zelle B4 angeben.
*Diese **verbundenen/verknüpften Zellen** (Linked Cells) werden vom Kontrollkästchen bzw. dessen Beschriftung verdeckt (B4, B5, ...).*

→ Alle weiteren Kontrollkästchen mit den jeweiligen Eigenschaften erstellen.

→ Wechsel in den Benutzermodus (Zeichendreieck-Symbol betätigen)

→ Kontrollkästchen aktivieren.

Nebenstehendes Eigenschaftsfenster erlaubt eine individuelle Gestaltung der Objekte, so z. B. der Schriftarten, Schriftgrößen, der Stile, ...

Bitte experimentieren Sie mit verschiedenen Einstellungen der angebotenen Eigenschaften.

Erklärungen

Wie ein Lichtschalter, der nur zwei Zustände kennt (Strom fließt/Strom fließt nicht), so kennt auch ein Kontrollkästchen nur diese beiden Zustände. In Excel werden sie mit true/false (wahr/nicht wahr), in OpenOffice mit den Zahlen 1 bzw. 0 dargestellt. Um diese Meldungen auszublenden, wurden die Zellen B4:B7 mit weißer Farbe formatiert.

Formel bei OpenOfficeCalc in Zelle C4: `=WENN(B7=1;9,5;" ")`

Formel bei MS Excel in C4: `=WENN(B7=WAHR;9,5;" ")`

3.11.2 Komfortable Adressenverwaltung

PROBLEMSTELLUNG

Die Berger OHG verwaltet Kundenadressen mit einem Tabellenkalkulationsprogramm. Hierzu wurde eine Arbeitsmappe mit einer Tabelle aller Adressen (Tabellenname = *Daten*) und eine Tabelle für die Auswahl benötigter Adressen (Tabellenname = *Auswahl*) erstellt.

Datenquelle der Adressen

Nummer	Vorname	Nachname	Straße	PLZ	Ort	Telefon
1	Ted	Betrami	Wärmeweg 8	65582	Flacht	06432/2412
2	Bianca	Betrami	Krankenstr. 1	65553	Elz	06431/1645
3	Andrea	Conradi	Limburger 32	65582	Diez	06432/63049
4	Oliver	Conradi	Limburger 32	65582	Diez	06432/63049
5	Damovsky	GmbH	Melkestr. 42	65597	Hünfelden	06432/29660
6	Fritz	Meier	Felkestraße 18	65582	Elz	06432/54321
7	Klara	Meier	Geldstr. 9	65597	Hünfelden	06438/68761
8	Paul	Müller	Gartenstraße 10	65582	Diez	06432/12345
9	Katja	Müller	Sattelweg 8	65585	Flacht	0643/1211
10	Ulrich	Rosin	Waldweg 23	63005	Wiesbaden	0617/223344
11	Sandra	Stein	Goethestr. 65	65530	Montabaur	06323/56748
12	Peter	Steinhauser	Dumbostraße 6	65549	Limburg	0643/1001

Arbeitsauftrag

Erstellen Sie das Projekt *Adressenverwaltung* unter Zuhilfenahme der abgebildeten Steuerelemente.

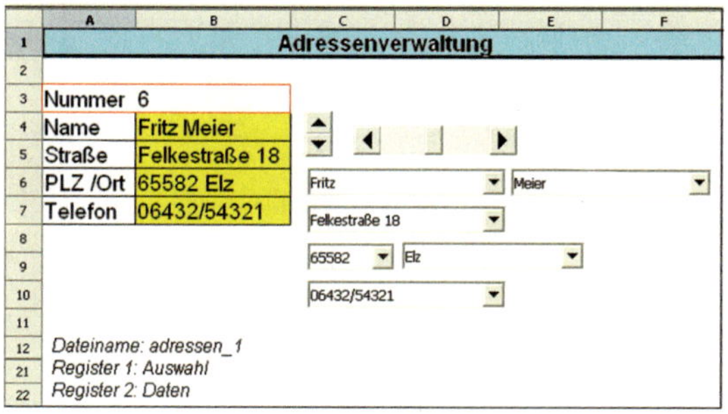

Lösungshinweise

→ Drehfeld aufziehen.

→ Eigenschaften im Register „Daten": „Verknüpfte Zelle" = B3

→ ScrollBar aufziehen.

→ Eigenschaften im Register „Daten": „Verknüpfte Zelle" = B3

→ ComboBox(en) aufziehen.

→ Datenbereiche der Quellentabelle festlegen.

3.12 Zellen schützen

Tabellenkalkulationsprogramme werden häufig nicht nur von Anwendern für den Gebrauch erstellt, sondern in der Praxis meist wiederholt und von vielen Anwendern genutzt. Das bringt die Gefahr mit sich, dass Anwender absichtlich oder unabsichtlich Zellinhalte abändern oder löschen. Zellschutz verhindert, dass der Inhalt von Zellen versehentlich oder absichtlich geändert oder auch nur eingesehen werden kann.

Ansicht in OpenOfficeCalc

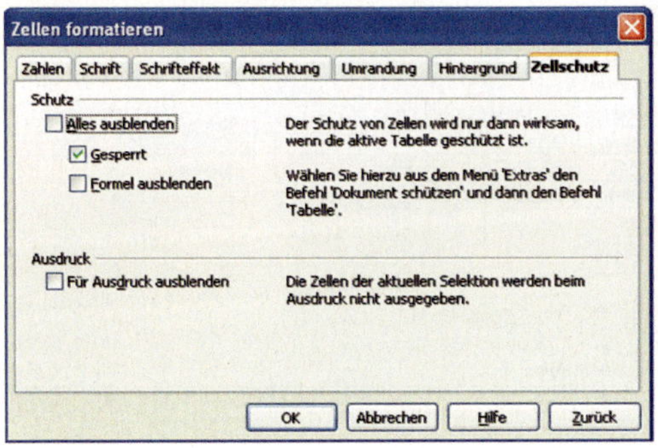

Ansicht in MS Excel

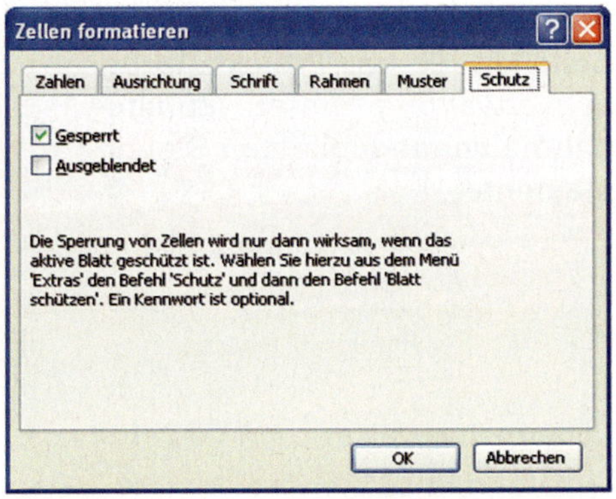

Wie man an obigen Bildschirmausschnitten erkennen kann, bietet diese Auswahl bei beiden Alternativen noch die Möglichkeit an, den Inhalt von Zellen auszublenden. Dies hat den Effekt, dass der Anwender den Zellinhalt bei aktiviertem Schutz nicht angezeigt bekommt. Aus diesem Grund lassen sich sensible Inhalte, die aus Datenschutzgründen oder um Formeln oder Zwischenergebnisse öffentlich zu machen nicht angezeigt werden sollen, verbergen. Denken Sie z. B. an eine Lohn- und Gehaltsabrechnung, wo es sich z. B. empfiehlt, Lohnsätze so zu behandeln, dass sie nicht eingesehen werden können.

Wollen Sie das gesamte Dokument schützen, so wählen Sie in ...

... OpenOfficeCalc

- ➔ Extras
- ➔ Dokument schützen
- ➔ Tabelle/Dokument

Jetzt können Sie ein Kennwort eingeben.

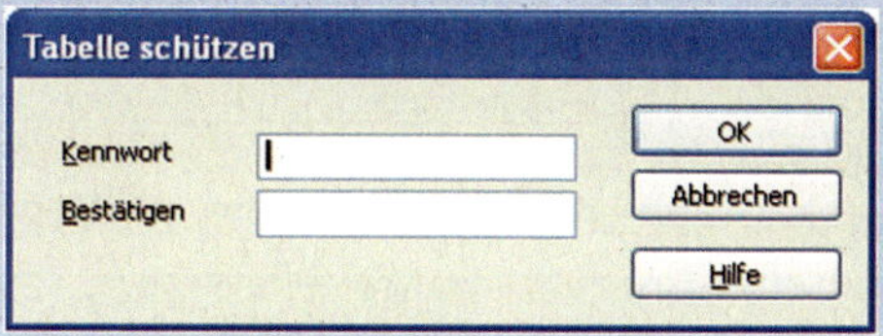

... MS Excel

- ➔ Extras
- ➔ Schutz
- ➔ Blatt schützen

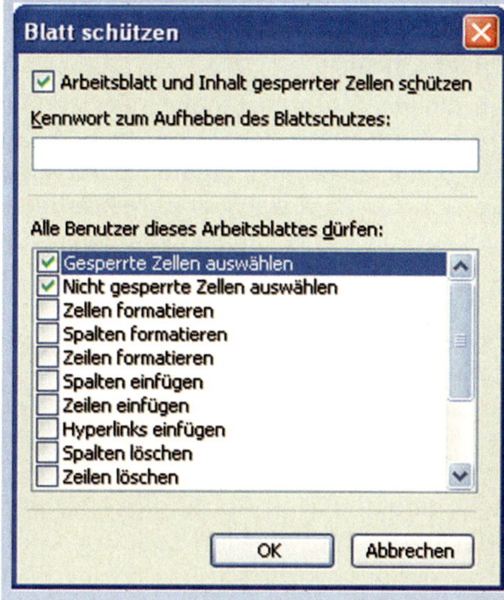

Bei obiger Vorgehensweise ist jede Zelle standardmäßig auf *gesperrt* gesetzt. Aus diesem Grund muss man für die Funktionalität des Tabellenkalkulationsdokumentes sicherstellen, dass sämtliche Eingabefelder und auch verbundene Zellen von Steuerelementen explizit auf *nicht-gesperrt* gesetzt werden, da eine Eingabe sonst nicht mehr möglich wäre.

MS Excel enthält folgende Informationen:

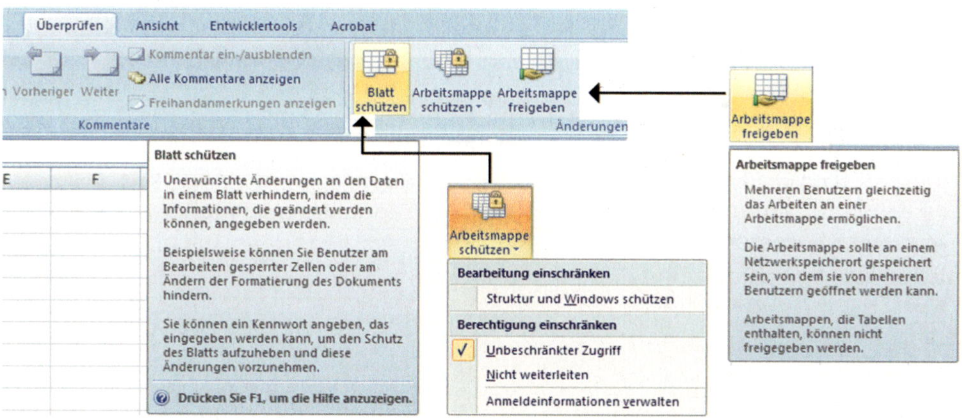

3.13 Aufgaben aus verschiedenen Sachgebieten

3.13.1 Wie lange lebt ein radioaktives Element?[1]

Ausgangssituation

Eines der für das Leben wichtigsten Elemente, Kohlenstoff, kommt auch in Form eines radioaktiven Isotops (°14C) vor. Sein radioaktiver Zerfall soll tabellarisch und grafisch dargestellt werden. Seine Halbwertszeit beträgt 5730 Jahre.

Arbeitsaufträge

1. Erstellen Sie eine Tabelle mit Eingabefeldern für den Namen des Elementes, die Zeitdauer und die Zeiteinheit seiner Halbwertszeit. Sie soll in Abhängigkeit der gemessenen Radioaktivität (die Werte sollen sich jeweils halbieren) darstellen, wie viel Zeit seit Beginn der radioaktiven Strahlung vergangen ist.
2. Erstellen Sie ein Schaubild, das die Stärke der Radioaktivität (in Prozent) in Abhängigkeit des verstrichenen Zeitraums darstellt.

	A	B	C
1	Radioaktiver Zerfall		
2	Element	Kohlenstoff (C-14)	
3	Halbwertszeit	5.730	Jahre
4	Messung der		
5	Radioaktivität		
6	in %	Zeitraum	
7	100,00	0	Jahre
8	50,00		Jahre
9	25,00		Jahre
10	12,50		Jahre
11	6,25		Jahre
12	3,13		Jahre
13	1,56		Jahre
14	0,78		Jahre
15	0,39		Jahre
16	0,20		Jahre
17	Dateiname: R_Zerfall		
18			

Bei der Grafikerstellung ist zu beachten, dass die Radioaktivität in Abhängigkeit von der Zeitdauer dargestellt werden soll. Zur Grafikerstellung markiert werden muss daher die Radioaktivitätsspalte, während die Zeitdauerspalte zur Beschriftung der x-Achse dienen soll.

3.13.2 Mietwagenkosten im Vergleich[2]

Ausgangssituation

Beim Mieten eines Pkw ist ein direkter Vergleich zwischen verschiedenen Anbietern oft schwierig, denn meistens wird eine feste Gebühr pro Tag sowie zusätzlich ein Preis pro gefahrenem Kilometer berechnet.

Eine Tabelle soll zum Vergleich von drei verschiedenen Firmen deren Gesamtkosten präsentieren, wobei die Anzahl der Tage und die gefahrenen Kilometer eingegeben werden können. *Projektname = Mietwagen_1*

Aufgabenteil 1

Ermitteln Sie das günstigste Angebot (Gesamtkosten) dreier Firmen für unterschiedliche Tage und Kilometer.

	A	B	C	D
1	Vergleich von Mietwagenkosten (Aufg. 1)			
2	Tage	1	km	100
3	Anbieter	Auto-Geier	EuroStar	Amut-Mobil
4	Grundpreis/Tag	34,50 €	31,00 €	37,00 €
5	Km-Preis	0,19 €	0,17 €	0,12 €
6	Gesamtkosten			

1 vgl. Landesinstitut für Schulentwicklung, berufliche Schulen, „Tabellen und Diagramme", CD H-02/25, Stuttgart 2007, Teil 2, „Vom Problem zur Tabelle", RZerfall.xls/doc.

2 vgl. Landesinstitut für Schulentwicklung, berufliche Schulen, a. a. O., Mietauto.xls/doc.

Aufgabenteil 2

Viele Mietwagenfirmen bieten im Zusammenhang mit dem Tagesgrundpreis bereits eine bestimmte Anzahl von Freikilometern pro Tag an. Der Kilometerpreis wird in diesen Fällen nur für die Kilometer fällig, die die Freikilometer überschreiten.

	A	B	C	D
1	Vergleich von Mietwagenkosten (Aufg. 2)			
2	Tage	1	km	150
3	Anbieter	Auto-Geier	EuroStar	Amut-Mobil
4	Grundpreis/Tag	34,50 €	31,00 €	37,00 €
5	Freikilometer	100	150	100
6	Km-Preis	0,19 €	0,17 €	0,12 €
7	Gesamtkosten			

Erweitern Sie die Tabelle des Aufgabenteils 1 so, dass das Angebot von Freikilometern berücksichtigt wird.

Aufgabenteil 3

Bei der Gegenüberstellung der Gesamtkosten für mehrere Tage und für unterschiedliche Kilometerleistungen wird angenommen, dass die Anzahl der Tage und die gefahrenen Kilometer nicht feststehen.

Erstellen Sie eine Kostenvergleich-Tabelle nach nebenstehender Vorlage sowie ein Diagramm, das den unterschiedlichen Verlauf der Kosten wiedergibt.

	A	B	C	D	E
1	Vergleich von Mietwagenkosten (Aufg. 3)				
2	Anbieter		Auto-Geier	EuroStar	Amut-Mobil
3	Grundpreis/Tag		34,50 €	31,00 €	37,00 €
4	Frei-km/Tag		100	150	100
5	km-Preis		0,19 €	0,17 €	0,12 €
6	Tage	km	Gesamtkosten		
7	3	100			
8	3	200			
9	3	300			
10	3	400			
11	3	500			
12	3	600			
13	3	700			

3.13.3 Bildlaufleisten unterstützen eine exakte Kostenkontrolle

PROBLEMSTELLUNG

Die Berger OHG durchforstet die Kostenstruktur des Unternehmens. Herr Berger will den „kritischen Kostenpunkt“ (Break-even-Point/Nutzenschwelle) ermitteln.

Betriebswirtschaftlicher Sachverhalt

Die Gewinnschwellenanalyse (Break-even-Analyse) ist ein wichtiges Instrument für die Unternehmensplanung. Sie hilft den Einfluss von Änderungen der Kostenstruktur zu analysieren und die Anforderungen an die Absatzmenge festzustellen.

Gewinnschwelle, Nutzenschwelle oder Break-Even-Point ist der Punkt, an dem Erlös und Kosten einer Produktion (oder eines Produktes) gleich hoch sind und somit weder Verlust noch Gewinn erwirtschaftet wird. Wird die Gewinnschwelle überschritten, erwirtschaftet man Gewinne, wird sie unterschritten, entstehen Verluste.

Unterstellt man einen linearen Kostenverlauf, so gelten folgende Definitionen:

Gesamtgewinn	Gesamterlös – Gesamtkosten
Gesamterlös	Stückerlös · Ausbringungsmenge
Gesamtkosten	Fixe Kosten + variable Gesamtkosten
Variable Gesamtkosten	Variable Stückkosten · Ausbringungsmenge

Nehmen Sie folgenden Lösungsbildschirm als Ausgangspunkt Ihrer Arbeit.

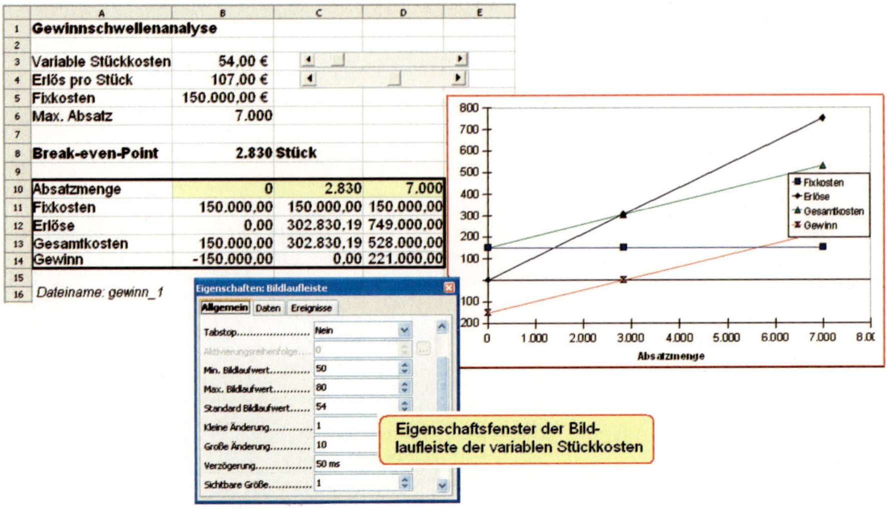

Namensvergabe und Formeln

B3	`Variable_Stückkosten`
B4	`Erlös_je_Stk.`
B5	`Fixkosten`
B6	`Max_Absatz`
B12	`=Erlös_je_Stk * Absatzmenge`
B13	`=Fixkosten + (Absatzmenge * Variable_Stückkosten )`
B14	`=Erlöse - Gesamtkosten`

3.13.4 Optimale Nährstoffkombination für Pflanzen[1]

Ausgangssituation

Landwirt Bauer möchte es genau wissen. Bedeutet mehr Dünger zwangsläufig auch höheren Ertrag? Auf diese biologisch begründete und produktions-

1 vgl. Landesinstitut für Schulentwicklung, berufliche Schulen, a. a. O., „Kann sich eine Pflanze überfressen?", „Das Gesetz vom abnehmenden Ertragszuwachs"

technisch, ökonomisch sowie ökologisch relevante Frage bekommt er von der Landesanstalt für Pflanzenbau Antwort. In langjährigen Feldversuchen wurde dort die Beziehung zwischen dem Einsatz des Hauptnährstoffes Stickstoff und dem Weizenertrag ermittelt und in Form einer Tabelle erfasst.

Aufgaben

1. Beginnen Sie mit einem Nährstoffeinsatz von 0 kg N pro Hektar (Nullparzelle) und erhöhen Sie die weiteren Gaben um jeweils 20 kg bis auf 200 kg.
2. Ordnen Sie die bei der Ernte ermittelten Erträge den Nährstoffintensitätsstufen mithilfe einer Produktionsfunktion zu.
3. Verdeutlichen Sie die Gesetzmäßigkeit, indem Sie in einer eigenen Spalte lediglich die Ertragszuwächse berechnen.
4. Stellen Sie den Verlauf des Gesamtertrags und dessen Zuwächse in Abhängigkeit vom Stickstoffeinsatz grafisch dar.

Aufgaben- und Lösungstabelle

Kann sich eine Pflanze überfressen?
oder das
Gesetz vom abnehmenden Ertragszuwachs

Stickstoff-AUFWAND	Gesamt-ERTRAG	ERTRAGS-zuwachs
x	y	dy
kg	dt	dt
0		
20		
40		
60		
80		
100		
120		
140		
160		
180		
200		

Produktionsfunktion
y = 0 + 0,79 x - 0,002625 x²

Dateiname: Ertragszuwachs_1
Register: Ertrag_Weizen_Aufgabe

Kann sich eine Pflanze überfressen?
oder das
Gesetz vom abnehmenden Ertragszuwachs

Stickstoff-AUFWAND	Gesamt-ERTRAG	ERTRAGS-zuwachs
x	y	dy
kg	dt	dt
0	0,00	
20	14,75	14,75
40	27,40	12,65
60	37,95	10,55
80	46,40	8,45
100	52,75	6,35
120	57,00	4,25
140	59,15	2,15
160	59,20	0,05
180	57,15	-2,05
200	53,00	-4,15

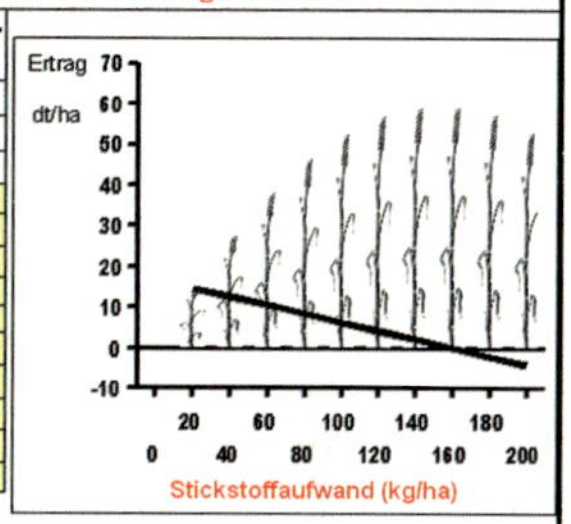

Produktionsfunktion
y = 0 + 0,79 x - 0,002625 x²

Dateiname: Ertragszuwachs_1
Register: Ertrag_Weizen_Lösung

Aufgabenerweiterung

Fügen Sie den Variablen der Produktionsfunktion jeweils das Steuerelement „Bildlaufleiste“ (Horizontaler Schieber) hinzu, um diese leichter verändern zu können.

Kann sich eine Pflanze überfressen?
oder das
Gesetz vom abnehmenden Ertragszuwachs

Stickstoff-AUFWAND	Gesamt-ERTRAG	ERTRAGS-zuwachs
x	y	dy
kg	dt	dt
0	0,00	
20	14,75	14,75
40	27,40	12,65
60	37,95	10,55
80	46,40	8,45
100	52,75	6,35
120	57,00	4,25
140	59,15	2,15
160	59,20	0,05
180	57,15	-2,05
200	53,00	-4,15

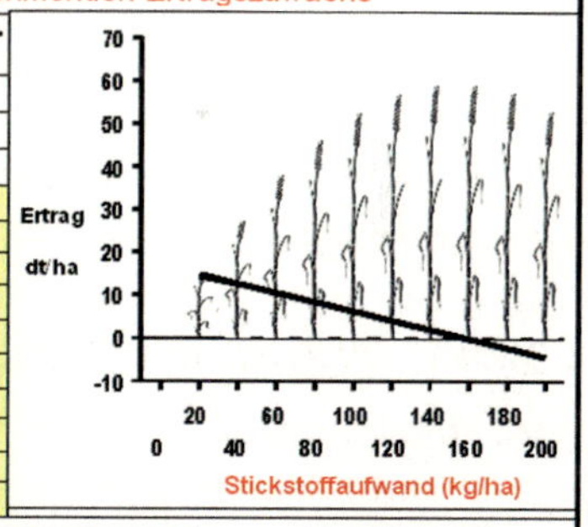

Produktions-
funktion y = 0 + 0,79 x - 0,002625 x²

Dateiname: Ertragszuwachs_1
Register: Ertrag_Weizen_Steuerelemente

3.13.5 Kosten des Führerscheins bestimmen[1]

Ausgangssituation

Bruno Normal wird bald 18 Jahre alt und möchte den Führerschein machen. Er hat sich bei zwei Fahrschulen erkundigt und die folgenden Auskünfte bekommen:

Der Grundbetrag für Klasse B (Pkw) beträgt bei *Fahrschule Flott* 190,00 €, eine Fahrstunde kostet 29,00 €, Überland-, Autobahn- und Dunkelheitsfahrstunden (= Sonderfahrten) kosten jeweils 43,00 €. Für die Vorstellung zur theoretischen Prüfung berechnet die Fahrschule 46,00 €, für die zur praktischen Prüfung 97,00 €.

Bei *Fahrschule Sausemann* beträgt der Grundbetrag für Klasse B 260,00 €, für eine Fahrstunde berechnet sie 27,00 €, für Überland-, Autobahn- und Dunkelheitsfahrstunden (= Sonderfahrten) jeweils 40,00 €. Die Vorstellung zur theoretischen Prüfung kostet 44,00 €, die zur praktischen Prüfung 126,00 €.

Um zur Prüfung zugelassen zu werden, sind insgesamt fünf Überland-, vier Autobahn- und drei Dunkelheitsfahrstunden (= Sonderfahrten) vorgeschrieben.

Arbeitsauftrag

Berechnen Sie für Bruno Normal die günstigste Fahrschule, wenn er 20 Fahrstunden braucht, einmal durch die theoretische Prüfung fällt, die praktische Prüfung aber auf Anhieb besteht.

Ausgangstabelle

	A	B	C	D	E
1	**Was kostet der Führerschein?**				
2		Anzahl der Fahrstunden	15		
3					
4		Anzahl der Sonderfahrten	12		
5		Anzahl Theorieprüfungen	2		
6		Anzahl Praxisprüfungen	1		
7			Flott	Sausemaus	
8		Grundbetrag			
9		Preis Fahrstunde (45 min)			
10		Preis Sonderfahrt (45 min)			
11		Vorstellung Theorie			
12		Vorstellung Praxis			
13					
14		**Kosten des Führerscheins**			
15					
16	*Dateiname: Kosten_Führerschein_1*				

3.13.6 Wie schnell wachsen Bakterien?[2]

Ausgangssituation

Das bekannteste menschliche Darmbakterium, Escherichia coli, vermehrt sich etwa jede halbe Stunde durch Zweiteilung. Seine Vermehrungsrate soll tabellarisch und grafisch dargestellt werden.

1 vgl. Landesinstitut für Schulentwicklung, berufliche Schulen, a. a. O., Führerscheinkosten.xls/doc.
2 vgl. Landesinstitut für Schulentwicklung, berufliche Schulen, a. a. O., Bakterien.xls/doc.

Aufgabenteil 1

1. Entwickeln Sie eine Tabelle, die die Anzahl der Bakterien in Abhängigkeit von der Generation darstellt.
2. Bilden Sie aus diesen Werten eine Grafik, die den Verlauf des Wachstums wiedergibt.
3. Nach wie viel Generationen existieren mehr als 100 000 Bakterien?
4. Nach wie viel Generationen durchbricht die Bakterienpopulation die Millionengrenze?

	A	B
1	Wachstum von Bakterien	
2		
3	Generation	Anzahl
4	1	1
5		
6	*Dateiname: Bakterien_Wachstum_1*	
7	*Register: Aufgabe 1*	

Aufgabenteil 2

Zusätzlich zu der Anzahl der Bakterien soll auch untersucht werden, welche Zeit sie für ihr Wachstum benötigen und welchen Raum eine Bakterienkolonie einnimmt. Dazu werden die Generationszeit und das Volumen einer Bakterienzelle vorgegeben. Erweitern Sie die Tabelle von Aufgabenteil 1 entsprechend.

	A	B	C	D
1	Wachstum von Bakterien			
2				
3	Vermehrungszeit		0,5	h
4	Rauminhalt		0	mm3
5				
6	Generation	Zeit (h)	Anzahl	Rauminhalt (mm3)
7	1	0,00	1	0

Dateiname: Bakterien_Wachstum_1
Register: Aufgabe 2

1. Ein Bakterium benötigt 0,001 mm^3 Raum. Zu welchem Zeitpunkt nehmen die Bakterien 1 m^3 Raum ein?
2. Nehmen Sie an, die Vermehrung findet nur alle Dreiviertelstunde statt und der Rauminhalt beträgt nur 0,0005 mm^3.
   Zu welchem Zeitpunkt nehmen die Bakterien unter diesen Bedingungen 1 m^3 Raum ein?
3. Warum entspricht diese Vermehrungsrate nicht der Wirklichkeit?

3.13.7 Die Fahrt zur Tankstelle[1]

Wer ärgert sich nicht über die immer steigenden Kraftstoffkosten?

Erstellen Sie nebenstehende Tabelle mit den drei Schiebereglern für die Dateneingabe und berechnen Sie die fehlenden Positionen der Zellen B6:B8.

	A	B	C	D
1	Kraftstoffkostenberechnung			
2	Benzinpreis pro Liter	1,51	€	
3	Getankte Menge	40,9	Liter	
4	Gefahrene Strecke	515	km	
5				
6	Verbrauch pro 100 km	7,9	Liter/100 km	
7	Benzinkosten pro Kilometer	0,12 €	pro Kilometer	
8	Kosten der Tankfüllung	61,88 €		
9				
10	*Dateiname: Kraftstoffkosten_1*			

1 vgl. Landesinstitut für Schulentwicklung, berufliche Schulen, a. a. O., Kraftstoffkosten.xls/doc.

3.13.8 Oberflächenminimierung von Getränkedosen[1]

Dosenpfand und Umweltschutz in der Diskussion

In Deutschland werden pro Jahr ungefähr 6 Milliarden Getränkedosen verbraucht. Das sind 74 pro Person und Jahr. Für die Produktion dieser Dosen werden 4,3 Milliarden kWh an Energie, 244 000 Tonnen Bauxit- und 216 000 Tonnen Eisenerz verbraucht. Mindestens 50 % davon sind reine Aluminiumdosen.

Die Produktion einer Aludose (ca. 17 g) verschlingt 0,9 kWh Energie und es entsteht ein Abfallberg, der das 10-fache des Eigengewichts ausmacht.

Pro Tonne Aluminium werden Perfluorierte Kohlenwasserstoffe in die Luft geblasen, die der Klimawirksamkeit von 18,8 t CO2 entsprechen.

Der Materialeinsatz für eine solche Dose wird von der Größe der **Oberfläche** bestimmt. Berechnungen gehen davon aus, dass durch ungünstige Abmessungen etwa 7 % **„Blech vergeudet“** wird.

Formeln und Beschreibung

Oberfläche Zylinder	$O = 2 \cdot \pi \cdot r^2 + 2 \cdot \pi \cdot r \cdot h$
Volumen Zylinder	$V = \pi \cdot r^2 \cdot h$ $h = \dfrac{V}{\pi \cdot r^2}$
Oberfläche bei gegebenem Volumen	$O = 2 \cdot \pi \cdot r^2 + 2 \cdot \pi \cdot r \cdot \dfrac{V}{\pi \cdot r^2}$ $O = 2 \cdot \pi \cdot r^2 + 2 \cdot \dfrac{V}{r}$

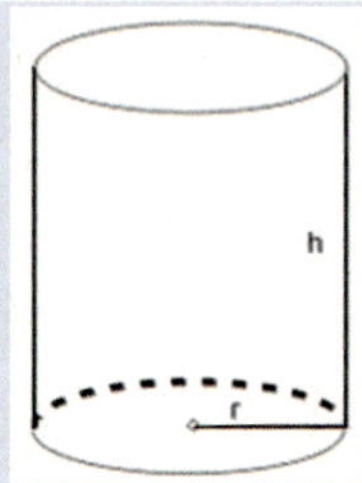

Arbeitsaufträge

1. Erstellen Sie eine Tabelle zur Berechnung der Höhe h und der Oberfläche O einer Dose für ein vorgegebenes Volumen V für verschiedene Radien r = 1, 2, 3, 4, 5, 6, 7, 8, 9, 10 cm.
2. Stellen Sie die Oberflächenwerte für das Volumen V = 1 000 cm³ in Abhängigkeit von den zugehörigen Radiuswerten grafisch dar. Ergebniszellen sind die Zellen B4:C13.

Lösungstabelle

	A	B	C
1	**Oberflächenminimierung von Dosen**		
2	Vorgegebenes Volumen V in cm³		1000
3	**Radius *r* in cm**	**Höhe *h* in cm**	**Oberfläche *O* in cm²**
4	1	318,31	2006,28
5	2	79,58	1025,13
6	3	35,37	723,22
7	4	19,89	600,53
8	5	12,73	557,08
9	6	8,84	559,53
10	7	6,50	593,59
11	8	4,97	652,12
12	9	3,93	731,16
13	10	3,18	828,32

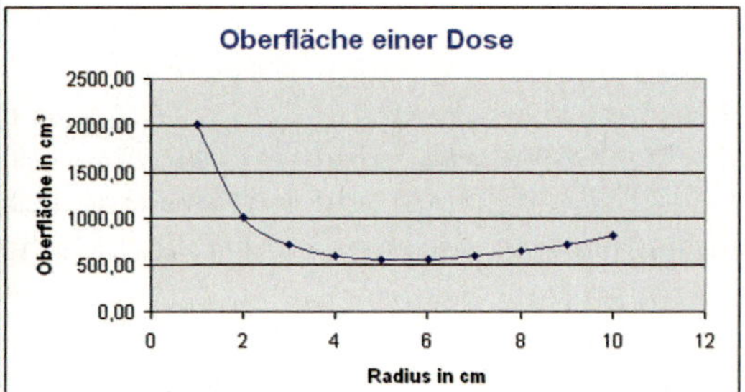

Dateiname: Dose_Oberfläche_1

1 vgl. Landesinstitut für Schulentwicklung, berufliche Schulen, a. a. O., Oberfläche.xls/doc.

4 Mediengestaltung

Wenn Sie nebenstehendes Bild betrachten, denken Sie vielleicht auch: **„Das waren noch Zeiten!"**

Ja, das waren noch Zeiten, aber auch Zeiten, in denen ohne Computer – ja sogar ohne Strom – Kunstwerke der Literatur niedergeschrieben und mittels einer hoch entwickelten Buchdruckkunst zugänglich gemacht wurden; Kunstwerke, die wir heute noch bewundern.

Wenn wir unsere glitzernde, multimediale Welt betrachten, mag die Frage „Was ist Licht?" vielleicht rein wissenschaftlich erscheinen. Doch stellte sich die Menschheit seit Urzeiten diese Frage. Besteht ein Lichtstrahl aus winzig kleinen Teilchen oder ist Licht nur eine Welle, wie sie auch ein einfaches Radio oder Funkgerät empfangen kann?

Es gibt ein Naturphänomen, das die Menschheit schon immer fasziniert hat und auch heute noch für Begeisterung bei Jung und Alt sorgt: ein prächtiger, weit gespannter Regenbogen am Himmelshorizont. Dieses bunte Farbenspiel, wo man Farben von Violett über Grün und Gelb bis Rot fließend ineinander übergehend sieht, ist immer wieder schön zu sehen. Es sollte jedoch bis ins 17. Jahrhundert dauern, bevor dieses Phänomen wissenschaftlich gedeutet werden konnte.

Isaac Newton war der große Tüftler, der weißes Sonnenlicht an einem Glasprisma in seine **Spektralfarben** zerlegen konnte. Von nun an war bekannt, dass weißes Licht eine Mischung aus einer Vielzahl von Einzelfarben ist. An einem Prisma wird blaues Licht sehr stark gebrochen; rotes Licht dagegen erfährt nur eine leichte Brechung. Dazwischen gibt es unendlich viele Abstufungen. So entsteht das Lichtspektrum von Violett über Blau, Grün, Gelb und Orange bis zu Rot.

Der Effekt, den Newton mit einem Glasprisma erzielte, spielt sich in gleicher Weise bei einem Regenbogen ab. Kleine Wassertröpfchen oder Eiskristalle brechen das Licht genauso wie ein Glasprisma.

Durch die Prismen-Experimente von Isaac Newton wurde den Menschen bekannt, dass sich weißes Licht aus vielen einzelnen Farben zusammensetzt bzw. dass sich weißes Licht in seine Spektralfarben zerlegen lässt.

Aber was ist nun eigentlich Licht, woher kommt Licht, wie breitet sich Licht aus?

Im 19. Jahrhundert gelang es den Physikern James Maxwell und Heinrich Hertz nachzuweisen, dass Licht eine elektromagnetische Welle ist. Aber was genau ist eine elektromagnetische Welle? Nach James Maxwell kann ein elektrisches Feld ein magnetisches Feld erzeugen und umgekehrt. Bei einer elektromagnetischen Welle wandeln sich nun elektrische Feldenergie und magnetische Feldenergie zyklisch ineinander um. Im Gegensatz zu Schall- oder Wasserwellen brauchen elektromagnetische Wellen keinen Träger, d. h., eine elektromagnetische Welle kann sich im luftleeren Raum ausbreiten.

Merke

Licht ist also eine elektromagnetische Welle, die sich auch im luftleeren Weltraum ausbreiten kann. Die Ausbreitungsgeschwindigkeit einer solchen elektromagnetischen Welle ist ca. 300000 km/s, also der Wert, der als **Lichtgeschwindigkeit** bezeichnet wird.

Nun mag jemand zu Recht anmerken, dass eine elektromagnetische Welle doch eher so eine Welle ist, die im Mikrowellengerät das Essen erwärmt. Während solche Wellen unsichtbar sind, handelt es sich bei Licht doch um etwas Sichtbares!

In der Tat unterscheidet sich eine Lichtwelle von einer Radiowelle oder einer Mikrowelle nicht in ihrer Natur, sondern nur in der Wellenlänge bzw. Frequenz. Jeder weiß, dass man UKW-Radiosender im Frequenzbereich zwischen 87,5 und 108,0 Megahertz empfangen kann. Noch niedrigere Frequenzen haben Funkgeräte. Daher bezeichnet man elektromagnetische Wellen in diesem Frequenzbereich auch als Funkwellen. Wellen mit Frequenzen zwischen 20 Hz und 30000 Hz kennt auch jeder: Es sind Schallwellen.

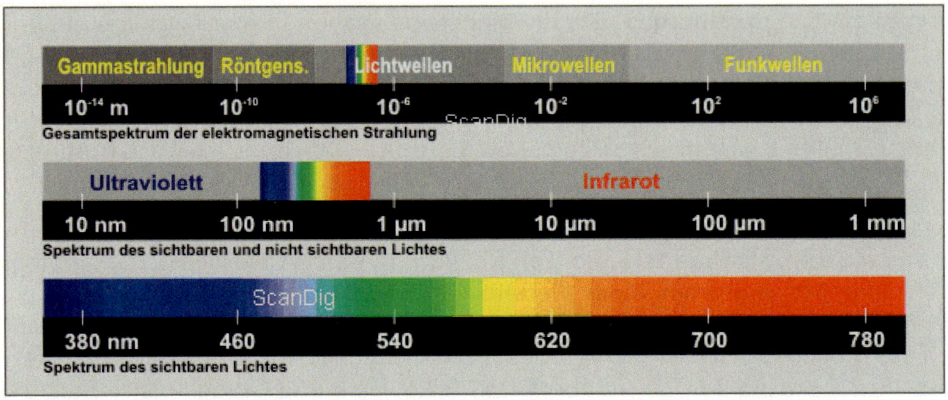

Im Gigahertz-Bereich der elektromagnetischen Strahlung findet man die bekannten Mikrowellen, die sich jedoch keineswegs nur im Küchengerät ausbreiten; auch die Satelliten des GPS-Navigationssystems senden im Mikrowellenbereich.

Erhöht man die Frequenz der elektromagnetischen Strahlung immer weiter, so gelangt man schließlich in den Bereich der Röntgenstrahlung, dann in den der **Gammastrahlung** (radioaktive Strahlung) und ab Frequenzen von über 10^{22} in den Bereich der kosmischen Strahlung.

STOP

Der Teil der elektromagnetischen Strahlung, der eine Wellenlänge zwischen 100 Nanometern und 1 Millimeter bzw. eine Frequenz zwischen 10^{11} und 10^{16} Hertz hat, wird als Licht bezeichnet. Licht ist also nur ein kleiner Teil des Spektrums elektromagnetischer Strahlung.

4.1 Farben vom Pinsel oder PC

Sicher haben Sie schon einmal versucht mit Wasserfarben (analog), eine ganz bestimmte Farbe zu mischen. Aber: Wenn Sie dies am nächsten Tag wiederholen, wird es kaum möglich sein, genau dieselbe Farbe zu treffen, da es keine exakte mathematische Beschreibung gibt.

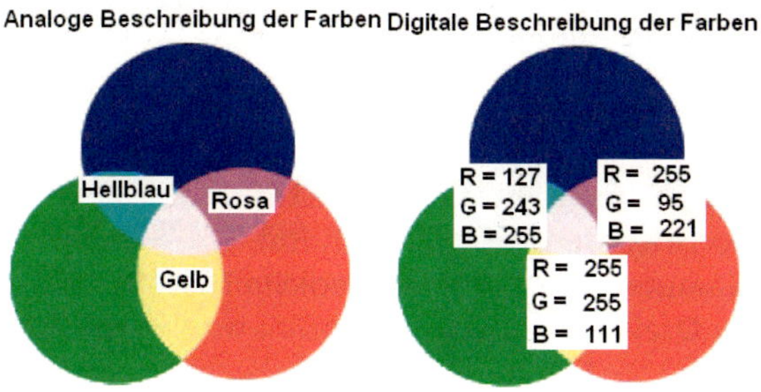

Werden aber Farbwerte digital im Rechner gespeichert, in unserem Fall **R = Rot, G = Grün** und **B = Blau,** so gibt eine entsprechende Zahl den Anteil an der jeweiligen Farbe wieder. Die Skala reicht von 0 bis 255. 0 steht für Schwarz und 255 für Weiß. Dazwischen liegen die Farbabstufungen.

4.2 Farbmodelle

Farben sind in der Regel aus mehreren Bestandteilen zusammengesetzt, zum Beispiel aus Rot, Grün, Blau oder aus Cyan, Magenta, Gelb und Schwarz – andere Farbmodelle wieder lösen einen bunten Bildpunkt in Informationen für Farbwert, Sättigung und Helligkeit auf.

Je nach den verschiedenen Anwendungsgebieten kommen verschiedene Farbmodelle zum Einsatz, von denen die drei wichtigsten hier dargestellt werden.

Die Ausführungen des Kapitels Farbmodelle lehnen sich an die Inhalte folgender Veröffentlichungen an:

http://de.wikipedia.org/wiki/RGB-W%C3%BCrfel

http://de.wikipedia.org/wiki/RGB-Farbraum

4.2.1 Additives Farbmodell (RGB)

Bei diesem Farbmodell werden die unterschiedlichen Farben der einzelnen Bildpunkte durch additive Überlagerung der Primärfarben Rot, Grün und Blau in verschiedenen Anteilen dargestellt.

Bei einer 24-Bit Darstellung (8 Bit pro Farbe) können so z. B. die drei Grundfarben in Intensitätsabstufungen von 0 bis 255 angegeben werden. Projiziert man die additiven Leuchtfarben Rot, Grün und Blau übereinander, addieren sie sich zu Weiß. Nach diesem Prinzip arbeiten Farbmonitore, Scanner, Diabelichter oder Diaprojektoren: Zunehmende Farbintensität macht das Bild heller.

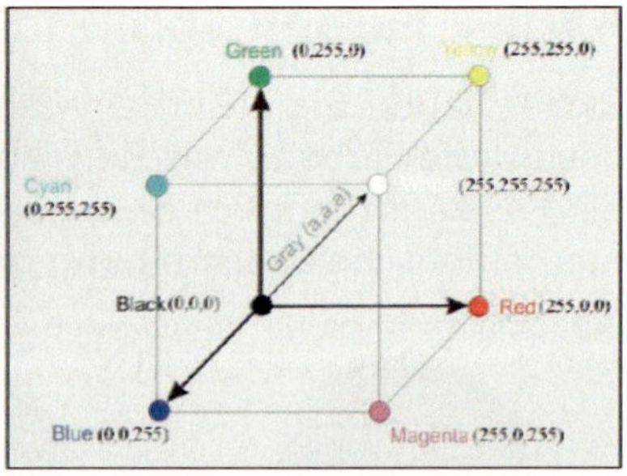

Gemessen wird in der digitalen Bildverarbeitung mit 256 Dichtestufen von 0 (keine Farbe) bis 255 (volle Farbe). Manchmal werden die RGB-Werte auch in Prozent angegeben: Hundert Prozent steht dann für volle Farbe, 0 Prozent für Weiß. Auch Farbdateien sind meist nach dem RGB-Schema aufgebaut. Typische 24-Bit-Echtfarben-Dateien belegen mit jeder Grundfarbe acht Bit Speicherplatz. Mit diesen acht Bit pro Grundfarbe lassen sich Rot, Grün und Blau mit jeweils 256 verschiedenen Dichtestufen mischen. Eine solche RGB-Datei benötigt pro Bildpunkt drei Byte. In der **Drei-Grundfarben-Kombination** macht das $256 \cdot 256 \cdot 256 = 16{,}7$ Millionen Farben.

Wie im RGB-Farbwürfel dargestellt, ist somit jede Farbe als Raumpunkt eindeutig festgelegt und als Koordinatentriplett darstellbar. So ergibt der Wert (R, G, B) = (0, 0, 0) zum Beispiel die Farbe Schwarz, analog dazu ergibt der Wert (R, G, B) = (255, 255, 255) als Farbe Weiß. Die Grauwerte, sind die Raumpunkte, bei denen die Rot-, Grün- und Blauanteile jeweils gleich sind. Sie befinden sich auf der Diagonalen zwischen den Koordinaten (R, G, B) = (0, 0, 0) und (R, G, B) = (Rmax, Gmax, Bmax).

Die Darstellung des RGB-Farbraumes erfolgt im kartesischen Koordinatensystem als Würfel. Die Abbildung zeigt links den Blick auf die Rückwand, in der Mitte den Aufblick, rechts einen Einblick ins Innere. Rot-, Grün- und Blauanteile folgen den Achsen, in den restlichen Ecken ist Gelb, Magenta, Cyan zu finden. Am Koordinatenursprung: R = G = B = 0 befindet sich Schwarz, über der Raumdiagonalen Weiß.

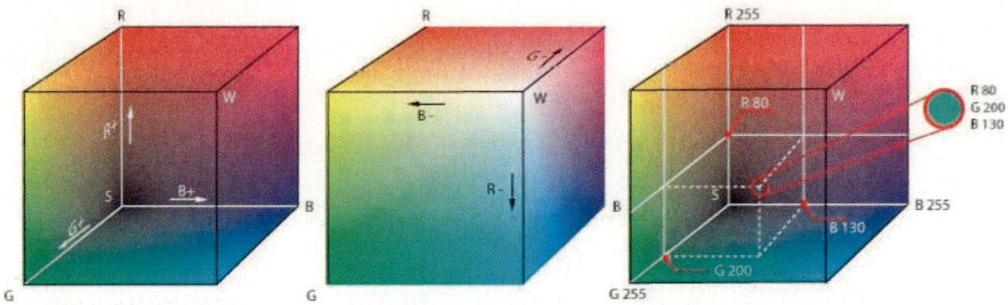

Merke

Gerade in der Computergrafik ist das RGB-Farbsystem weitverbreitet, da Ausgabemedien wie z. B. Monitore und Video-Beamer grundsätzlich nach dem RGB-Modell arbeiten. Diese bauen das Bild aus vielen einzelnen Punkten auf, die sich jeweils wieder aus einem roten, einem grünen und einem blauen Punkt zusammensetzen. Betrachtet man das Bild mit einem gewissen Abstand, fließen diese Farbanteile ineinander und es entsteht ein einheitlicher Farbeindruck.

Merke
Bei der additiven Farbmischung sind Rot, Grün und Blau Primärfarben, während Cyan, Magenta und Yellow als Mischung entstehen und somit als Sekundärfarben bezeichnet werden.

4.2.2 Das subtraktive CMYK-Farbmodell

Dieses für die Drucktechnik entwickelte Farbmischverfahren arbeitet auf gleiche Weise wie das obige, allerdings mit den Grundfarben Cyan, Yellow und Magenta, die im Gegensatz zum RGB-Modell subtraktiv vermischt werden.

Hier sind CMY die Primär- oder Grundfarben. Rot, Grün und Blau sind Sekundärfarben. Cyan, Magenta und Yellow ergeben theoretisch Schwarz, wobei zu beachten ist, dass keine der Primärfarben hundertprozentig rein ist. Im Zusammendruck ergibt dies so anstatt Schwarz ein schmutziges Dunkelbraun oder Dunkelgrün. Um diesen Mangel auszugleichen, kommt als vierte Farbe ein „echtes" Schwarz hinzu, daher CMYK. K (Key-Farbe) steht für Schwarz, da B schon für Blau im RGB-System steht.

Dabei wird ausgenutzt, dass jede Farbe nur bestimmte Anteile des Lichtspektrums reflektiert und andere wiederum absorbiert.

Merke
In der Natur entstehen Farbeindrücke nicht nur durch Lichtquellen sondern auch – und sogar meistens – durch **Reflexion** und **Absorption.** Eine gelbe Blume auf einer grünen Wiese erscheint uns nicht deshalb gelb, weil sie aktiv gelbes Licht ausstrahlt, sondern weil sie das auf sie einfallende weiße Sonnenlicht derart absorbiert und reflektiert, dass ein gelber Farbeindruck entsteht. Die Blume absorbiert vom Sonnenlicht, das sich aus dem gesamten Farbspektrum zusammensetzt, die meisten Farbtöne bis auf den gelben; der wird reflektiert und vom Betrachter wahrgenommen.

Die Farbe Gelb entsteht also nicht durch additive Farbmischung der Grundfarben Rot und Grün im RGB-Farbmodell, sondern durch **subtraktive Farbmischung.** Aus dem weißen Sonnenlicht werden – einfach ausgedrückt – die roten und grünen Anteile subtrahiert, sodass Gelb übrig bleibt.

Gemäß einer solchen subtraktiven Farbmischung ist das **CMYK-Farbmodell** entstanden.

Die Farbe Cyan z.B. besteht aus Blau und Grün. Ein Farbpigment mit der Farbe Cyan reflektiert also Blau und Grün und absorbiert Rot. Entsprechend absorbiert Magenta Grün und Gelb und absorbiert Blau. Durch nebeneinander- und übereinandersetzen dieser Farben kann man so fast alle Farben erzeugen.

Was für eine Farbe erhält man, wenn man zwei CMYK-Grundfarben wie Magenta und Gelb mischt?

Magenta entsteht durch Subtraktion des Grünanteils des Sonnenlichtes. Gelb entsteht durch Subtraktion der Blauanteile. Werden aus dem Sonnenlicht also die Grün- und Gelbanteile herausgefiltert, bleibt nur noch die Farbe Rot übrig. Bei der Addition der beiden CMYK-Farben Magenta und Gelb addieren sich also die subtraktiven Wirkungen beider Farben. Die Addition von Cyan, Magenta und Gelb bedeutet also eine Subtraktion von Rot, Grün und Blau vom weißen Sonnenlicht; übrig bleibt nichts, also Schwarz.

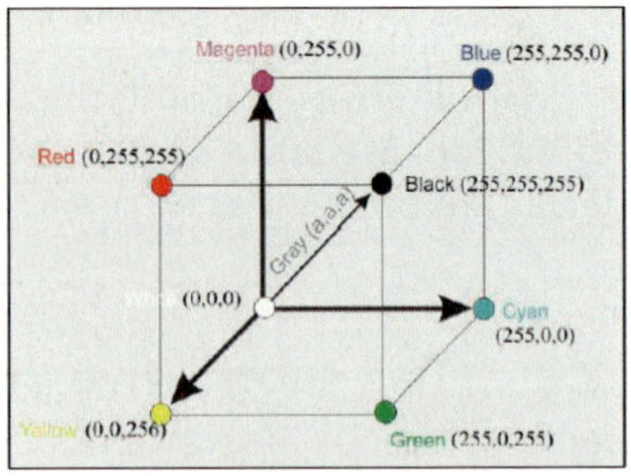

4.2.3 HSB-Farbmodell

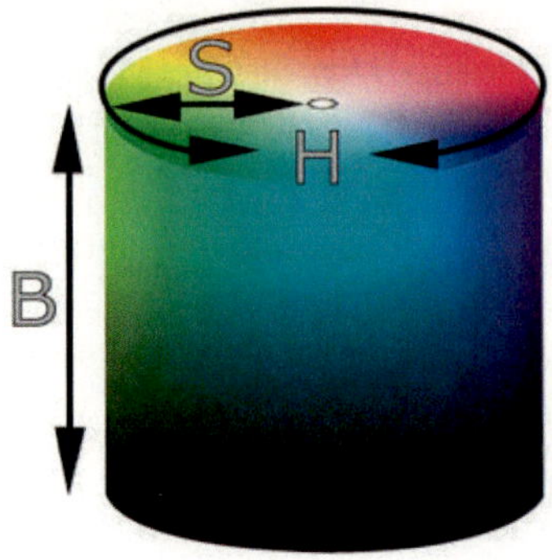

Ganz anders sieht das HSB-Farbmodell aus. Hier werden Farben durch

- **Farbton** (**H**ue),
- **Sättigung** (**S**aturation) und
- **Helligkeit** (**B**rightness)

gekennzeichnet.

Der **Farbton** (**H**ue) ist die Farbe, die von einem Objekt reflektiert oder absorbiert wird. Der Farbton wird als Gradzahl zwischen 0° und 360° auf dem Standard-Farbkreis angegeben.

Die **Sättigung** (**S**aturation) ist die Stärke oder Reinheit der Farbe. Sie beschreibt den Grauanteil im Verhältnis zum Farbton und wird als Prozentwert zwischen 0 % (Grau) und 100 % (voll gesättigt) gemessen. Auf dem Standard-Farbkreis nimmt die Sättigung von der Mitte zum Rand hin zu.

Die **Helligkeit** (**B**rightness) ist die relative Helligkeit oder Dunkelheit der Farbe, die meistens als Prozentwert zwischen 0 % (Schwarz) und 100 % (Weiß) gemessen wird.

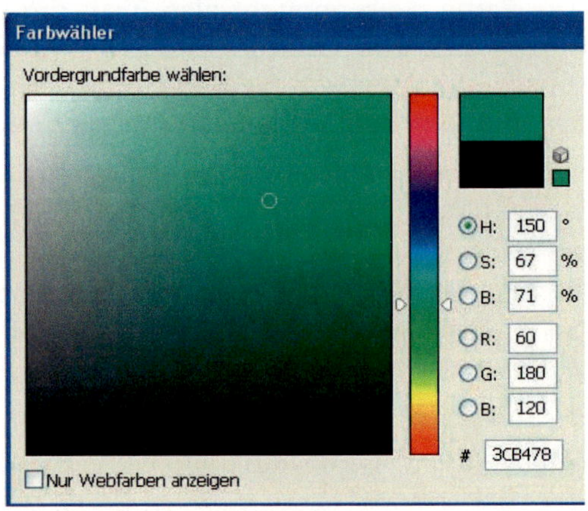

Die meisten Grafik-Software-Produkte bieten Ihnen zur interaktiven Definition von Farben das **HSB-Modell** an. Dabei wählen Sie zunächst eine der 360 verschiedenen Farben aus (bei Photoshop geschieht dies im Dialogfenster „Farbwähler" durch einen Mausklick in den mittleren „Spektralstreifen").

Anschließend wählen Sie mit einem weiteren Mausklick in das Quadrat links des Streifens gleichzeitig die Farbsättigung und Farbhelligkeit aus, die auf den x- und y-Achsen des Quadrates hinterlegt sind.

Anmerkung des Autors

Es gehört wohl nicht zu den allerwichtigsten Aufgaben in der Eingangsklasse von beruflichen Gymnasien, tiefer in diese Materie der Farbmodelle einzusteigen. Wer aber an der Arbeit auf diesem Fachgebiet Freude gefunden hat, dem sei folgende Adresse empfohlen. Dort finden Sie zu obigen Darstellungen weitergehende Querverweise.

http://de.wikipedia.org/wiki/RGB-Farbraum

4.3 Von Pixel zu Pixel: Rastergrafiken

Beispiel

Das nebenstehende Beispiel des Textbildes eines Smileys soll zur Verdeutlichung dienen. Es besteht aus 41 × 19 Bildpunkten, die entweder ein „X" als dunkle Fläche oder eine Leerstelle als helle Fläche enthalten.

```
.........................................
............XXXXXXXXXXXXXXXXX............
........XXXXXXXXXXXXXXXXXXXXXXXXX........
.....XXXXXXXXXXXXXXXXXXXXXXXXXXXXXXX.....
....XXXXXXXXXXXXXXXXXXXXXXXXXXXXXXXXX....
..XXXXXXXXX....XXXXXXXXXXX....XXXXXXXXX..
..XXXXXXXXX....XXXXXXXXXXX....XXXXXXXXX..
.XXXXXXXXXXXXXXXXXXXXXXXXXXXXXXXXXXXXXXX.
.XXXXXXXXXXXXXXXXXXXXXXXXXXXXXXXXXXXXXXX.
.XXXXXXXXXXXXXXXXXXXXXXXXXXXXXXXXXXXXXXX.
.XXXXXXXXXXXXXXXXXXXXXXXXXXXXXXXXXXXXXXX.
.XXXXXXXXXXXXXXXXXXXXXXXXXXXXXXXXXXXXXXX.
..XXXXXXX...XXXXXXXXXXXXXXXXX...XXXXXXX..
..XXXXXXXXX...XXXXXXXXXXXXX...XXXXXXXXX..
....XXXXXXXXX...............XXXXXXXXX....
.....XXXXXXXXXXXXXXXXXXXXXXXXXXXXXXX.....
........XXXXXXXXXXXXXXXXXXXXXXXXX........
............XXXXXXXXXXXXXXXXX............
.........................................
```

Je weiter man sich vom Bild entfernt, desto weniger fällt die Form der Bildpunkte auf. Ist man jedoch dicht genug am Bild, so fällt diese Form sehr deutlich auf. Bei gleichem Abstand und größerer Auflösung verringert sich dieser Effekt. Andererseits hängt die Stärke dieses Effektes auch von der Stärke des Kontrastes der Farben benachbarter Bildpunkte ab. Einen solchen Effekt nennt man **Treppeneffekt.**

Bereits Werner Zeichenkunst, Azubi der Berger OHG, kämpfte mit einer Vielzahl von Pixeln in seiner Rastergrafik, als er mit Paint eine Skizze erstellte.

Arbeitsauftrag

- → Öffnen Sie Paint.
- → Wählen Sie das Liniensymbol.
- → Zeichnen Sie eine Linie über die Bildschirmdiagonale.
- → Ansicht
- → Zoom
- → Benutzerdefiniert (z. B. 800 %)

Jetzt sehen Sie das grobe Raster Ihrer Linie, weshalb es notwendig ist, sich mit dem Einsatz von Rastergrafiken näher zu befassen.

Obwohl Vergleiche manchmal „hinken“: Sie können pixelorientierte Darstellungen ruhig als **Mosaik** betrachten, wie z. B. das vom Autor fotografierte Bild eines römischen Mosaiks in einer Villa bei Leptis Magna an der libyschen Küste.

Jedes Pixel entspricht hier einem Mosaiksteinchen.

Um Bilder und Fotos digital abzuspeichern, werden diese in ihre einzelnen Bildpunkte zerlegt. Diese rechteckigen Pixel (engl.: picture element) enthalten Informationen über einen Farb- oder Grauwert und können je nach Auflösung verschieden groß sein. In einem Raster (Informationsmatrix) abgespeichert, ergeben diese zusammen die **Pixmap** oder **Rastergrafik,** in der alle Informationen des Bildes gespeichert sind.

Merke

Rastergrafiken bestehen aus einer Anordnung von Pixeln (Bildpunkten), denen jeweils eine eigene Farbe zugeordnet ist. Bei ausreichender Auflösung verschmelzen die Pixel zu einem ganzen Bild, ohne dass das Auge die Unterteilung in kleine Quadrate bemerkt.

4.3.1 Bildauflösung

Mit Bildauflösung bezeichnet man die Anzahl der **Pixel** (Bildpunkte), aus denen eine **Rastergrafik** besteht. In der Regel wird sie durch Breite x Höhe angegeben.

Bilddateien und Geräte, mit denen sie erstellt, verarbeitet oder wiedergegeben werden, haben im Allgemeinen sowohl eine

1. absolute Auflösung als auch eine
2. relative Auflösung.

Bei der **absoluten Auflösung** gibt es zwei verschiedene Varianten:

- Die erste Variante gibt einfach nur die Gesamtanzahl der Bildpunkte an; dies ist z. B. in der Digitalfotografie mit der Einheit Megapixel üblich.
- Zum anderen kann die Anzahl Bildpunkte pro Spalte (vertikal) und Zeile oder Linie (horizontal) angegeben werden, wie bei Grafikkarten und Bildschirmen üblich, z. B. 1024 × 768.

Die **relative Auflösung** gibt die Anzahl der Bildpunkte im Verhältnis zu einer physikalischen Längeneinheit an (z. B. angegeben in **dpi** *(dots per inch)*, **ppi** *(pixel per inch)*, **lpi** *(lines per inch)*. Sie heißt auch Punkt-, Pixel- bzw. Zeilendichte. Alternativ kann die Größe (Kantenlänge, Durchmesser oder Fläche) eines Bildpunktes angegeben werden (z. B. in Mikrometern).

Merke

Je höher die Auflösung, umso besser das Bild.

Wie viel Speicher braucht ein Bild?

1 Pixel pro cm:	2 Pixel pro cm:
10 cm = 10 Pixel	10 cm = 20 Pixel
20 cm = 20 Pixel	20 cm = 40 Pixel
200 cm^2 = 200 Pixel	200 cm^2 = 800 Pixel
Eine Verdoppelung der Auflösung bedeutet ein Vervierfachen der Pixelzahl.	

Auflösung
1 Pixel pro cm

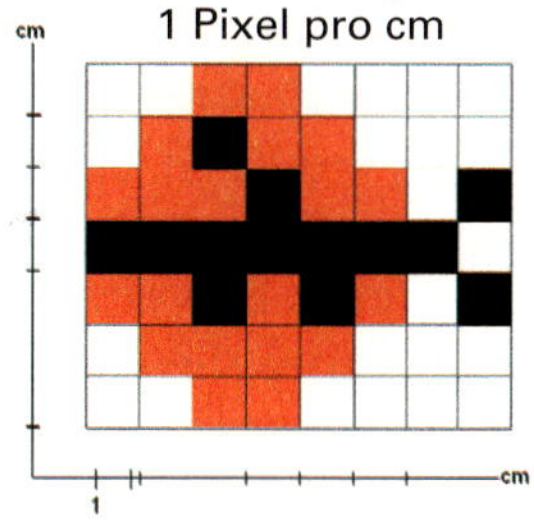

Maßeinheit: dpi = dots per inch (Bildpunkte pro Zoll)

Umrechnung: 1 inch = 2,54 Zentimeter, 1 dpi = 1 Bildpunkt/2,54 Zentimeter

4.3.1.1 Wichtige Begriffe auf einen Blick

Pixel	Picture Element (Bildpunkt), kleinstes Element eines digitalen Bildes mit definierten Orts- und Farbkoordinaten. (1px ~ 0,352mm). „Pixel" ist ein Kunstwort aus der Abkürzung der englischen Worte *Picture* (umgangssprachlich verkürzt „Pix") und *Element.*
inch	oder Zoll; die Abkürzung ist *in;* entspricht 2,54 cm. 17 inch oder 17 Zoll sind 43,18 cm (17 x 2,54) 10 cm sind 3,94 inch/Zoll (10/2,54)
dpi	*dots per inch,* also Pixel pro inch oder Zoll. Ein dot ist ein Punkt und entspricht einem Pixel. In dpi geben Drucker und Scanner ihre Auflösung an.
lpi	*lines per inch,* definiert die Anzahl von Rasterpunkten pro Längeneinheit und kann in die deutsche Maßeinheit L/cm umgerechnet werden. Ein 60er Raster ergibt 60 Rasterpunkte pro cm was wiederum 152 lpi entspricht. Somit wird die Feinheit des Druckrasters angegeben, wobei ein Rasterpunkt sich aus mehreren Pixeln zusamensetzen kann. Typisch für Laserdrucker ist eine Rasterweite von 85 lpi bei einer Druckauflösung von 600 dpi.

4.3.1.2 Oft verwechselt: Bildschirmauflösung – Druckerauflösung

Der Bildschirm errechnet seine Auflösung nicht in dpi. Monitor-Auflösungen werden immer in Pixeln angegeben, und zwar in der Form: „Breite in Pixel x Höhe in Pixel", wie zum Beispiel 800 x 600 oder 1 024 x 768.

Wenn man zwei gleich große Bildschirme vergleicht, die unterschiedliche Auflösungen haben, wirken die Darstellungen auf dem mit den kleineren Zahlen größer und gröber. Ein 17-Zoll-Bildschirm mit einer Auflösung von 1 024 x 768 stellt 1 024 Bildpunkte von Rand zu Rand dar; der gleiche Monitor mit 800 x 600-Auflösung stellt auf dem gleichen Platz nur 800 Bildpunkte dar. Die Punkte sind also größer und wirken damit gröber. Das bedeutet aber auch, dass Symbole oder Schriften bei hoher Auflösung kleiner erscheinen.

Der Drucker oder Scanner rechnet anders. Hier wird angegeben, wie viele Punkte pro inch (Zoll) ausgedruckt werden. Dieses Maß wird in dpi (dots per inch) angegeben. Für den Ausdruck ist wichtig zu wissen, wie viele Punkte der Drucker maximal pro Maßeinheit drucken kann. Es macht wenig Sinn, den Drucker anzuweisen, 1 200 Punkte pro Zoll zu drucken, wenn er nur 300 Punkte drucken kann. Die Größe der Bilddatei würde sehr groß sein, könnte aber so nicht ausgegeben werden. Für den Monitor zählt generell nur, wie viele Pixel hoch und wie viele Pixel breit etwas ist. Wenn der Bildschirm 1 024 x 768 Pixel darstellen kann, wird ein Bild von 600 x 400 Pixel ungefähr den halben Bildschirm einnehmen. Mit wie viel dpi dieses Bild eingescannt oder fotografiert wurde, ist dabei nicht entscheidend. Wie groß dieses Bild gedruckt wird, hängt dann wiederum davon ab, wie viele Punkte der Drucker auf einen Zoll bringen kann.

Man kann die Monitorwerte durchaus umrechnen in dpi: Dazu wird die sichtbare horizontale Bildschirmbreite in Zoll (inches) durch die horizontale Auflösung dividiert:

Bildschirmgröße	Horizontal sichtbar	Auflösung	Berechnung	dpi
17 Zoll	12,5 Zoll	1 280 x 1 024	1 280/12,5	102 dpi
		1 024 x 768	1 024/12,5	82 dpi
		800 x 600	800/12,5	64 dpi
15 Zoll	11,0 Zoll	1 024 x 600	1 204/11	93 dpi
		800 x 600	800/11	73 dpi

4.3.1.3 Bildformat, Farbtiefe, Dateigröße

Um das Format eines Bildes in Zoll oder inch zu errechnen, muss man die Anzahl der Pixel durch die Auflösung dividieren.

	in Pixel	Berechnung	in Zoll
Breite	2400	/300 = 8	8 Zoll
Höhe	1200	/300 = 4	4 Zoll

Ein Bild wurde mit 300 dpi eingescannt.

4.3.1.4 Scanauflösung – Bildauflösung

Merke

Nicht das Bild auf Ihrem Bildschirm (es hat 72 dpi), sondern die Art des Druckens sagt Ihnen, wie viele Pixel nötig sind. Nach dem Scannen die Auflösung zu erhöhen, bringt nichts! Deshalb vorher an das fertige Produkt denken! Erstellen Sie etwa einen Scan für einen Ausdruck an einem Tintenstrahl-Drucker, so genügen Ihnen zwischen 100 und 200 ppi. Sie können dies mit Ihrem Bildbearbeitungsprogramm unter „Bildgrösse" bzw. „Auflösung" kontrollieren.

Die **Scanauflösung** ist die Pixelanzahl, die der Scanner einliest.
Die **Bildauflösung** ist die Pixelanzahl, die im fertigen Bild ausgegeben wird.

Man kann auch von Input (Scanauflösung) und Output (Bildauflösung) sprechen. Sind beide identisch, wird das Bild in gleicher Größe gezeigt und gedruckt.

Am Beispiel eines normalen Farbfotos wird gezeigt, wie sich die unterschiedlichen Einstellungen beim Scannen auswirken. Das Foto ist 15 x 10 cm (5,9 x 3,9 inch) groß. Es wird für einen Monitor mit der Auflösung 1280 x 1024 gescannt.

Je höher die Bildauflösung gewählt wird, desto größer ist auch die Scanauflösung, aber das steigert nicht die Qualität am Monitor, nur für den Druck. Das Foto wird mit 150 dpi Scanauflösung eingescannt. Produziert wird ein Bild mit einer Breite von 14,7 cm und einer Höhe von 9,9 cm.

Vom Märchen des unbegrenzten Speicherplatzes ...

„Die Dateigröße spielt keine Rolle! Ich habe eine megagroße Festplatte".

... ist ein oft gehörter Satz, der zwar stimmt, den es aber zu relativieren gilt.

Und hier eine Anmerkung des Autors:

Aus meinen ersten Lebensjahren gibt es vielleicht 20 Fotos von mir. Diese Zahl steigt zwar während meiner Jugend- und Studentenzeit an, erreicht aber bei Weitem nicht, was in einer Umfrage des Festplattenherstellers Western Digital ermittelt wurde. Danach hat im Durchschnitt heute jeder deutsche Computernutzer über 2100 Fotos auf seinem PC gespeichert. Hinzu kommen 1700 Songs und 137 Videos. Während für uns ein einzelnes Foto von Opa aus dem Krieg eine wertvolle Rarität ist, ist es durchaus fraglich, ob sich unsere Nachkommen den bis dahin aufgelaufenen geerbten Pixelmüll jemals ansehen werden. Die Folgen dieser Sammelwut ist, dass der Datensammler ständig unter Platznot leidet.

Obwohl die Kapazität einer Standardfestplatte sich alle zwei Jahre verdoppelt, wird dieser Zugewinn gleich wieder zunichtegemacht: Die Bilddateien der neuen Kameras sind aufgrund der vielen Megapixel doppelt so groß wie die alten und gespeicherte Videos lassen den Plattenplatz schmelzen wie Schnee in der Sonne. Ja, es gibt sie, die Terabyte-Platten, das entspricht etwa dem Platzbedarf von 1000 Kinofilmen oder 500000 Fotos!

Aber bleibt das alles wirklich erhalten?

- Festplatten haben die Neigung abzustürzen, im Schnitt alle acht Jahre. Wer kein Backup gemacht hat, der hat einen blinden Fleck im digitalen Lebensarchiv.
- Vier von zehn Nutzern haben bereits einen solchen Plattencrash erlebt und die Betroffenen fühlen sich oftmals, als habe eine unbekannte Macht ein paar ihrer Lebensjahre ausradiert.

Fazit:

Überlegen Sie sich, ob Sie sich beim „wild Herumknipsen" einen Gefallen tun.

4.3.2 Für feine Farbnuancen sorgen: Farbtiefe optimieren

Die Farbtiefe ist eine wichtige Kenngröße der Grafikstandards. Man bezeichnet damit die Bit-Anzahl, mit der die Abstufungen für jede der drei Grundfarben Rot, Grün und Blau dargestellt werden. Je mehr Bits zur Verfügung stehen, desto mehr unterschiedliche Farben sind darstellbar. Mit 8 Bit lassen sich 2^8, also 256 verschiedene Zahlenwerte digital speichern.

Bei einer Farbtiefe von 4 Bit, wie beim VGA-Format, sind 16 Farben darstellbar, bei 8 Bit sind es 256 Farben, das entspricht der Farbtiefe von SVGA, bei 16 Bit sind es 65 536 Farben, was der Farbtiefe von XGA entspricht, und bei 24 Bit sind es 16 777 216 Farbnuancen. Die Farbdarstellung mit 16 Bit wird als **High-Color** bezeichnet, die mit 24 Bit als **True-Color**.

Für jeden Bildpunkt wird für jeden der drei **RGB-Farbkanäle** ein Helligkeitswert von 0 bis 255 gespeichert. Jeder Pixel kann somit aus 256 Grünnuancen, 256 Rottönen und 256 Blauabstufungen bestehen – also aus insgesamt 256 x 256 x 256 = 16,8 Millionen Farben. Erhöht man die Farbtiefe, lassen sich mehr Abstufungen wiedergeben.

Und noch ein Vergleich:

Denken Sie an Ihre Kindheit, als Sie bspw. mit Wachsfarben künstlerisch tätig waren. Standen Ihnen bspw. nur vier verschiedene Farben zur Verfügung, konnten Sie kaum feine Farbübergänge zeichnen. Hätten Sie jedoch 1 000 verschiedene Stifte zur Hand gehabt oder die Möglichkeit, die Farben zu mischen, so hätten Sie damit auch feine Übergänge erstellen können. (siehe Abb.)

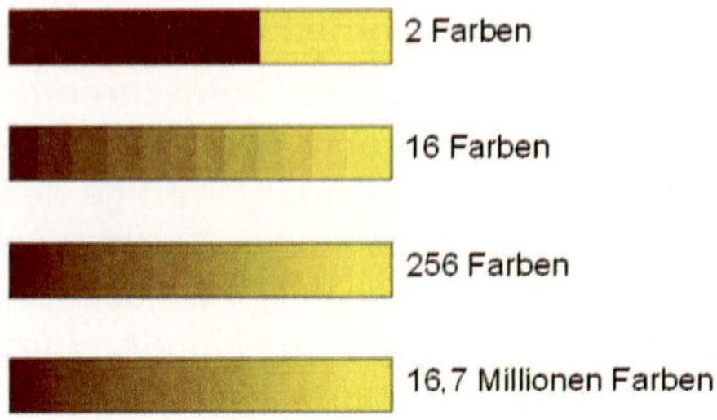

Den Zielkonflikt zwischen Bildqualität und Speichergröße zeigt folgende Tabelle.

Farbtiefe	Anzahl Farben	Anmerkung	Speicherbedarf (Bytes/Pixel)	Verwendungsbeispiele
1 Bit	2 Farben	2 Zustände: 0 oder 1 (Schwarz oder Weiß)	1/8	Schwarz-weiß-Bilder
4 Bit	16 Farben	binär: 0000–1111	1/2	Farbtiefe alter Grafikkarten
8 Bit	256 Farben	8 Bit = 1 Byte = 256	1	Standard-VGA-Farbtiefe; Standard bei farbreduzierten Bilddateien (GIF) für das WWW
24 Bit	16,7 Mio. Farben	3 volle Farbkanäle: 256 mal 256 mal 256	3	„TrueColor" (echte Farben) für Grafikkarten und Bilddateien.
32 Bit	16,7 Mio. Farben	3 Farbkanäle und ein Sonderkanal	4	Der Sonderkanal wird für progammabhängige Sonderfunktionen verwendet (häufig auch als Alpha-Kanal zur Definition von Transparenzen).

4.3.3 Grenzen der Farbdarstellungen in einem Farbraum[1]

- Kann ein Stück hochwertiges Fotopapier dieselben Farben wiedergeben, die unser Auge in natura sieht?
- Kann ein ausreichend großer Computerbildschirm so klare Farben darstellen, dass man nicht mehr unterscheiden kann, ob es sich um ein Computerbild oder um die Realität handelt?

Die Antwort ist in beiden Fällen ein klares NEIN.

Der Grund für das NEIN liegt darin, dass jedes elektrische Gerät nur eine technisch begrenzte Anzahl von Farben darstellen kann. Alle darstellbaren Farben eines Eingabe- oder Ausgabegerätes bezeichnet man als **Geräte-Farbraum** (englisch *gamut).* Farben, die außerhalb des Geräte-Farbraumes liegen, können vom entsprechenden Gerät nicht erfasst bzw. nicht wiedergegeben werden.

Sie kennen dies aus der Natur:

- In der Natur gibt es viel mehr Farben, als wir mit irgendeiner Digitalkamera erfassen können.
- Ein menschliches Auge „sieht" Farben anders als das Auge einer Biene. Jeder „sieht" nur in seinem eigenen Farbraum. So bleibt uns z. B. der Infrarotbereich verborgen. Da ist uns so manches Wesen aus der Tierwelt überlegen.
- Ein Scanner kann auch Farbtöne (z. B. im Infrarotbereich) erfassen, mit denen das menschliche Auge nichts mehr anfangen kann.
- Ein Bildschirm kann weit weniger Farben darstellen, als dies zum Beispiel mit einem Diaprojektor möglich ist. Und noch viel kleiner wird der Farbbereich, wenn wir Bilder auf Druckern oder Druckmaschinen ausgeben.
- Ein Drucker kann im Vergleich zu einem Bildschirm oder Scanner viel weniger Farben ausgeben. Er hat in einer digitalen Prozesskette immer den kleinsten Farbraum von allen beteiligten Geräten.

4.3.4 Platz sparen: Datenkompression

Ein großes Problem – gerade bei Digitalkameras – besteht darin, große Datenmengen auf möglichst kleinen Speichermedien unterzubringen.

Ein 6-Megapixel-Bild mit einer Auflösung von 3 072 x 2 048 Pixel besitzt insgesamt 6 291 456 Pixel. Für jeden Bildpunkt muss die Kamera die Farbinformationen für Rot, Grün und Blau speichern. Jede Farbinformation besitzt normalerweise 3 x 8 Bit (256 Abstufungen) pro Farbe. Das Bild umfasst also 6 291 456 x 24 Bit, das sind 150 994 944 Bit beziehungsweise 18 874 368 Byte (ca. 19 Megabyte).

1 Die Ausführungen des Kapitels 4.3.3 basieren auf: www.filmscanner.info/Farbmanagement_Einfuehrung.html#ReferenzFarbraum

Aus diesen Zahlen wird die Notwendigkeit der Datenkompression verständlich, wobei zwei unterschiedliche Techniken angewandt werden:

1. Verlustfreie Kompression, z. B. **Tiff**
2. Verlustbehaftete Kompression, z. B. **JPEG**

4.3.4.1 Verlustfreie Kompression

Als verlustfreies Verfahren bezeichnet man eine Vorgehensweise, bei der trotz Komprimierung des Fotos die ursprüngliche Datei wieder 1 : 1 hergestellt wird. Ein einfaches verlustloses Komprimierungsverfahren besteht darin, Redundanzen (sich wiederholende Informationen) in gesammelter Form statt einzeln zu sichern. Das Tiff-Format nutzt dies, erreicht aber nur sehr geringe Kompressionsraten, da die Pixel eines Fotos praktisch alle unterschiedlichen Farbwerte aufweisen, sodass man von einer quasi unkomprimierten Speicherart sprechen kann, welche sich aber für Schwarz-Weiß-Bilder hervorragend eignet.

4.3.4.2 Verlustbehaftete Kompression

JPEG reduziert mittels des mathematischen Verfahrens *„Diskrete Cosinus Transformation DCT"* die Farbinformationen des Bildes, indem es nur die Farbwerte mehrerer Bildpunkte zu einer Information zusammenfasst, die Helligkeitswerte aber unangetastet lässt. Weil dadurch Teile der ursprünglichen Informationen verloren gehen, lassen sich die Bilder später nicht ganz exakt in ihren Ursprungszustand versetzen – sie werden also „verlustbehaftet" gespeichert. Man nimmt dies in Kauf,

- weil die Qualitätsverluste bei geringer JPEG-Kompression nicht sichtbar sind und selbst bei stärkerer Kompression erträglich bleiben.
- weil die Platzeinsparung durch JPEG immens ist: Die oben erwähnte 19-Megabyte-Datei wird selbst bei schwacher JPEG-Kompression bereits auf unter drei Megabyte reduziert.

4.3.5 Wichtige Grafikformate

4.3.5.1 BMP:Windows-Bitmap

Das BMP-Format ist das einfachste Bitmap-Format, da es keine Farbpaletten verwendet und auch auf Kompression des Bildes verzichtet.

Einsatz: Vor allem unter Windows-Anwendungen. Herr Zeichenkunst verwendete mit Paint dieses Format zur Erstellung der Skizze für die Berger OHG.

Nachteil: hoher Speicherbedarf

4.3.5.2 GIF: Graphics Interchange Format

Das GIF-Format basiert auf der Verwendung von Farbpaletten und unterstützt maximal 256 Farben. Zudem verwendet dieses Format eine verlustfreie Kompression der Bilder, bei der Details erhalten bleiben.

Einsatz: Bilder und animierte GIFs bevölkern das Internet.

Nachteil: Gilt – trotz seiner großen Verbreitung – als veraltet.

Ein Nachteil dieses Formates ist, dass der Kompressionsalgorithmus von Unisys patentiert ist und diese Firma von jedem Softwarehersteller Lizenzgebühren verlangt.

4.3.5.3 JPEG-Format

Das Bildformat bietet ähnliche Merkmale wie GIF-Bilder, kann aber bis zu 16,7 Mio. Farben darstellen. JPEG hat sich als Standard unter den Digitalkameras durchgesetzt. Neben einer starken Kompressionsleistung bietet es den Vorteil der Skalierbarkeit der Stärke der Kompression. Je stärker sie ist, desto kleiner werden die Dateien – aber desto größer werden auch die Qualitätsverluste. Digitalkameras bieten die Möglichkeit, zwischen verschiedenen JPEG-Stufen zu wählen. Der Fotograf muss entscheiden, ob er einer kleineren Dateigröße oder einer besseren Qualität den Vorzug gibt.

Einsatz: Fotografie, Webseiten, PowerPoint-Animationen, ...

Nachteil: Komprimierung durch selektives Löschen von Daten, was zu Detailverlusten führen kann

4.3.5.4 PNG: Portable Network Graphic Format

Das vom World Wide Web Consortium entwickelte und als Standard verabschiedete Format ist lizenzfrei und soll GIF- und JPEG-Formate ablösen. Intern steht es für „PiNG is Not GIF". Es kann pro Farbkomponente eine Tiefe von 16 Bit speichern, also 16 Bit Graustufen (65 536 verschiedene Grautöne) und 48 Bit RGB (das sind 281 Billionen verschiedene Farben). Es unterstützt auch eine Farbpalette von bis zu 256 Farben. Das CMYK-Farbmodell unterstützt PNG nicht, da es nicht im Internet verwendet wird.

Einsatz: Wenn Bilder mit bis zu 48 Bit pro Pixel unter Einsatz von Farbpaletten benötigt werden, bei deren Komprimierung nur geringe Qualitätsverluste auftreten

Nachteil: Das PNG-Format kann – im Gegensatz zu GIF – keine Animationen darstellen. Erst seitdem die meisten Webbrowser das PNG-Format unterstützen, nimmt seine Verwendung zu. Jedoch konnte es GIF bisher (Mitte 2008) nicht verdrängen.

4.3.5.5 TIFF: Tagged Image File Format

In diesem Format können in einer Datei u. a. mehrere Bilder abgelegt werden *(Multipage-TIFF)*. Oft sind dies verschiedene Versionen desselben Bildes, z.B.

ein Vorschaubild (Thumbnail) und das Originalbild. TIFF kennt verschiedene Farbräume und Algorithmen zur Datenkompression. Dabei unterstützt es sowohl verlustfreie als auch verlustbehaftete Kompressionsverfahren.

TIFF-Bilder können mit bis zu 16 Millionen Farben gespeichert werden.

Einsatz: Vor allem bei gescannten Bildern

Nachteil: Da die Bilder nur sehr gering komprimiert werden, benötigen sie relativ viel Speicherplatz.

4.3.5.6 Tipps für Fotografen

Mit welchem Format soll man arbeiten?

Leider lassen viele Kameras keine Wahl und erzeugen fast immer nur JPEG-Bilddateien. Ohne dass es der Benutzer merkt, fertigt aber die Kamera in Wirklichkeit eine **RAW-Datei** (englisch *raw* = roh) an.

Als **Rohdatenformat** oder **RAW** bezeichnet man ein Datenformat, in dem Daten, die noch nicht ausgewertet, zusammengefasst, optimiert, komprimiert oder interpretiert wurden, gespeichert oder übertragen werden.

Die meisten Kameras rechnen dieses Rohformat gleich durch eine Software in ein JPEG-Bild um. Eine nachträgliche Bearbeitung ist hier meist mit Qualitätsverlusten verbunden.

Tipp

Wandeln Sie vor der Bearbeitung mit einem Bildbearbeitungsprogramm die Bilder in TIFF-Dateien um, damit bei der Bearbeitung keine weiteren Qualitätsverluste entstehen. JPEG komprimiert bei jeder Speicherung das Bild noch einmal, was u. U. zu Qualitätsverlusten führen kann.

Optimal ist eine Kamera, bei der Sie selbst die Bildqualität im RAW-Format bestimmen können. Sie erstellen dann Aufnahmedaten ohne Farbinformationen, ohne Weißabgleich, ohne Schärfung. Diese Schritte werden am Rechner mit einem RAW-Konverter gemacht. Im Prinzip ist das RAW-Format wie ein Negativ. Der RAW-Konverter ist die Filmentwicklung.

Wann nimmt man dann JPEG als Aufnahmeformat?

- ... wenn die Kamera nichts anderes kann.
- ... wenn man die Bilder bereits fertig aus der Kamera benötigt.
- ... wenn die Bearbeitung mit dem RAW-Konverter zu zeitaufwändig ist.
- ... wenn einem nur wenig Speicherplatz zur Verfügung steht.

4.4 Vektororientierte Grafikformate im Praxiseinsatz

Bei vektororientierten Grafiken gibt es die oben beschriebenen komprimierungsbedingten Qualitätsverluste nicht. Dort werden nicht Informationen für jedes einzelne Pixel gespeichert, sondern man speichert die Eigenschaften der einzelnen Objekte im Bild.

Vektorgrafiken basieren auf grafischen „Primitiven" wie Linien, Rechtecken, Kreisen, Ellipsen, Polylinien und Polygonen, die von Koordinatenpunkten ausgehend gespeichert und dargestellt werden. In einer Vektorgrafik werden also alle in der Grafik vorkommenden geometrischen Figuren in ihrer mathematischen Beschreibung gespeichert. Bezugspunkt der einzelnen grafischen Elemente ist ein festgelegtes Koordinatensystem auf dem Bildschirm. Basierend auf diesem Koordinatensystem wird beispielsweise eine Linie durch die Anfangs- und Endkoordinaten bestimmt. Parameter wie die Linienstärke, die Farbe oder die Art der Linie werden zur eindeutigen Wiedergabe zusätzlich gespeichert.

Folgende Adresse liefert weitergehende Informationen:
www.at-mix.de/vektor_grafik.htm

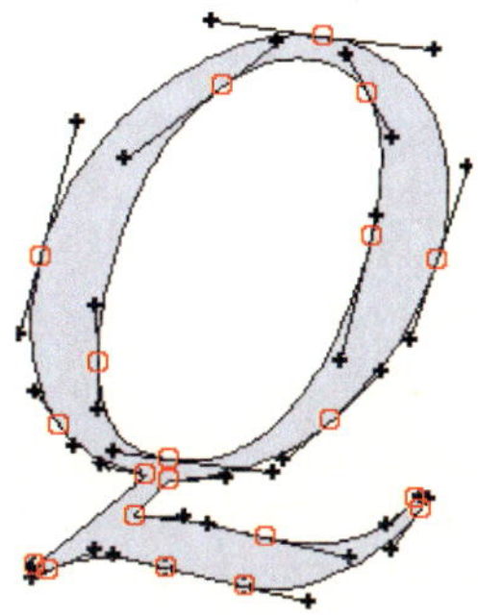

Will man z.B. einen Kreis bestimmen, gibt man an, welchen Radius, welche Linienbreite und welche Farbe er hat. Verkleinert oder vergrößert man nun diesen Kreis, werden einfach nur die Werte für den Radius und die Linienbreite geändert, die Information, dass es ein Kreis ist, bleibt erhalten.

Pixel- und Vektorgrafiken im Vergleich:

Will man zwischen einem Punkt A (x1/y1) und einem Punkt B (x2/y2) eine Linie ziehen, so gehen die beiden Grafikformate wie folgt vor:

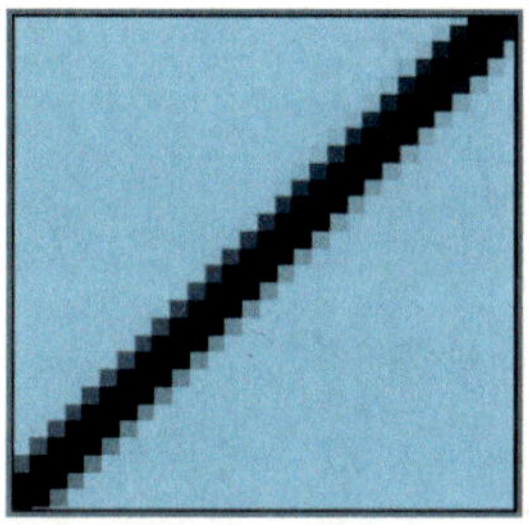

Nahansicht einer Linie als Beispiel einer Pixelgrafik.

Nahansicht einer Linie als Beispiel einer Vektorgrafik.

- Die Pixelgrafik speichert in jedem einzelnen Pixel zwischen Punkt A und B die Farbinformation für den betreffenden Pixel ab.
- Die Vektorgrafik hingegen speichert eine Eigenschaftsbeschreibung der Linie ab. Es wird also gespeichert, dass eine Linie gezeichnet werden soll. Diese soll die Dicke *i* Pixel haben und die Farbe *j*. Sie soll im Punkt A beginnen und im Punkt B enden. Damit ist die Eigenschaftsbeschreibung für die Vektorgrafik schon abgeschlossen. Alle benötigten Attribute sind gespeichert.

Den Vorteil dieser Methode versucht folgendes Rechenbeispiel herauszuarbeiten:

- Wenn man annimmt, dass das auszugebende Bild 200 x 200 Pixel groß ist und in 256 Graustufen gespeichert wird, so wird pro Pixel 1 Byte gespeichert. Bei der angenommenen Bildgröße werden also 200 x 200 x 1 Byte ≈ 40 KByte gespeichert.

- Wenn man nun für die Vektorgrafik veranschlagt, dass die Information der Dicke mit 2 Byte, die Farbe mit 1 Byte und die Position der Punkte mit jeweils 8 Byte abgespeichert wird, so ergibt sich eine Bildgröße von 2 + 1 + 8 + 8 = 19 Byte (≈ 0,02 KByte).

Wählt man z. B. eine größere Abmessung des Bildes, etwa 400 x 400, so wird dadurch die Scherung zwischen den Dateigrößen nur noch weiter gespreizt, da die Größe der Vektorgrafik gleich bleibt, wohingegen sich die Größe der Pixelgrafik vervierfacht.

Programme, die auf Vektorgrafiken aufsetzen, sind auf der einen Seite CAD-Programme wie AutoCAD, CATIA und ProEngineer, auf der anderen Seite Illustrationsprogramme wie zum Beispiel CorelDraw und Adobe Illustrator.

Arbeitsauftrag

Arbeiten Sie folgende ausgesuchte Links durch:

www.seilnacht.tuttlingen.com/farbe.htm

www.ipsi.fraunhofer.de/~crueger/farbe/index.html

4.5 Digitale Bildbearbeitung

Die Frage **„Wo muss ich denn klicken, um dieses oder jenes Ergebnis zu erzielen?"** wird in diesem Kapitel nicht beantwortet. Zu unterschiedlich sind die Bildbearbeitungsprogramme, die inzwischen so zahlreich sind wie Sand am Meer. Auch ist sich der Autor bewusst, dass es eine Vielzahl von Auto-Funktionen gibt, die eine Bildoptimierung dem jeweiligen Bearbeitungsprogramm überlassen. Aber es gilt: **Handarbeit bleibt Handarbeit.**

4.5.1 Tonwerte im Griff

PROBLEMSTELLUNG

Werner Zeichenkunst will auf touristische Leckerbissen rund um den Standort der Berger OHG hinweisen. Hierzu besucht er – wenige Kilometer von Rastatt entfernt – ein barockes Kleinod, nämlich Schloss Favorite, das er an einem schönen Sommertag fotografiert. Zu Hause angekommen, ist seine Enttäuschung groß. Das Bild zeigt kaum Kontraste, ist zu hell u. v. m. Er erinnert sich an eine wichtige Funktion seines Bildbearbeitungsprogrammes, nämlich die grafische Darstellung der Häufigkeit aller dunklen und hellen Tonwerte im Histogramm.

Folgendes Bild zeigt Schloss Favorite bei Baden-Baden/Rastatt zusammen mit der Kurve der Tonwerte.

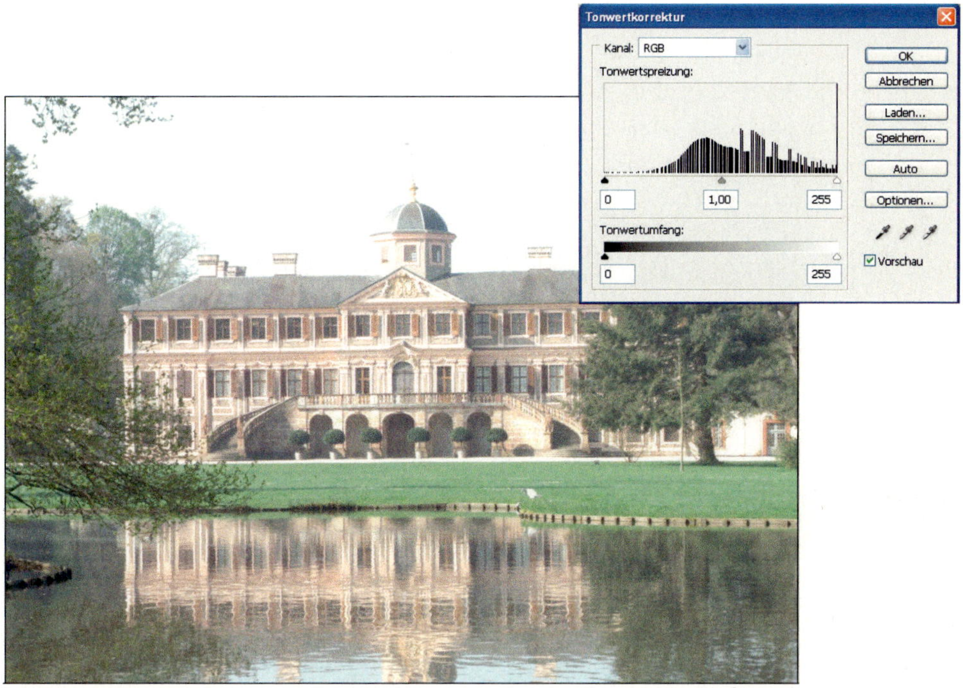

Die Skala der **Tonwertverteilung** (Tonwertumfang) fängt links bei Schwarz (Tonwert 0) an und endet rechts bei Weiß (Tonwert 255). Die senkrechte Achse zeigt die Anzahl der Pixel des jeweiligen Tonwertes an.

Je öfter der entsprechende Tonwert vorhanden ist, umso höher ist der darüber liegende Balken.

Bildanalyse mittels Histogramm

- Im linken Drittel des Schaubildes sind kaum Werte vorhanden. Dunkle Töne fehlen.
- Auch der rechte Bereich ist zu wenig vertreten; Weißtöne fehlen.
- Die alleinige Häufung im mittleren Bereich zeigt einen geringen Bildkontrast.

Ergebnis: Obiges Bild ist verbesserungsbedürftig.

Die Erbauerin des Schlosses, Markgräfin Augusta Sibylla (1675–1733), wäre wohl mit dem folgenden, wirklich düster wirkenden Bild kaum einverstanden gewesen:

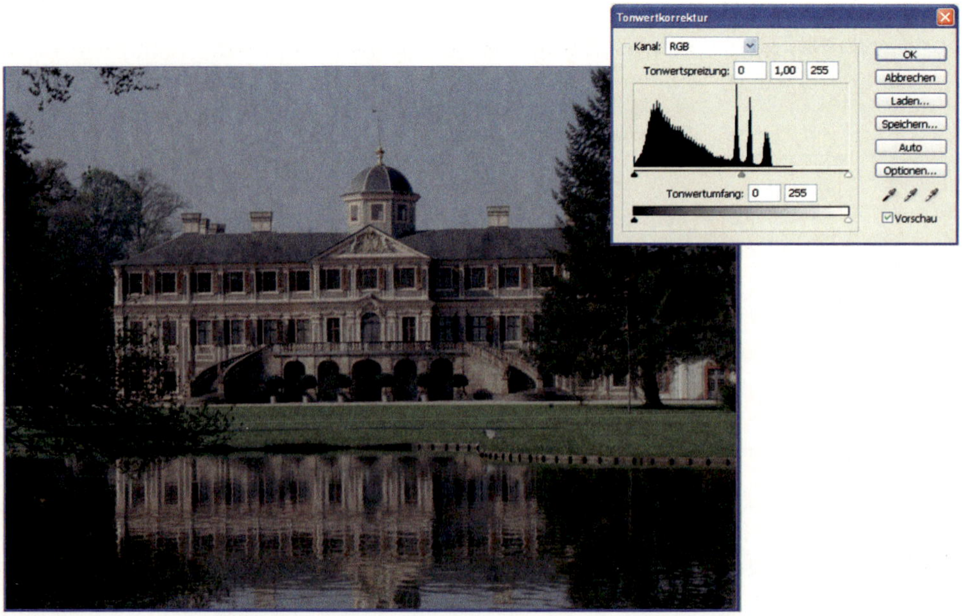

Obwohl man ein Bild nie als „optimal" bezeichnen kann, zeigt das Histogramm folgender Aufnahme, dass das Bild auf der rechten und linken Seite keine überhöhten Werte aufweist und im Mittelbereich gute Kontraste aufzeigt.

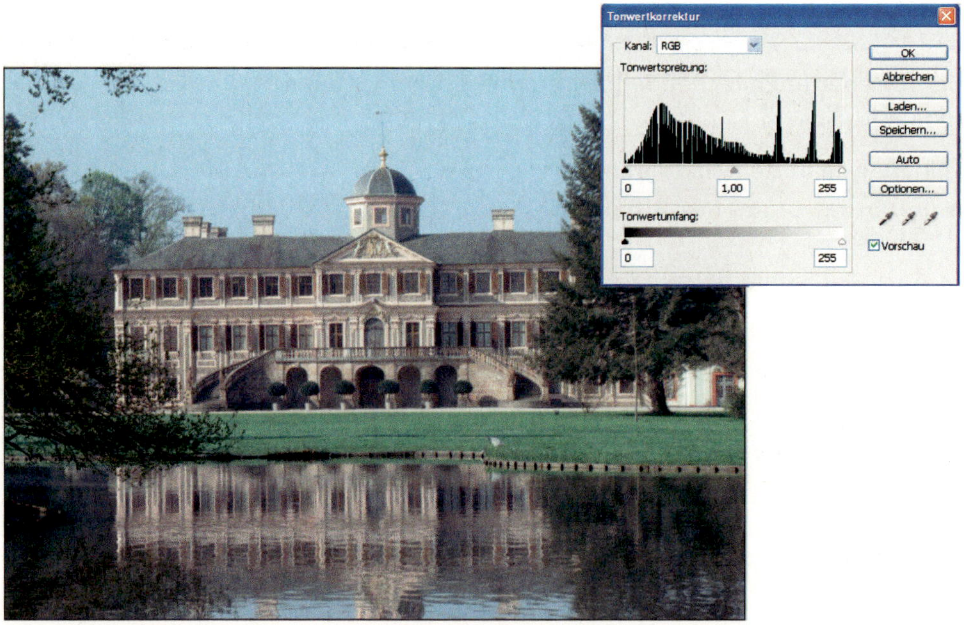

Dialogbox: Tonwertkorrektur

Die grafische Darstellung der Häufigkeit vorhandener Tonwerte in unten stehender Dialogbox zeigt, was in einem Bild „noch drin ist."

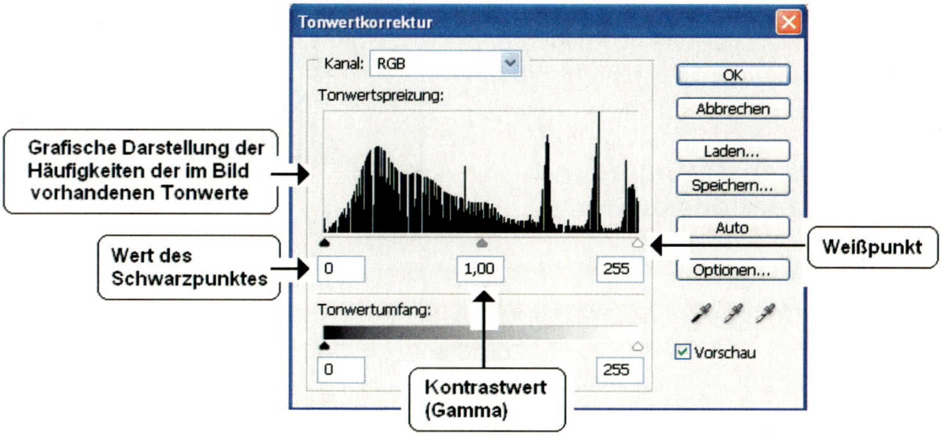

Die **Tonwertspreizung** zeigt drei wichtige Werte. Die linke Box zeigt den Wert des Schwarzpunktes (wenn also z. B. ein Wert von 5 angezeigt wird, wird der Tonwert 5 als Schwarz gesetzt), die mittlere Box zeigt das Gamma (also den Kontrastwert) und die rechte Box gibt den Weißpunktwert an (wenn also z. B. ein Wert von 250 angezeigt wird, wird der Tonwert 250 als Weiß gesetzt).

Mit den Reglern bzw. Textfeldern der Tonwertumfang-Anzeige werden die dunkelsten und hellsten Tonwerte eines Bildes für die Ausgabe festgelegt. Hierdurch ist es möglich, das Bild in einen engeren Gesamt-Tonwertumfang zu pressen (z. B. 10–245).

Unten rechts in der Ecke der Dialogbox befinden sich drei Pipetten. Die linke ist die Schwarz-Pipette, die dazu benutzt wird, den Schwarzpunkt zu setzen (oder die Tiefen, je nachdem, wie sie konfiguriert wurde). Die rechte ist die Weiß-Pipette, die dazu dient, den Weißpunkt zu setzen (oder die Lichter). Die mittlere Pipette ist die Grau-Pipette, mit der Neutralgrau gesetzt wird.

Arbeitsaufträge

- Variieren Sie mit den Eingabefeldern sowohl die Helligkeit als auch den Kontrast.
- Variieren Sie die Mitteltöne, den sog. Gammawert. Je höher dieser Wert ist, umso heller wird das Bild.
- Stellen Sie „echte" Tiefen und „echte" Lichter her.
- Grenzen Sie den Tonwertumfang ein. So gilt die Faustregel, dass die Tiefen nicht unter dem Wert 10 und die Lichter (weiß) nicht über dem Wert 245 liegen sollen.
- Korrigieren Sie selektiv einzelne Farben. So würde es sich empfehlen – vor allem bei Bildern mit hohem Blauanteil – die „kühlen" Farbtöne abzuschwächen.

Für Himmel und Wasser mag das eher positiv sein, für Mitteltöne allerdings nicht.

Wählen Sie aus dem Kanal-Pop-up-Menü „Blau" und schieben Sie den Regler für den Mitteltonwert nach rechts in Richtung lichter. Der Blauanteil verschiebt sich in den helleren Tonwertbereich.

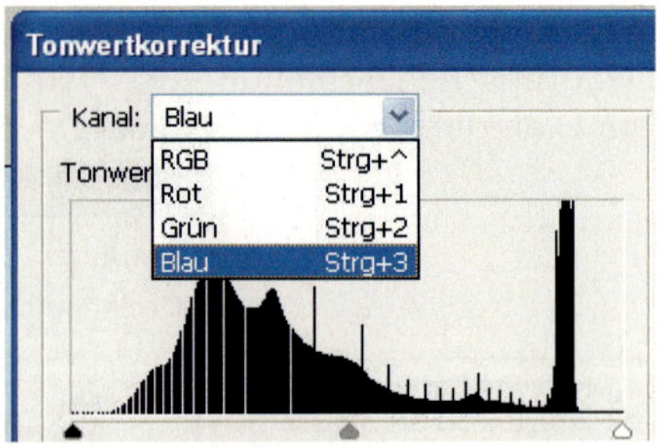

4.5.2 Feinabstimmung mit Gradationskurven

PROBLEMSTELLUNG

Nachdem Werner Zeichenkunst mit der Helligkeit seiner Schlossaufnahmen zufrieden ist, scheint ihm jedoch das Ergebnis zu wenig strahlend, zu stumpf und nicht frisch genug zu sein. Was ist zu tun?

Ein Medienspezialist würde ihm raten, er möge sich mit Gradationskurven beschäftigen.

Gradationskurven sind grafische Hilfsmittel, um flauen Bildern zu mehr Kontrast zu verhelfen. Es wird meist nach der Tonwertkorrektur eingesetzt. Im Prinzip ist es ein Verfahren wie bei der Tonwertkorrektur, die Möglichkeiten und Feinabstimmungen sind jedoch weitaus größer.

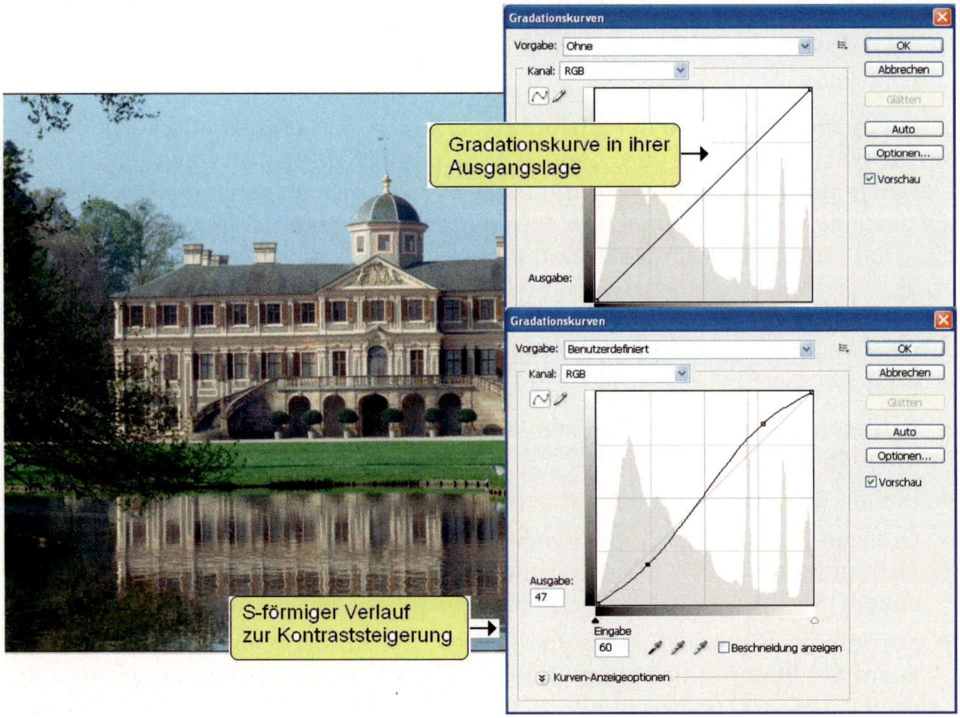

Die Gradationskurve bildet im Ausgangszustand eine Gerade mit der Steigung eins. Mehr Kontrast erreichen Sie, wenn Sie die dunklen Tonwerte (nahe des linken Ursprungs) etwas nach unten ziehen und die hellen Tonwerte (oberer rechter Bereich der Gradationskurve) etwas nach oben schieben. Wird die Gradationskurve einer S-Kurve angenähert, erstrahlt das Bild in leuchtenden Farben.

4.5.3 Farbkorrekturen vornehmen

Sicher kennen Sie Bilder, die sofort eine bestimmte Assoziation auslösen. Hierzu gehören Aufnahmen von Sonnenauf- und -untergängen, von Stimmungen vor einem Gewitter, Aussichten bei Föhn usw.

Hier wirken Farbstimmungen so direkt und nachhaltig, dass man versucht ist, diese gleich noch ein wenig zu verstärken. Hierzu eignen sich – wie bei der analogen Fotografie – der Einsatz von Fotofilter bzw. die Möglichkeiten der selektiven Farbanpassung.

Arbeitsauftrag

Experimentieren Sie – neben den bereits gezeigten Möglichkeiten – mit Änderungen von:

- → Farbbalance
- → Farbe/Sättigung
- → Selektive Farbkorrektur
- → Tonwertangleichung/Tonwerttrennung
- → Helligkeit/Kontrast
- → Filtern

Viele Bildbearbeitungsprogramme bieten diese Möglichkeiten in den Menüpunkten *Bild/Anpassen* bzw. *Filter.*

Als „Übungsobjekt" eignet sich hierzu ein vor einem Wetterwechsel aufgenommenes und bearbeitetes Bild im Wattenmeer bei Cuxhaven (vgl. Daten-CD zu diesem Buch).

4.5.4 Bereiche ausschneiden

PROBLEMSTELLUNG

Werner Zeichenkunst, Pixelkünstler der Berger OHG, hat beim Fotografieren zwar auf Licht, Sonnenstand u. v. m. geachtet, aber den Bildausschnitt möchte er mit dem Bildbearbeitungsprogramm ändern.

Bei seinem Spaziergang durch den Schlosspark von Schloss Favorite gelang ihm ein echter Schnappschuss. Am PC entscheidet er, dass er das Insekt formatfüllend darstellen will.

Lösung 1: Einsatz der Windows-Zwischenablage

Lösung 2: Einsatz des „Freistellung-Werkzeuges"

Die meisten Werkzeugleisten von Bildbearbeitungsprogrammen enthalten eines oder alle der nebenstehenden Werkzeuge, die zur Lösung der gestellten Aufgabe zu verwenden sind.

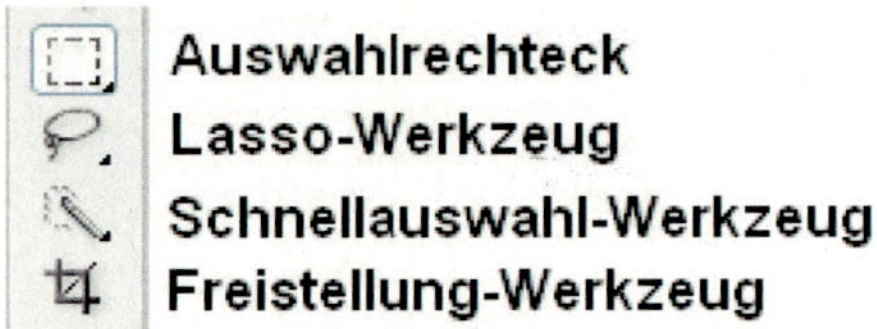

STOP

Werden lediglich kleine Bildbereiche ausgeschnitten und in ein neues Bild eingefügt und dabei vergrößert, müssen Sie auf die geänderte Auflösung und somit auf die Dateigröße achten. Bitte vergleichen Sie die Größe beider JPEG-Bilder, dargestellt im Windows-Explorer.

Insekt_1.jpg	2.787 KB	JPEG-Bild
Insekt_1_Ausschnitt.jpg	604 KB	JPEG-Bild

4.5.5 Scharfe Bilder als Ziel

Es ist wirklich ein seltsamer Begriff: „**unscharf maskieren**". Aber zu Zeiten analoger Fotografie war dieser Begriff in allen Laboren ein gängiges Mittel, aus unscharf eingelieferten Negativen noch ein scharfes Bild zu „zaubern".

Bei den meisten Bildbearbeitungsprogrammen finden Sie diese Möglichkeit unter den Menüpunkten *Filter/Scharfzeichnungsfilter/unscharf maskieren.*

Beurteilen Sie die Filterwirkung zuerst einmal bei verschiedenen Scharfzeichnungseinstellungen. Ein Radius zwischen 1 Pixel und 2 Pixel verstärkt den Kontrast an den Pixelkanten, hebt so den Kontrast im Detail an und gaukelt somit eine vermeintlich bessere Schärfe vor.

4.5.6 Bilder für das WEB bereitstellen

PROBLEMSTELLUNG

Herr Berger beauftragt Werner Zeichenkunst, für die anzubietende Kultur- und Sportreise nach Budapest (Näheres hierüber siehe Abschnitt 4.6) Bilder bereitzustellen, um diese in die website der Firma, die gerade optimiert wird, einzubinden. Werner Zeichenkunst meint, dies sei doch kein Problem, denn

1. er habe ja von der Vortour eine Menge guter Bilder mitgebracht und
2. die meisten Bildbearbeitungsprogramme hätten schließlich die Option eines „WEB-Portfolios" bzw. einer „WEB-Fotogalerie".

Ein guter Bildbearbeiter ist nicht zwangsläufig auch ein guter WEB-Experte.

STOP

Arbeitsauftrag

- Öffnen Sie irgendeine Homepage eines seriösen Unternehmens.
- Klicken Sie mit der rechten Maustaste auf ein Bild.
- Wählen Sie: Bild speichern unter ...
- Geben Sie das Ziellaufwerk mit Zielordner an.
- Öffnen Sie den Windows-Explorer.
- Schauen Sie sich die Dateigröße des Bildes an.
- Vergleichen Sie die Dateigröße mit den Bildern, die Sie soeben bearbeitet haben.

Bilder einer Homepage benötigen zwischen 10 KB und 50 KB Platz, während selbst „geschossene" Bilder (im JPEG-Format) bis zu 5000 KB Speicherplatz beanspruchen können.

Ganz wichtig!

Die Dateigröße von Fotografien ist für WEB-Zwecke so weit herunterzutransformieren, dass die Ladezeit der Bilder durch einen Browser nicht zu einer unendlich langen Geschichte wird.

Lösung:

- Bild mit Bildbearbeitungsprogramm öffnen.
- Bild speichern, aber dabei eine geringe Dateigröße/Auflösung eingeben.

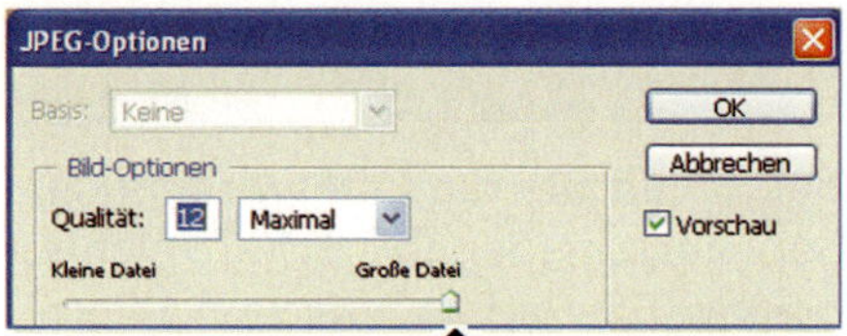

Schieberegler zur Bestimmung der Dateigröße

Müssen viele Bilder transformiert werden, so lohnt es sich, sich mit *Makro/Automatikfunktionen/Stapelverarbeitung* des Bildbearbeitungsprogramms zu befassen.

- Alle Bilder öffnen.
- Aktionen-Fenster einblenden *(Fenster/Aktionen).*
- Makroaufzeichnung starten.
- Aktionen durchführen, z. B. Tonwertkorrektur usw. durchführen, und unter einer geringeren Dateigröße speichern.
- Makroaufzeichnung beenden.
- Vorgang für alle Bilder ausführen *(Datei/Automatisieren/Stapelverarbeitung).*

4.5.7 Störende Bildteile entfernen

Motive im herbstlich geschmückten Weinberg sind eine Augenweide für jeden Fotografen. Aber was für den Winzer unbedingt erforderlich ist, nämlich der Draht in der Bildmitte, stört den Fotografen.

Bei schnellen Schnappschüssen bleibt nicht immer die Zeit, den optimalen Standort zu suchen, um störende Details zu vermeiden. Zur Korrektur dient u. a. der **Kopiestempel.**

Im Gegensatz zu einem herkömmlichen Stempel, der nur eine kleine Fläche bedeckt, können Sie mit dem Kopiestempel großflächig arbeiten, indem Sie mit der Stempelmaus über den Zielbereich streichen. Bei den meisten Bildbearbeitungsprogrammen ist der Durchmesser des Stempels in der Optionsleiste einstellbar. Bei Adobe Photoshop sollten Sie bei gedrückter <Alt>-Taste einen Ausgangsfarbbereich wählen und dann (bei gelöster <Alt>-Taste) den Draht „überstreichen".

4.5.8 Bilder verfremden

Was bringt Menschen dazu, ihre Bilder zu verfremden?

- Langeweile?
- Spieltrieb?
- Geltungsbedürfnis?
- künstlerische Ader?

Vielleicht ein wenig von all dem, sind wir doch umgeben von nahezu „perfekten" Bildern.

Hinweis

Macht es noch Spaß, z. B. eine Rose im Garten zu fotografieren, wenn man das gleiche Motiv erheblich schärfer, brillanter und absolut makellos in jedem Schreibwarengeschäft als Grußkarte kaufen kann? Man muss das Allerweltsmotiv „Rose" also in einer Form präsentieren, die noch jemanden hinter dem Ofen hervorlockt. Das mag sicher ein Antrieb für viele Digitalfotografen sein: mal schnell irgendeinen Filter anwenden, und schon sieht das Bild „künstlerischer" aus. So verfällt anfangs fast jeder dem Reiz der sogenannten Kreativ-Filter, von denen der Fotograf Bob Shell sagt, sie hätten so viel mit Kreativität zu tun wie Kunsthonig mit Kunst.

Verändern, Fälschen, Verfremden und Ergänzen. Es gibt nichts, was man einem Bild nicht antun könnte!

Verfremdungen und Composings gibt es nicht erst seit der Erfindung der digitalen Fotografie. Schon lange vor der Erfindung von Photoshop & Co. nutzten kreative Fotografen verschiedenste Techniken, um ihre analog hergestellten Bilder zu verfremden. Erstaunliche Effekte lassen sich nämlich bereits während der Aufnahme erzielen oder man half später in der Dunkelkammer nach.

Wenn Sie sich heute an den PC setzen und beispielsweise einen „Solarisationsfilter" auf ein Bild anwenden, ahmt das Bildbearbeitungsprogramm die chemischen Vorgänge nach, die sich früher im Entwicklerbad abspielten.

Der kreative Bildbearbeiter hat die Qual der Wahl: Photoshop bietet z. B. standardmäßig im Menü „Filter" nicht weniger als 13 Hauptrubriken an. Allein bei den Untermenüs der Kunst-, Mal- und Zeichenfilter erhält man schon knapp 40 Verfremdungsmöglichkeiten angeboten.

Toll, meint der Einsteiger. Doch schnell kann die Lust an der Verfremdung zur Effekthascherei werden, denn nicht alle Spielereien dienen der Bildaussage.

Die Biene aus Abschnitt 4.5.5 wurde mittels des sog. Kanalmixers *(Bild/Anpassungen/Kanalmixer ...)* verfremdet.

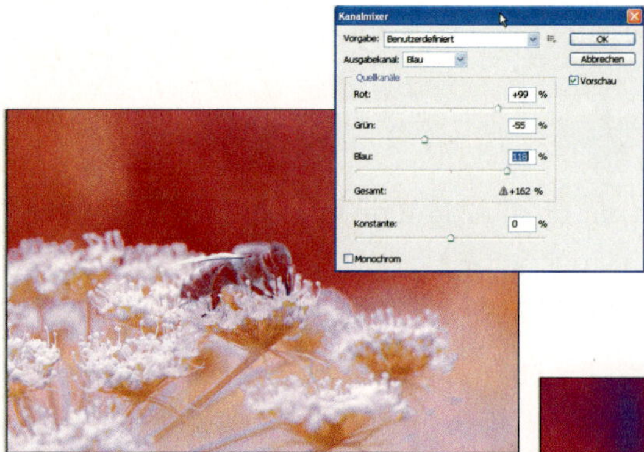

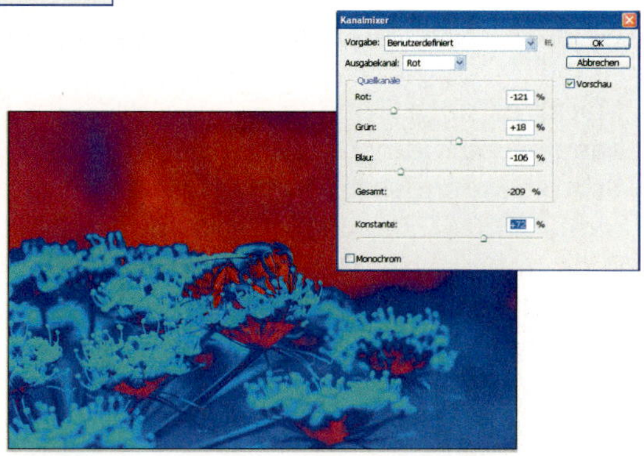

Folgende Links sollen Ihnen Anregungen geben, kreativ tätig zu sein. Der Autor bittet aber, alle Pixeltäter mögen auch an die Opfer denken.

Linkübersicht „Fotos verfremden":

http://material.rocbar.de/kapitel/pipu/Bilder%20verfremden%20I%20Uebung.pdf

Übersicht und Tipps zu verschiedenen Grafikprogrammen:

http://lehrerfortbildung-bw.de/werkstatt/bild/index.htm

http://de.wikipedia.org/wiki/Bildbearbeitung

4.5.9 Grafikkünstler bei der Porträtoptimierung

Zum Schluss gilt es, die angewandten Techniken an einem Porträt zu testen.

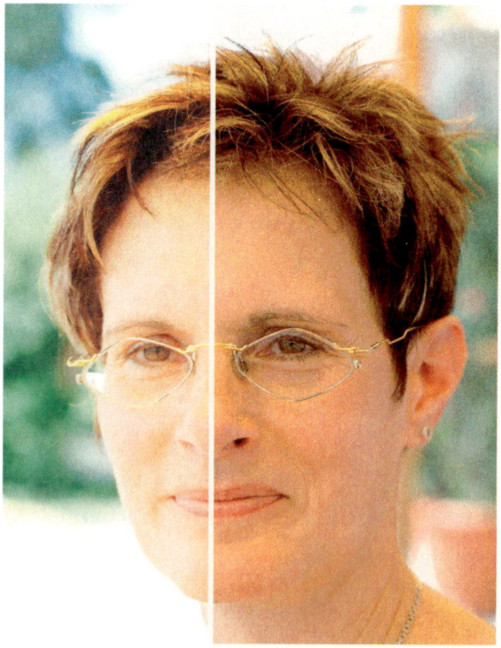

Arbeitsauftrag 1

Bearbeiten Sie beide Gesichtshälften des nebenstehenden Fotos jeweils getrennt voneinander mit dem Ziel, nach mehreren Optimierungsphasen einen harmonischen Gesichtsausdruck zu erreichen.

Zur Lösung sollten Sie sich (wenn Sie mit Adobe Photoshop arbeiten) – neben der Zwischenablage – mit dem Menüpunkt *Auswahl/Transformieren* näher beschäftigen. Sie finden das Bild auf der Daten-CD unter dem Namen: *Helga_zusammen_1.JPEG.*

Arbeitsauftrag 2

Arbeiten Sie das Skriptum „Farbmanagement" unter folgender Adresse durch: www.filmscanner.info/Farbmanagement.html

4.6 Es darf präsentiert werden

PROBLEMSTELLUNG

Herr Berger hat beschlossen, neben den traditionellen Geschäftsfeldern eines Sportartikelhändlers verstärkt in den Tourismus-Bereich einzusteigen. „Sport, Freizeit, Erlebnis, Reisen, Fitness gehören zusammen“, so seine Worte. Er beschließt, eine Flug-/Schiffsreise nach Budapest anzubieten. Am Tag der offenen Tür will er alle Geschäftsfreunde, aber vor allem Vereinsvorstände einladen, um eine Präsentation vorzuführen. Der Azubi Werner Zeichenkunst – er kennt Budapest bestens – wird beauftragt, sich in den nächsten Tagen sachkundig zu machen, um eine Präsentation zu erstellen, die Lust auf Reisen macht.

Frisch motiviert geht er ans Werk, frei nach dem Motto:

Der „alte“ Diavortrag ist passé, es lebe die multimediale Präsentation!

Wissenschaftliche Untersuchungen ergaben, dass wir fachliche Inhalte wie folgt „behalten“:

- 10 % von dem, was wir lesen
- 20 % von dem, was wir hören
- 30 % von dem, was wir sehen
- 50 % von dem, was wir hören und sehen

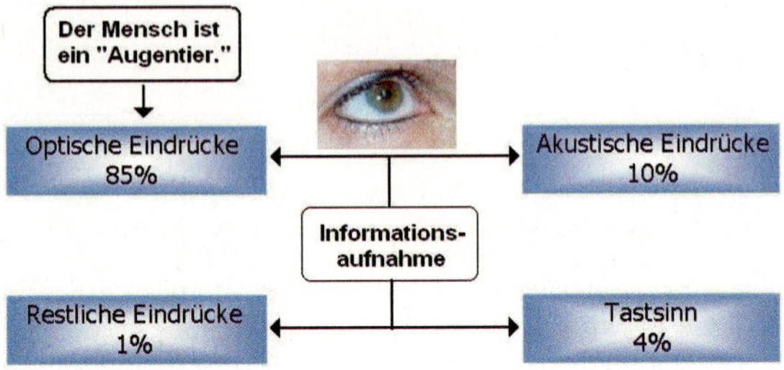

Dieses Wissen gilt es bei Präsentationen unbedingt umzusetzen. Ohne ansprechende Visualisierungen lässt sich i. d. R. keine fesselnde Präsentation gestalten, wobei es für Herrn Zeichenkunst klar ist, dass er – vor der eigentlichen Arbeit am PC – zunächst folgende Arbeitsschritte erledigen muss:

4.6.1 Von der Idee zur Präsentation

1. Grobplanung	◆ Vorstellung der Stadt mit ihren Sehenswürdigkeiten ◆ Vorstellung eines Besichtigungsprogramms ◆ Vorstellung von Freizeitaktivitäten
2. Materialien zusammenstellen	◆ Texte über Geschichte, Lage, Sehenswürdigkeiten, ... der Stadt zusammenstellen und ggf. neue Texte im Internet suchen. ◆ Zusammenstellen von Bildern und Grafiken. Sind Bilder vorhanden oder müssen einige eingescannt werden? Welche Bildformate werden bevorzugt? ◆ Suche nach typischen Musiktiteln unter Festlegung des Musikformates, z. B. mp3, wav, mid, ... ◆ Suche nach Effekten ◆ Suche nach Videos und Animationen unter Festlegung des Formates, z. B. avi, mov, flc, fli, ...

3. Seitengestaltung	◆ Soll ein durchgängiges Layout erstellt werden? ◆ Sollen die Folien in einem vorgegebenen Zeittakt ablaufen? ◆ Welche typografischen Grundsätze müssen beachtet werden?
4. Drehbuch	Exakte Beschreibung der Seiten unter zeitlicher und räumlicher Anordnung von Texten, Grafiken, Sounds, Videos, ...
5. Präsentationsprogramm	◆ Soll die Lösung z. B. mit *PowerPoint, OpenOffice-Impress* oder *Mediator* realisiert werden? ◆ Welche Präsentationsgeräte sind im Einsatz?

4.6.2 Seitengestaltung

Arbeitsauftrag

Arbeiten Sie die Inhalte folgender Adresse durch.

http://isgwww.cs.uni-magdeburg.de/graphik/lehre/EInf/pdf/Info-37-6up.pdf

4.6.2.1 Bildaufbau nach dem „Goldenen Schnitt"

Der **Goldene Schnitt** ist ein Kompositionsprinzip, das besonders in der Malerei auf eine lange Traditionsgeschichte zurückblicken kann. Der „Goldene Schnitt" gilt schon seit der Antike als harmonisches und ausgewogenes Prinzip des Bildaufbaus.
Große Meister wie Albrecht Dürer oder Leonardo da Vinci führten dieses Prinzip zur Vollendung.

Die Idee zu folgenden Zeilen wurde entnommen aus:

http://magazin.pixelio.de/fotopraxis/grundlagen/Der_Bildaufbau__Goldener_Schnitt.php

Bevor der Seiten- und Bildaufbau näher besprochen wird, erscheint ein kleiner Ausflug in die menschliche Wahrnehmung interessant zu sein.

Das Sehfeld des Menschen, bezogen auf beide Augen, beträgt in der Horizontalen ca. 180°, wovon jedes Auge für sich, durch die Anordnung in der Augenhöhle und die Begrenzung der Nase, auf ungefähr 135° reduziert wird.

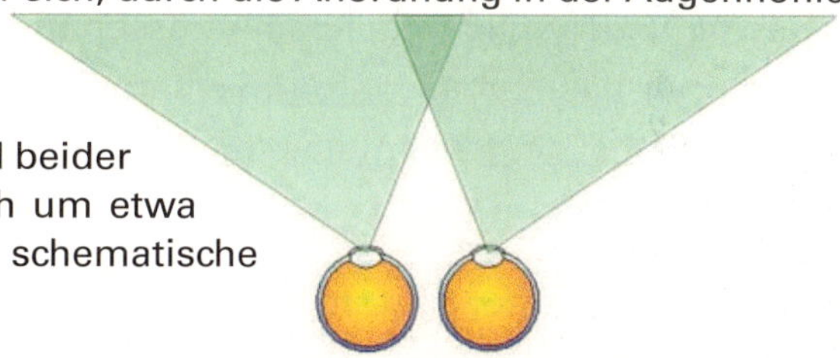

Dabei überlappt sich das Sichtfeld beider Augen in einem Bereich, der sich um etwa 70° beläuft, was nebenstehende schematische Darstellung des Sehfeldes zeigt.

Bei der Vertikalen gilt: Nach oben und unten ist das Sehfeld lediglich durch die Position in den Augenhöhlen begrenzt, folglich ist hier ebenfalls ein Winkel von ca. 135° je Auge zu bemessen. Nimmt man nun das horizontale Gesamtsichtfeld von 180° und das vertikale Sichtfeld von 135° als Fläche, dann kommt man zu dem Verhältnis 4 : 3 (180 : 4 · 3 = 135).

Kommt Ihnen das bekannt vor?

Richtig, über all die Jahre hatten z. B. die Fernsehgeräte und Monitore genau dieses Format, weil es eben die Wahrnehmung in diesem Maßstab darstellt und so leichter vom Gehirn verarbeitet werden kann.

Somit ist klar, warum Fotos rechteckig sind, wobei das Seitenverhältnis hier unterschiedlich sein kann. Übliche Bildformate sind 13 x 9, 15 x 10 oder 18 x 13, also ein Seitenverhältnis von 3 : 2. Legt man ein Blatt Papier in den Maßen 18 x 13 cm vor sich, dann hat man hier seinen Handlungsspielraum für eine zukünftige Bildgestaltung. Einerseits kann man darauf eine Menge Information packen, andererseits kann dieses Blatt aber auch nicht ausreichen, um all das zu zeigen, was man gerne möchte. Darum „komponieren" gute Fotografen bereits vor dem Drücken des Auslösers ein Bild. Gerade in der Werbefotografie ist eine attraktive Visualisierung des Produktes das entscheidende Kriterium dafür, ob die Ware gekauft wird oder nicht. Folglich wurde das Bild in einzelne Regionen zerlegt, die, je nach Position auf dem Blatt, über den Grad des Interesses entscheiden.

Der Goldene Schnitt hat also nichts mit Mode oder Medizin zu tun, sondern ist die Bezeichnung für ein mathematisches Teilungsverhältnis. Verwendung fand es vor allem in der Buchgestaltung. Konkret geht es dabei um eine Strecke, die in zwei unterschiedlich lange Abschnitte geteilt ist. Der längere Abschnitt verhält sich dabei zum kürzeren wie die Gesamtstrecke zum längeren Abschnitt. Rechnerisch entspricht das etwa dem Verhältnis von 3 : 5 oder 1 : 1,618, oder 38,62 %.

Nebenstehend kann z. B. der Bereich Wiese auf zwei Drittel und der Bereich Himmel auf ein Drittel verschoben werden, der Horizont wird aber niemals in der Bildmitte verlaufen. Gleiches gilt auch für das Hochformat, vor allem bei Porträtaufnahmen.

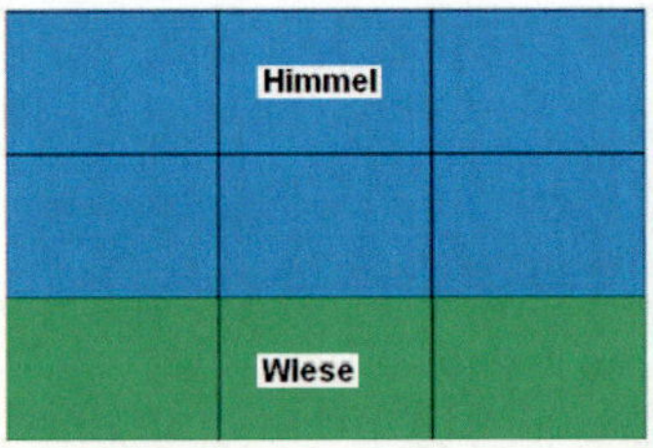

Wer eine mathematische Herleitung des „Goldenen Schnittes" wünscht, findet unter folgenden Adressen Hinweise:

www.elmar-baumann.de/fotografie/bgtutorial/goldener-schnitt.html

www.poeschel.net/fotos/motive/goldener-schnitt.php

Konsequenz

Trotz mittenbetonter Messmethoden und Autofokus-Funktionen bei Digitalkameras sollten wir uns klar darüber werden, dass es gegen das Prinzip des „Goldenen Schnittes" verstößt, das Hauptmotiv in die Mitte eines Bildes zu setzen. Somit ist die (nicht sture) Befolgung dieses Prinzips ein wirksames Mittel der Bild- bzw. Seitengestaltung, was folgende beiden Fotos („Grüße aus Oberschwaben") zeigen sollen.

4.6.2.2 Eyecatcher: Höhepunkt kreativen Gestaltens

Der Blickfang ist bei visuellen Medien ein Grafik- oder Textelement, das die Aufmerksamkeit des Betrachters auf eine bestimmte Botschaft lenken soll.

Als Blickfang werden gerne Bilder oder Piktogramme, aber auch markante Slogans in auffälliger Typografie eingesetzt.

In verschiedener Weise wird die Aufmerksamkeit des Lesers geweckt:

a) unmittelbare Aufmerksamkeit durch augenfällige Motive wie z. B.
- ein ungewöhnliches Foto,
- eine auffällig große Schlagzeile,
- die Darstellung typisch weiblicher Attribute, z. B. als Hintergrund oder als Element der Werbung für Produkte, die „an den Mann" gebracht werden sollen. Umgekehrtes funktioniert inzwischen auch für weibliche Zielgruppen.

b) Sehgewohnheiten des Lesers durchkreuzen (sogenannte „Störer")
- ein auffälliger Stempel über dem Motiv in einer Anzeige, z. B.: „Aktion nur bis 31.12."
- mehrere auffallende Farben, z. B. Rot auf schwarzem Hintergrund

Aufgabe
Seien Sie kreativ und erfinden Sie einen eingängigen Slogan für die Fahrt nach Budapest.

4.6.2.3 Typografische Grundlagen

Unter **Typografie** versteht man einen Gestaltungsprozess, der mittels Schrift, Bildern, Linien, Flächen bei Druck-Erzeugnissen und elektronischen Medien angewendet wird. Somit umfasst Typografie nicht nur die Gestaltung eines

Layouts und den Entwurf von Schriften, sondern reicht bis zur Auswahl des „richtigen" Papiers oder des Einbands. Möglichkeiten typografischer Gestaltung sind traditionell der Einsatz unterschiedlicher Schriftarten, Schriftgrößen und weiterer Auszeichnungsarten, die Wahl der Satzbreite (Zeilenlänge), des Zeilenfalls, des Satzspiegels innerhalb des Papierformates, die Auswahl des passenden Papiers und vieles mehr.

Arbeitsauftrag

Arbeiten Sie unter folgender Adresse das Skript „Typographische Grundlagen" durch. Dort finden Sie einen Abriss der Entwicklung der Schrift von den Anfängen der Menschheit bis zum Computerzeitalter.

www.hs-augsburg.de/~blinky_p/werke/MM1_Typo_LNW/LNW.pdf

4.6.2.3.1 Wahl geeigneter Schriftarten

Anmerkungen zu einzelnen Schriftarten

Antiqua (Serifenschriften) z. B. Times New Roman	Serifen sind die „Füßchen" der Buchstaben. Die Serifen führen das Auge, sie erzeugen den Eindruck einer Linie. Daher sind sie gut geeignet für Druckerzeugnisse. Am Bildschirm und vor allem am Beamer können die Serifen eine gewisse Unruhe erzeugen.
Grotesk (serifenlos) z. B. Arial	Serifenlose Schriften sind in Druckerzeugnissen schlechter lesbar als die Serifenschriften. Serifenlose Schriften wirken sachlicher, technischer und moderner. Sie sind für Präsentationen geeignet und auch am Beamer gut lesbar.

Oben beschriebene Schriftarten unterscheiden sich auch beim Buchstabenabstand.

Die Lesbarkeit wird durch das Zusammenlaufen der Buchstaben eingeschränkt.

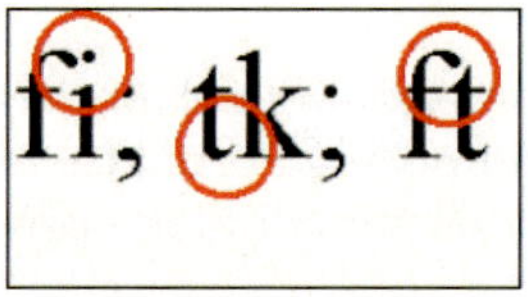

"zusammenlaufende" Buchstaben: Times New Roman

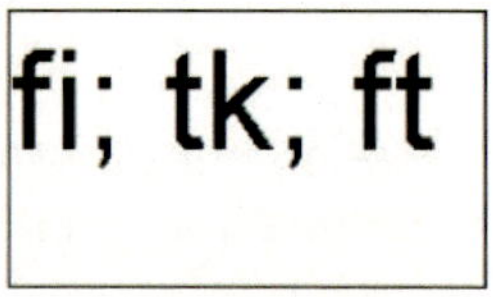

nicht "zusammenlaufende" Buchstaben: Arial

Script (Schreibschrift) z. B. *Script*	Weniger für Lesetexte geeignet, eher zur Plakation von Stichworten und für Überschriften

4.6.2.3.2 Groß- und Kleinschreibung als Stilmittel

Auf *Kursiv-* und GROSSSCHREIBUNG sollte verzichtet werden.

Präsentationen spielen in den Schulen eine zunehmend wichtigere Rolle. Oft sind sie bereits Prüfungsgegenstand.

PRÄSENTATIONEN SPIELEN IN DEN SCHULEN EINE WICHTIGE ROLLE. OFT SIND SIE BEREITS PRÜFUNGSGEGENSTAND.

4.6.2.3.3 Schriftauszeichnungen und -größen

Auszeichnungen	Schriftauszeichnungen sind: *kursiv, fett,* unterstrichen, usw. Unterstreichen ist heute am PC verpönt, da der Benutzer einen Link vermutet.
Schriftgröße	Als Richtwert bei Beamer-Präsentationen gilt für Fließtext > 24 pt und für Überschriften > 36 pt. Für die Lesbarkeit am Bildschirm gelten dieselben Regeln wie für Druck-Erzeugnisse, je nach Schriftart 8 pt bis 12 pt.

4.6.2.3.4 Farben am PC bewusst einsetzen

Grundregeln

- Farben dezent verwenden. Bestimmte Kombinationen von extremen (gesättigten) Farben vermeiden.
- Reine Farben sind zu bevorzugen.
- Farbe nur als unterstützendes Mittel verwenden, um Informationen hervorzuheben.
- Farbe sparsam einsetzen.
- Farbwirkung berücksichtigen. Mit Farben lassen sich nicht nur Informationen, sondern auch Gefühlsregungen verstärken, was folgende (stark vereinfachte) Farbsymbolik zeigt:

Aktivität, Dynamik, Gefahr, Temperament, Zorn, Wärme, Leidenschaft, Eroberungswille, ...
Reife, Wärme, Optimismus, Freundlichkeit, Vorwärtsstreben, ...
Harmonie, Zufriedenheit, Passivität, Sauberkeit, ...
Frische, Durchsetzungsvermögen, Ruhe/Entspannung, Natur, ...
Freude, Lebhaftigkeit, Spaß, Ausgelassenheit, ...
Sinnlichkeit, Bequemlichkeit, Anpassung, Schwere, ...
Reinheit, Sauberkeit, Ordnung, Leichtigkeit, Vollkommenheit, ...
Auflehnung, Negation, Trauer, Einengung, Pessimismus, ...
Neutralität, Trostlosigkeit, Nüchternheit, Elend, Sachlichkeit, Funktionalität, Schlichtheit, ...

4.6.2.3.5 Kontraste lenken den Blick

Schlechte und gute Kontraste im Vergleich.

4.6.2.3.6 Wechselwirkungen zwischen Text- und Hintergrundfarbe

Folgende Matrix zeigt – in Abhängigkeit einer guten Lesbarkeit – Kombinationen von Schrift- und Hintergrundfarben.[1]

		Textfarbe								
		Weiß	Schwarz Text	Grau Text	Gelb Text	Rot Text	Blau Text	Grün Text	Magenta Text	Cyan Text
Hintergrundfarbe	Weiß	X	gut	mittel	schlecht	gut	gut	mittel	gut	schlecht
	Schwarz	gut	X	gut	gut	gut	mittel	gut	gut	gut
	Grau	mittel	gut	X	gut	mittel	gut	schlecht	mittel	schlecht
	Gelb	schlecht	gut	mittel	X	gut	gut	schlecht	mittel	schlecht
	Rot	gut	gut	mittel	gut	X	schlecht	schlecht	schlecht	gut
	Blau	gut	schlecht	mittel	gut	schlecht	X	gut	schlecht	gut
	Grün	mittel	gut	schlecht	schlecht	mittel	mittel	X	mittel	schlecht
	Magenta	mittel	mittel	schlecht	mittel	schlecht	mittel	mittel	X	mittel
	Cyan	schlecht	gut	schlecht	schlecht	gut	gut	schlecht	mittel	X

Tipp

Seien Sie vorsichtig mit der Kombination von Grundfarben (Rot, Grün und Blau) untereinander, da der Farbkontrast stören kann und sogar ursächlich für störende Wahrnehmungen sein kann (Chromosteropsis). Gute Kombinationen ergeben sich durch „Unbunt-Bunt-Kombinationen", wobei zu beachten ist, dass bei Projektion mit einem Beamer die Kontraste abgeschwächt sein können.

1 vgl. Landesinstitut für Schulentwicklung, berufliche Schulen, Handreichungen berufliche Schulen BW, H-05/59, S. 9

4.6.3 Tipps für eine gute Präsentation

Häufig beobachtete Fehler bei Präsentationen

1. Die Folien enthalten zu viele Informationen, die Schriftgröße ist zu klein.
2. Der Vortragende liest seinen Redetext wortwörtlich von den Folien (oder vom Papier) ab.
3. Der Referent spricht längere Zeit über ein Thema, das nicht zu seinen Folien passt. Man spricht in diesem Zusammenhang von der Bild-Ton-Schere: Gesagtes und Gezeigtes passen nicht zusammen.
4. Fehlender Blickkontakt zu den Zuhörern
5. Zu komplizierte Sprache mit vielen Fach- und Fremdwörtern, Abkürzungen und Schachtelsätzen
6. Die Präsentation endet mit der Folie: *„Vielen Dank für Ihre Aufmerksamkeit!"*

4.6.3.1 Tipps zur Visualisierung

1. Sparsame Darstellungen wirken klarer und sind verständlicher als „überladene" Folien. Somit gilt: Nicht zu viel auf einer Seite anordnen.
2. Eine Präsentation soll Ihre Rede nicht wiederholen, sondern unterstützen.
3. Darstellungen keinesfalls „liegen lassen" wenn man schon über anderes spricht
4. Typografische Regeln beachten (vgl. Seite 182)
5. Genügend Zeit zur Informationsaufnahme lassen
6. Den Vortrag üben, üben und nochmals üben
7. Frei sprechen und evtl. Sprechkarten benutzen
8. Lange Begriffe getrennt schreiben: z. B. „PowerPoint-Präsentation" statt „Powerpointpräsentation"
9. Worttrennungen möglichst vermeiden
10. Nur „zielgruppengerechte" Abkürzungen benutzen
11. Jede Seite nach Möglichkeit inhaltlich abschließen.
12. Das Präsentationsmedium beherrschen
13. Manchmal darf auch gelacht werden, wobei es kaum empfehlenswert ist, zwischendurch Standard–ClipArts einzublenden; diese haben „einen Bart".

4.6.3.2 Tipps beim Steckenbleiben

1. Zugeben: „Einen Moment bitte, ich habe den Faden verloren".
2. Füllfloskeln verwenden
3. Den letzten Satz wiederholen
4. Eine Zusammenfassung formulieren
5. Einen Scherz machen (vielleicht über sich selbst)

Bei Susanne Goerke, www.businessworld.de, habe ich in einer Veröffentlichung aus dem Jahre 2005 den Merksatz „Vitamin B“ gefunden.

V = Vorbereitung:	Seien Sie gut vorbereitet!
I = Individualität:	Nutzen Sie einen individuellen Stil!
T = touch – turn – talk:	Reden und Handeln trennen!
A = Authentizität:	Seien Sie „echt“!
M = Motivation:	Seien Sie motiviert für die Präsentation!
I = Identifikation:	Identifizieren Sie sich mit dem Thema!
N = Nachhaltigkeit:	Sorgen Sie dafür, dass Ihre Präsentation Auswirkungen hat!
B = Beziehungsebene:	Stellen Sie eine echte Beziehung zu den Zuhörern her!

Packen Sie Ihr Publikum! Präsentieren Sie das, was Ihnen am Herzen liegt!

4.6.4 Folienorganisation[1]

Entweder nur vorwärts oder vor und zurück.
= Klassische Präsentation

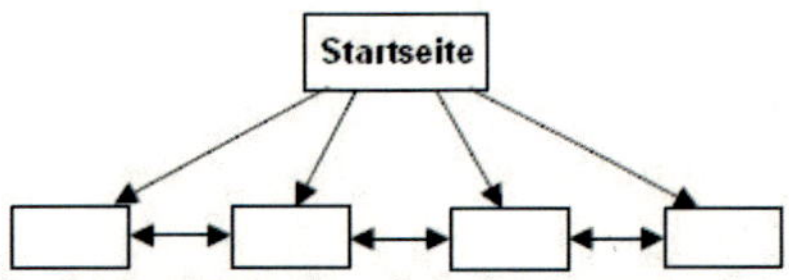

Klassische Startseite, danach nur vor und zurück.
Einstieg aber an verschiedenen Stellen möglich,
z. B. benutzergesteuerte Präsentation.

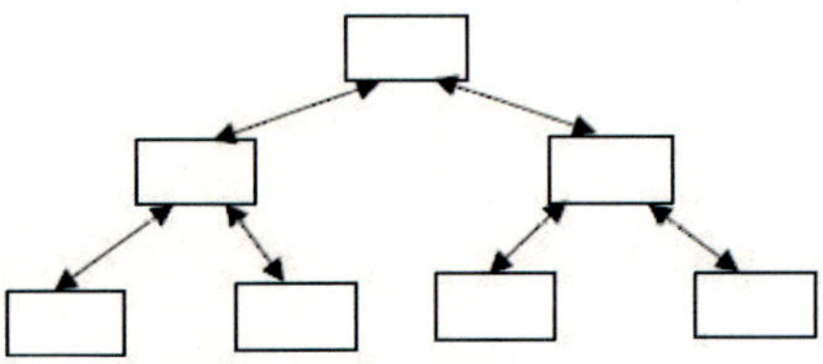

Vorwärts und rückwärts, z. B.
Webseite eines Unternehmens.

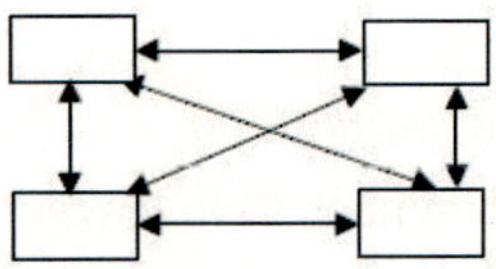

Verknüpfung geht in alle Richtungen,
z. B. Suchmaschinen

4.6.5 Das Drehbuch, ein wichtiges Gestaltungsmittel

Obwohl (oder weil) wir uns nicht in Hollywood befinden, sollte auch beim Einsatz von Präsentationssoftware nicht ohne Struktur „drauflosgewurschtelt“ werden.

Ein Drehbuch beinhaltet eine genaue Beschreibung der Seiten, also eine zeitliche und räumliche Anordnung von Text, Grafik, Sound und Video.

1 vgl. Landesinstitut für Schulentwicklung, berufliche Schulen, Handreichungen berufliche Schulen BW, H-05/59, S. 21

Es sollte u. a. enthalten:

- Reihenfolge der Folien (lfd. Nummer)
- Thema der einzelnen Folien
- Objekte der einzelnen Folien (Art und Reihenfolge)
- Angaben zur Animation der Objekte und Hyperlinks
- Hinweise zum Folienwechsel (manuell/zeitgesteuert)
- individuelle Ergänzungen

Beispiel eines Drehbuchs für die zu erstellende Präsentation

<table>
<tr><th>Nr.</th><th>Überschrift/ Thema</th><th>Objekte</th><th>Objekt-Animationen</th><th>Bemerkungen/ Hinweise</th></tr>
<tr><td>1</td><td>Budapest – virtueller Rundgang durch die Donaumetropole</td><td>Budapest_intro_1.jpeg</td><td>Texte bei Eingang: „langsam auflösen“</td><td>Titelfolie als Master mit Fußnote gestalten
Folienübergang z. B. keilförmig/langsam/ bei Mausklick</td></tr>
<tr><td>2</td><td>Die Stadt zu Fuß erkunden</td><td>Budapest_map.tif/jpeg
Bild eingescannt</td><td>Vier Legenden in einer benutzerdefinierten Animation: „Einfliegen von unten“. Geschwindigkeit: langsam</td><td>Hintergrund: gelb
Folienübergang z. B. keilförmig/langsam/ bei Mausklick</td></tr>
<tr><td>3</td><td>Über die Kettenbrücke zum Burgpalast zur Fischerbastei</td><td>Burgberg (8).jpeg
Fischerbastei (5).jpeg
Hintergrund_1.jpeg,
erstellt aus: Pest_ Panorama_1.jpeg</td><td>Texte von unten „einfliegen“.
Bilder: Effekt „Kurzer Blick“</td><td>Folienübergang z. B. Auflösen/langsam/bei Mausklick
Hintergrundbild: mit Grafikprogramm bearbeitet.</td></tr>
<tr><td>4</td><td>Traumhafte Panoramen</td><td colspan="3" rowspan="5">Bitte stellen Sie sich Ihren eigenen virtuellen Rundgang durch die Stadt zusammen.
Unterlegen Sie Musik, blenden Sie Videosequenzen ein.
Kurz: Seien Sie kreativ!</td></tr>
<tr><td>5</td><td>Einzigartige Thermalquellen: Oasen in historischen Badetempeln</td></tr>
<tr><td>6</td><td>Reiches Kulturleben</td></tr>
<tr><td>7</td><td>Architektonische Kostbarkeiten des Jugendstil und Klassizismus</td></tr>
<tr><td>8</td><td>Flanieren in romantischen Gassen des Burgenviertels mit Burgpalast, Matthiaskirche und Fischerbastei</td></tr>
<tr><td>9</td><td>Shoppen an der Váci Uta</td><td>usw.</td><td></td><td></td></tr>
</table>

4.6.6 Präsentation einer Traumreise

Bei allen Präsentationsprogrammen gilt es, zuerst **Objekte** in eine neue Folie einzufügen. Der Begriff *Objekt* wird für alles verwendet, was auf der Seite platziert werden kann, also Bilder, Videos, geometrische Figuren usw.

Als Werner Zeichenkunst bei der Suchmaschine *Google* Anleitungen zum Umgang mit *MS PowerPoint* oder *OpenOffice-Impress* suchte, wurde er von der Fülle der Informationen fast erschlagen, fand er doch über 200000 Seiten zu dieser Thematik.

Aus diesem Angebot suchte der Autor dieses Buches eine Adresse zum Durcharbeiten aus:

http://lehrerfortbildung-bw.de/werkstatt/praes/pp_tutorial/pp2/2_beschr.pdf

Es geht los!

→ Präsentationsprogramm starten.

→ Neue Präsentation mit einer leeren Folie beginnen.

→ Bild (aus Datei) einfügen, z. B. *Burgberg_Folie_1.JPEG.*

→ Bildgröße an Anfasspunkten auf die gewünschte Größe aufziehen.

→ Textbeschriftung vornehmen (T-Symbol aus der unteren Symbolleiste), z. B. Slogan, Überschrift.

Um Objekte mit *MS PowerPoint* einzufügen, stehen die Elemente der abgebildeten **Multifunktionsleiste** zur Verfügung.

→ Grafiksymbol aus der Gruppe *Illustrationen* auswählen.

→ Bild aus einem Ordner einfügen.

Arbeitsaufträge

1. Wenn Sie mit dem Ergebnis zufrieden sind, können Sie eine weitere Folie einfügen *(Einfügen/Seite).*
2. Vergessen Sie nicht, die Präsentation abzuspeichern. *OpenOffice-Impress* erweitert den Dateinamen mit *odp (OpenDocumentPräsentation).*

Gestaltungsvorschlag der zweiten Folie

- Stadtplan (eingescannt im *TIF-Format* und umgewandelt in JPEG)
- Legenden eingefügt und animiert in der benutzerdefinierten Animation

  Effekt hinzufügen/Einfliegen/langsam
- Folienübergang z. B. keilförmig

Tipp

Sie können Textformatierungen zeitsparend auf andere Textstellen übertragen, indem Sie zunächst die fertig gestaltete Passage markieren, dann auf das Symbol *Format Übertragen* in der Standard-Symbolleiste am oberen Bildschirmrand klicken und anschließend mit dem Pinsel den Textabschnitt markieren, der die Formatierung erhalten soll.

4.6.6.1 Folienorganisation

Aufgabe

Bereits ab der ersten Folie soll im Fußzeilenbereich – durchgehend für alle anderen Folien – immer der gleiche Text bzw. das gleiche Bild ausgegeben werden, ohne diese Elemente einzeln in jede Folie einfügen zu müssen.

Hierzu dient der **Folienmaster.** Er ermöglicht die Erstellung eines Layouts, das für alle Folien einer Präsentation gilt.

- Ansicht
- Master
- Folienmaster
- Im Fußzeilenbereich Elemente einfügen, z. B. Fahne von Budapest, Texte.
- Im Menüpunkt *Format/Seite/Hintergrund* können Sie Gestaltungsmöglichkeiten für alle folgenden Folien auswählen, z. B. Hintergrundfarben und Farbverläufe, Hintergrundstrukturen und Bilder, ...
- Folienmaster schließen und zur Normalansicht zurückkehren.

Werner Zeichenkunst hat im unteren Bildschirmbereich folgende beiden Elemente ausgegeben:

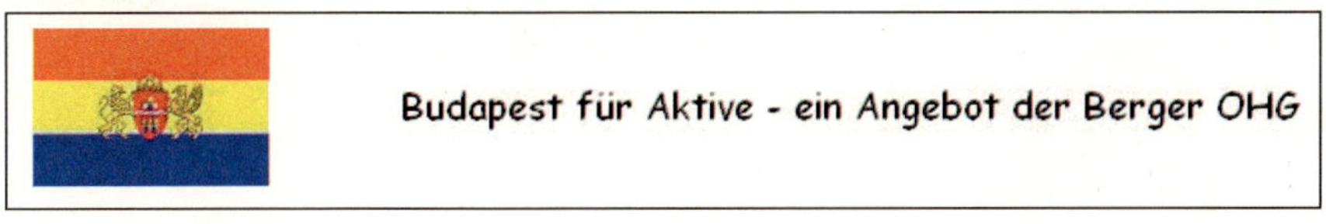

In fast allen Präsentationsprogrammen stehen mindestens vier verschiedene Master zur Verfügung: **Folienmaster, Titelmaster, Handzettel-** und **Notizenmaster**.

Folgende Darstellungen zeigen bewährte Organisationsformen. Hierbei ist zu beachten, dass Gestaltungen bzw. Änderungen am Titelmaster sich nur auf Folien auswirken, die das Folienlayout **Titelfolie** besitzen. Dieses Layout enthält Platzhalter für einen Titel, für einen Untertitel sowie für Kopf- und Fußzeilen. Solche Folien können in einer Präsentation mehrfach verwendet werden, z.B. um neue Abschnitte einzuleiten.

STOP Wird ein Folienmaster gelöscht, wird automatisch auch der zugehörige Titelmaster entfernt.

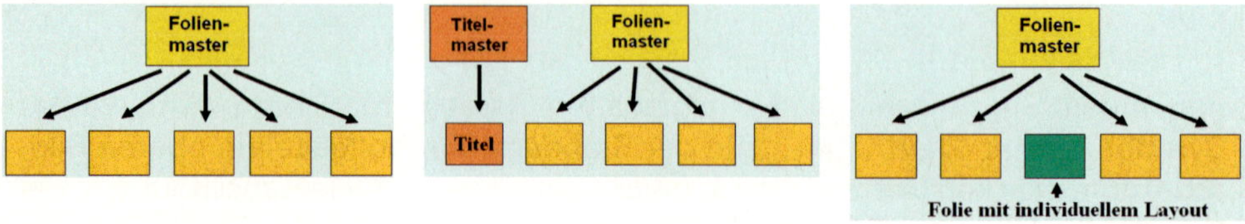

Die Registerkarte Ansicht zeigt im Programm *MS PowerPoint* folgende Möglichkeiten:

4.6.6.2 Folienobjekten Leben einhauchen

Prinzipiell kann jedes Objekt auf einer Präsentationsfolie animiert werden. Das System bietet dazu ein umfangreiches Funktionspaket an. Dabei werden verschiedene Arten von Animationen unterschieden:

Eingang	Effekt, mit dem ein Objekt in der Folie eingeführt wird (erstmaliges Erscheinen).
Hervorgehoben	Dieser Effekt dient dazu, ein bereits auf der Folie befindliches Objekt zu betonen und die Aufmerksamkeit des Betrachters darauf zu lenken.
Beenden	Analog zu den Eingangseffekten finden Sie hier die Möglichkeit, ein Objekt mit einer Animation aus einer Folie auszublenden.
Animationspfade	Dies sind virtuelle Linien, an denen Objekte entlang bewegt werden können.

Arbeitsauftrag

Wählen Sie aus der Vielzahl der angebotenen Effekte Ihren Wunscheffekt aus und gestalten Sie die anderen Texte ebenso. Testen Sie die angebotenen Geschwindigkeitsstufen.

Bei *MS PowerPoint* aktivieren Sie die Registerkarte ...

➔ Animationen

➔ Benutzerdefinierte Animation

Sie können jetzt aus einer Vielzahl von angebotenen Animations-Schemata auswählen.

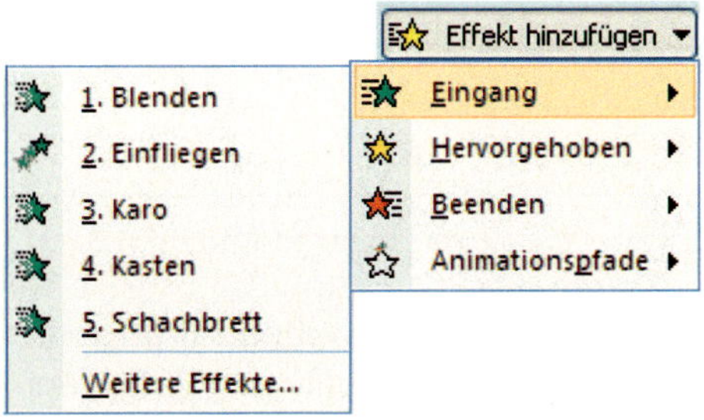

Die zweite Folie soll – nachdem die Präsentation der ersten beendet ist – in einer für das Auge angenehmen Art eingeblendet werden. Somit befassen wir uns jetzt mit verschiedenen **Folienübergängen.**

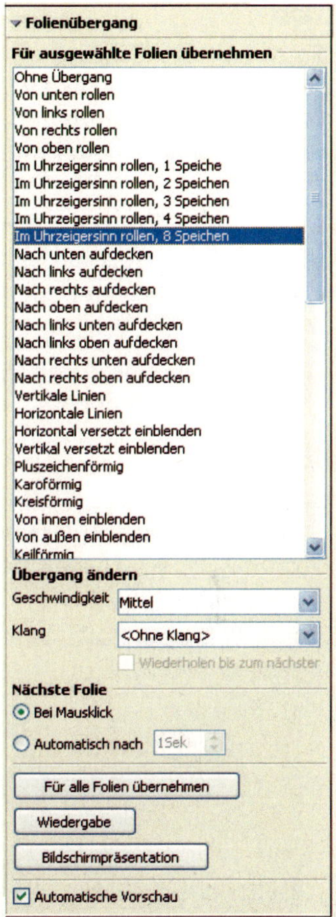

Bei *OpenOffice-Impress* gilt nebenstehendes Auswahlfenster.

➔ Bildschirmpräsentation

➔ Folienübergang

Bei *MS PowerPoint* finden Sie die Lösung unter der Registerkarte *Animationen.* Wenn Sie die Maus auf den einzelnen Symbolen ruhen lassen, wird Ihnen eine Vorschau der Objekte eingeblendet.

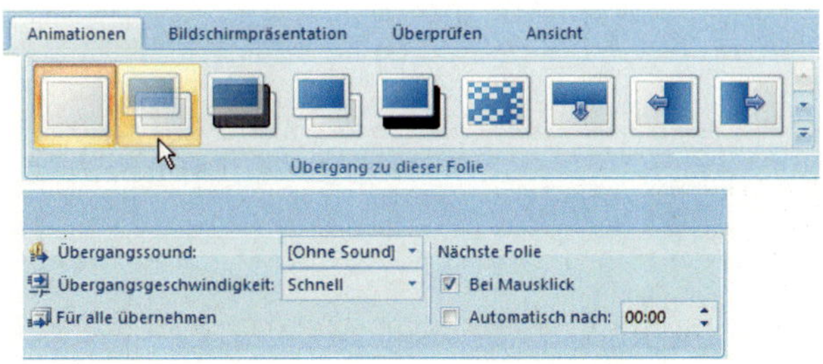

Nebenstehendes Auswahlfenster bietet verschiedene Möglichkeiten an, aus einer Galerie unterschiedliche Stile zur **Textgestaltung** auszuwählen. Danach können diese Elemente animiert werden.

Symbol:
Fontwork Gallery

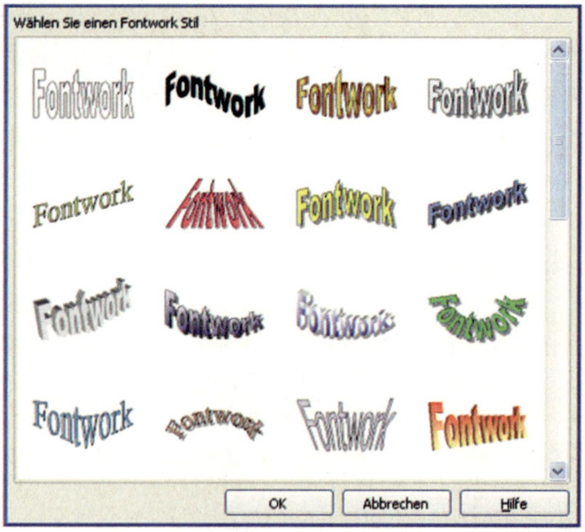

Tipp

Sind mehrere Objekte auf einer Folie zu positionieren, so helfen Gitternetzlinien für eine bessere Platzierung. Sie finden diese unter *Extras/Optionen/Darstellung/Zeichnung/Präsentation. MS PowerPoint* bietet unter der Registerkarte *Ansicht* vielfältige Hilfen und Gestaltungsmöglichkeiten.

Wenn Sie das Zwischenergebnis anschauen möchten, gilt:

- ➔ Bildschirmpräsentation (F5)
- ➔ Kurzes Drücken der Leertaste, um die einzelnen Elemente einzublenden.

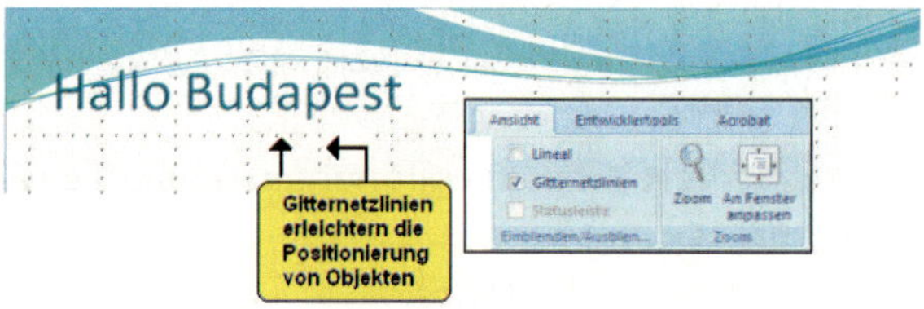

Arbeitsaufträge

1. Erstellen Sie mit einem Bildbearbeitungsprogramm aus dem Bild *Pest_Panorama_1.jpeg* (vgl. Daten-CD) ein Hintergrundbild mit dem Namen *Hintergrund_1.jpeg.* Dieses bearbeitete Bild soll als Hintergrund für Folie 3 dienen.

Ausgangsbild

Hintergrundbild

2. Binden Sie Bilder und Texte lt. Drehbuch ein. Hierbei ist zu beachten, dass Sie das Hintergrundbild als „nach hinten“ anordnen. Bitte klicken Sie mit der rechten Maustaste auf das Bild und beachten Sie die beiden Möglichkeiten:

Auswahlfenster in *MS PowerPoint*

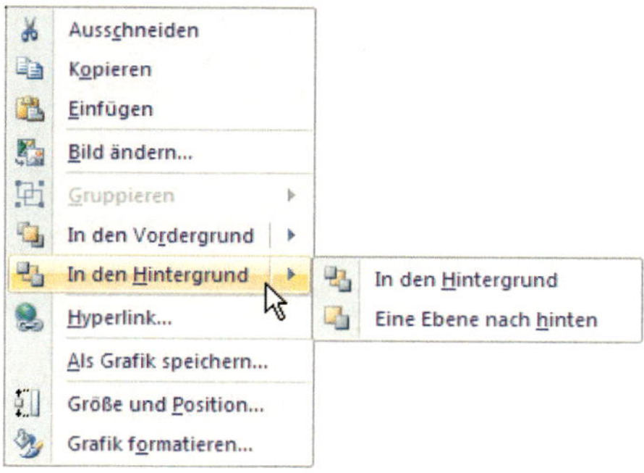

Auswahlfenster in *OpenOffice-Impress*

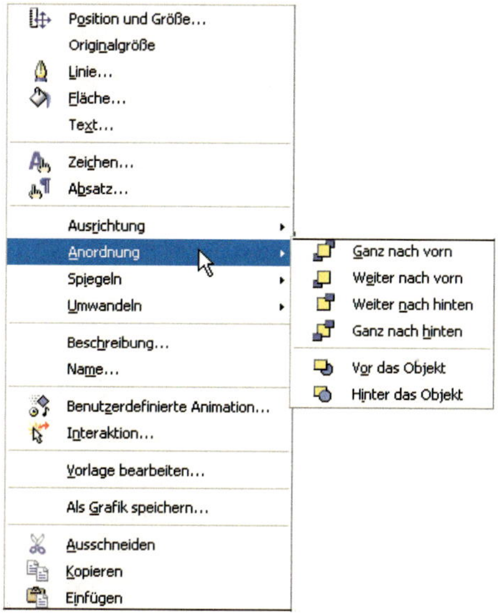

Gestaltungsvorschlag der dritten Folie

3. Ergänzen Sie die Präsentation um weitere Folien.
4. Entnehmen Sie darzustellende Informationen über Budapest dem Internet. Eine Auswahl verschiedener Bilder finden Sie auf der Daten-CD zu diesem Buch.

4.6.6.3 Folien nach den zu präsentierenden Inhalten gestalten

PROBLEMSTELLUNG

Bei aller Liebe zu Grundsätzen wie „Wechsle nicht bewährte Hintergründe" muss es, so die Meinung von Werner Zeichenkunst, Ausnahmen geben, will er doch, dass seinen Zuhörern bei der Präsentation von Budapest bewusst wird, dass sie in die größte Thermalstadt des Kontinents reisen. Hierzu eignen sich Hintergründe, die solche Assoziationen wecken.

Hier ein Lösungsvorschlag
(OpenOffice-Impress)

➔ Format

➔ Seite

➔ Registerblatt Hintergrund auswählen, z. B. Bitmap.

➔ Aus Listenfeld *Füllung* Wunschdesign auswählen.

Hier können Sie festlegen, ob Sie den Hintergrund nur für die ausgewählte Folie oder für alle Folien wünschen.

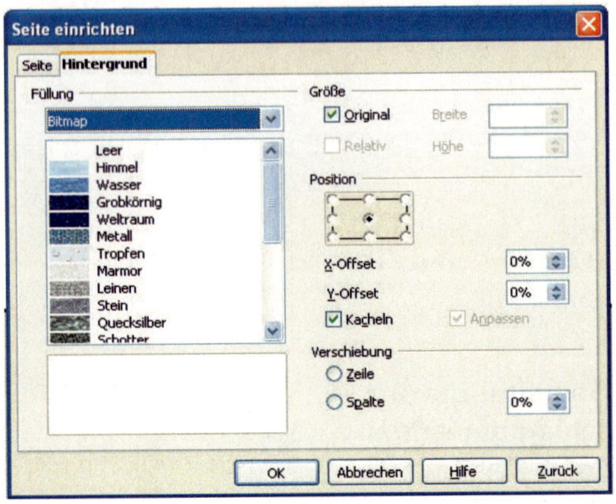

Lösungsmöglichkeiten mit *MS PowerPoint*

Auch hier haben Sie die Möglichkeit, aus einer Vielzahl angebotener **Bildschirmdesigns** (Foliendesigns) zu wählen. Diese Designs übernimmt das System für alle Folien.

Um die Lage Budapests am Wasser hervorzuheben, hat Werner Zeichenkunst die Alternative *Hyperion* gewählt. Als Hintergrundfarbe wurde die Formatvorlage 2 (zartes Blau) gewählt.

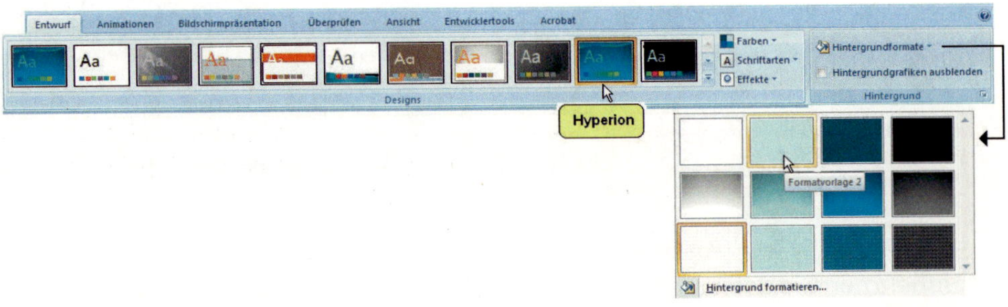

4.6.6.4 Objekte auf Folien organisieren

Oftmals ergeben mehrere einzelne Objekte erst eine Gesamtform. Wenn Sie diese Gesamtform auf einmal verschieben oder bearbeiten wollen, sollten Sie diese vorher gruppieren. Gruppieren bedeutet, dass zwei oder mehrere Objekte zu einem neuen Objekt zusammengefasst werden, das dann global bearbeitet werden kann.

Markieren Sie dazu zunächst die Objekte mit der Maus und klicken dann in der Symbolleiste Zeichnen auf Gruppierung. Die Gruppierung wird dadurch gekennzeichnet, dass die Elemente nur noch von acht Ziehpunkten umgeben sind, die für die gesamte Gruppe gelten.

Zur Verdeutlichung ist hier ein Beispiel aus dem umfangreichen Hilfe-Angebot von OpenOffice-Impress wiedergegeben:

Wenn Sie zum Beispiel ein Fahrrad zeichnen, können Sie zuerst ein Rad konstruieren, bestehend aus Reifen, Felge, Speichen und Nabe, und diese Objekte dann gruppieren. Jetzt ist es einfach, das Rad zu drehen, zu kopieren und die Kopie zu verschieben. Dann zeichnen Sie den Rahmen und den Rest des Fahrrads dazu und bilden daraus wieder eine Gruppierung. Zum Bearbeiten eines Teilobjekts einer Gruppierung brauchen Sie die Gruppierung nicht aufzuheben; es genügt, wenn Sie die Gruppierung „betreten". Sie können dann das gewünschte Objekt bearbeiten und die Gruppierung danach wieder verlassen.

Sowohl bei *OpenOffice-Impress* als auch bei *MS PowerPoint* gilt:

- ➔ Erstes Objekt markieren.
- ➔ Shift-Taste drücken.
- ➔ Weitere Objekte markieren.

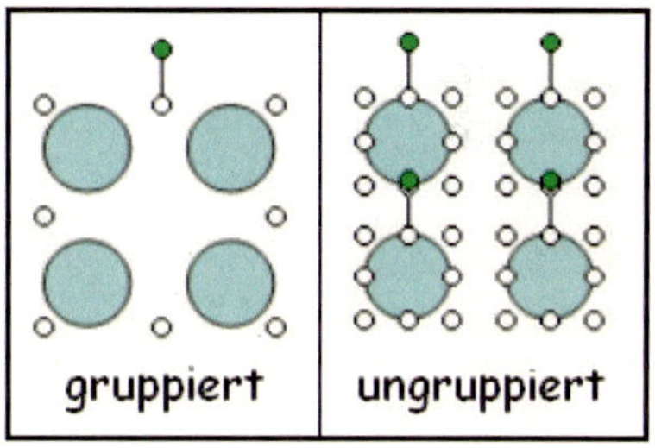

4.6.6.5 Objekte formatieren

Objekte lassen sich in ihrem Erscheinungsbild vielfältig anpassen. Durch einen Mausklick auf ein Objekt werden verschiedene Hilfskästchen angezeigt.

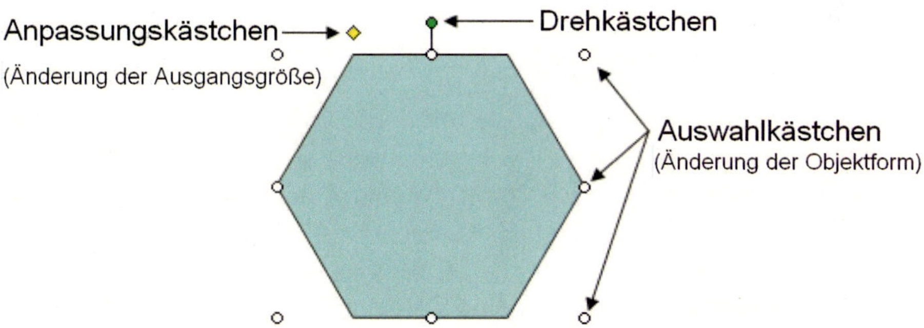

4.6.6.6 Sound und Videos einbinden

Musik belebt eine Präsentation

Arbeitsauftrag

- → Fügen Sie ein neues Bild in eine neue Folie ein.
- → Suchen Sie einen „passenden" Musiktitel aus.
- → Beim Erscheinen der neuen Folie soll Musik die Präsentation ergänzen.
- → Menüpunkt: *Einfügen/Film und Klang.*
- → Musikdatei auswählen.

Hier würde sich z. B. ein Bild der Matthiaskirche (Krönungskirche der ungarischen Könige) anbieten. 1867 würdigten die Habsburger die Krönung von Franz Joseph I. und Elisabeth (Sisi) zum ungarischen Königspaar. Franz Liszt komponierte für diesen Anlass die Krönungsmesse. Ein weiteres Bild wäre z. B. das Opernhaus. Es gilt als eines der schönsten der Welt. Franz Liszt und Gustav Mahler wirkten in diesem prachtvoll ausgestatteten Haus.

Videos schaffen neue Blickfelder

- → Neue Folie einfügen.
- → Film einfügen: *Einfügen/Film und Klang.*
- → Datei auswählen.

Die meisten Präsentationsprogramme können folgende Formate für Video- und/oder Audio-Dateien einfügen und abspielen.

Video

- ◆ Audio Video Interleave (*.avi)
- ◆ Quicktime-Dateien (*.mov, *.qt), die mit der Quicktime-Version 1 oder 2 entstanden sind (die Versionen 3 und 4 werden von PPT nicht unterstützt)
- ◆ Motion Picture Experts Group (*.mpg, *.mpeg, *.m1v, *.mp2, *.mpa, *.mpe)
- ◆ Microsoft Streaming Format (*.asf, *.asx)
- ◆ Animated GIF (*.gif). Auch wenn das keine Filme im eigentlichen Sinne sind, kommen sie mit ihrer Bewegung einem kleinen Movie doch sehr nahe.

Neben diesen gibt es noch eine Reihe weniger populärer Formate. Falls Sie eines der weniger gebräuchlichen Videoformate verwenden, empfiehlt es sich, dieses vor dem Einbetten in die Präsentation in **AVI** oder **MPG** umzuwandeln.

Audio

- Audio Interchange File Format (*.aiff, *.aif, *.aifc)
- Motion Pictures Expert Group Layer-3 (*.mp3, *.m3u)
- Musical Instrumental Digital Interface (*.midi, *.mid, *.rmi)
- Unix-Environment (*.au, *.snd)
- Microsoft Wave (*.wav)
- Microsoft Streaming Format (*.asf, *.asx)
- CDAudio (*.cda)

Medien mit MS PowerPoint 2007 einbinden

→ Registerkarte *Einfügen* anwählen.

→ Aus der Gruppe *Mediaclips* z. B. das Filmsymbol anklicken.

→ Aktion: „Film aus Datei" anklicken.

→ Gespeicherten Film aufrufen.

4.6.6.7 Kalkulieren und präsentieren: Lösungen aus einer Hand

PROBLEMSTELLUNG

Werner Zeichenkunst will am Schluss der Präsentation seinem Publikum ein Preisangebot unterbreiten, wozu er mit einem Tabellenkalkulationsprogramm die Kosten (Fixkosten und variable Elemente) der Reise ausrechnet und in der Präsentation vorführen will.

Möglichkeit 1:

→ Tabelle mit Tabellenkalkulationsprogramm erstellen.

→ Bereich in Zwischenablage übertragen.

→ Von Zwischenablage in Zielbereich einfügen.

	A	B	C	D	E
1	Donaumetropole: Preiskalkulation	Hotel Erzsibot			
2					
3	Grundpreis: Halbpension incl. Flug ab Stuttgart	400,00 €			
4	Reiserücktrittsversicherung	20,00 €			
5	Zwischensumme Fixkosten	420,00 €			
6	**hinzubuchbare Bausteine**				
7	Donaurundfahrt mit Buffet		80,00 €	80,00 €	
8	Rüchfahrt mit Tragflügelbot nach Wien; Flug Wien - Stuttgart			190,00 €	190,00 €
9	Gesamtkosten	420,00 €	500,00 €	690,00 €	610,00 €
10					
11	*Dateiname: Kalkulation_Budapest*				

Möglichkeit 2:

Kalkulationstabelle verknüpfen,

→ wie oben, aber jetzt: *Einfügen, Inhalte einfügen.*

4.6.7 Das Autorensystem Mediator im Kurzüberblick

Das Autorenprogramm Mediator 9 arbeitet mit der Benutzeroberfläche, die auf der Microsoft-Office-Fluent™-Oberfläche basiert und die auch in Microsoft Office 2007 verwendet wird. Mediator erlaubt – neben anderen Anwendungen wie z. B. Erstellung von Websites – einen schnellen Aufbau von Multimedia-Präsentationen.

→ Mediator starten.
→ Neues Dokument erzeugen. (z. B. Standard).
→ Fenster oder ganzen Bildschirm mit Rand auswählen.

Objekte einfügen

→ Registerkarte *Einfügen* auf der **Multifunktionsleiste** klicken.

→ Schaltfläche Bild in der Gruppe *Illustrationen* anklicken und einen Bereich für das einzufügende Bild auf der ersten Folie aufziehen.
→ Bild auswählen, z. B. *Budapest_intro_1.jpeg.*

Zum Gestalten einer Überschrift gilt:

→ *Einfügen/Überschrift*
→ Aus der Stilgalerie Wunschstil auswählen.
→ Mit Format-Menü gestalten.

Arbeitsaufträge

1. Fügen Sie nach der ersten Folie weitere Folien ein.
2. Vergeben Sie für die einzelnen Seiten „sprechende" Seitennamen, z. B. *Stadtplan_Budapest* oder ganz einfach nur eine Seitenzahl.
3. Erstellen Sie die Folieninhalte analog der Beispiele im Abschnitt 4.6.6.

Lösungshilfen

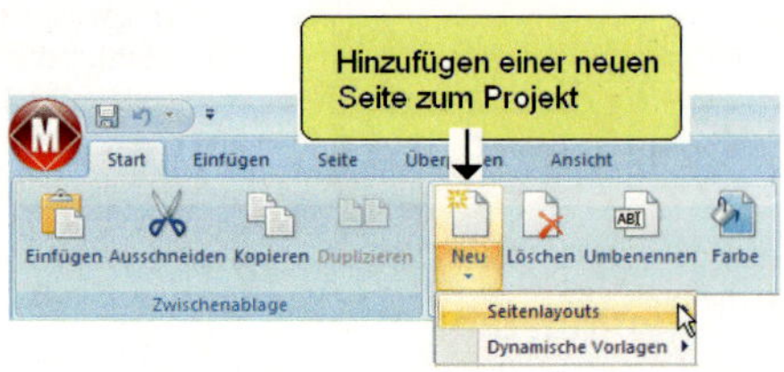

Unter der Registerkarte Start finden Sie u. a. die Möglichkeit, neue Seiten einzufügen.

In nebenstehender Abbildung wird eine Standardseite ohne spezielle Eigenschaften eingefügt. Ein Klick auf den unteren Teil des Symbols würde eine Anzahl von vordefinierten Seitenlayouts bzw. dynamische Vorlagen aufrufen, aus denen Sie auswählen können.

Arbeitsauftrag

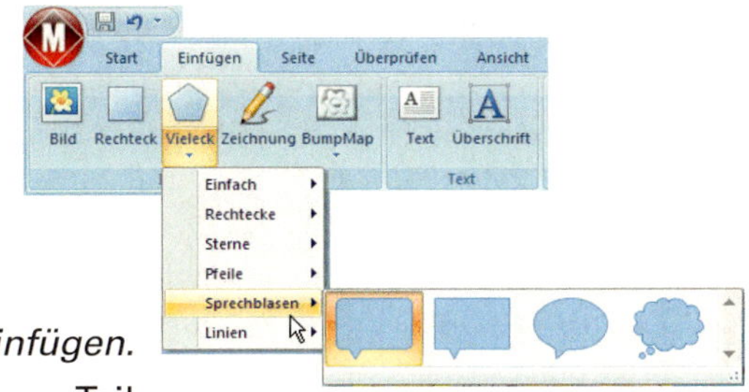

- ➔ Fügen Sie auf der neuen Folie den Stadtplan ein.
- ➔ Beschriften Sie den Stadtplan (vgl. Abschnitt 4.6.6).

Schaltfläche einfügen

- ➔ Klicken Sie auf die Registerkarte *Einfügen.*
- ➔ Klicken Sie auf den Pfeil im unteren Teil des *Schaltfläche-Symbols* in der *Gruppe Steuerung.*
- ➔ Bewegen Sie sich durch die verschiedenen Kategorien und wählen Sie die gewünschte Schaltfläche aus.
- ➔ Setzen Sie den Mauszeiger in die Einfügeposition, z.B. an das rechte untere Eck der ersten Seite.
- ➔ Ziehen Sie einen Rahmen für die Schaltfläche auf und doppelklicken Sie auf der Schaltfläche, um einen beliebigen Text einzugeben.

Arbeitsauftrag

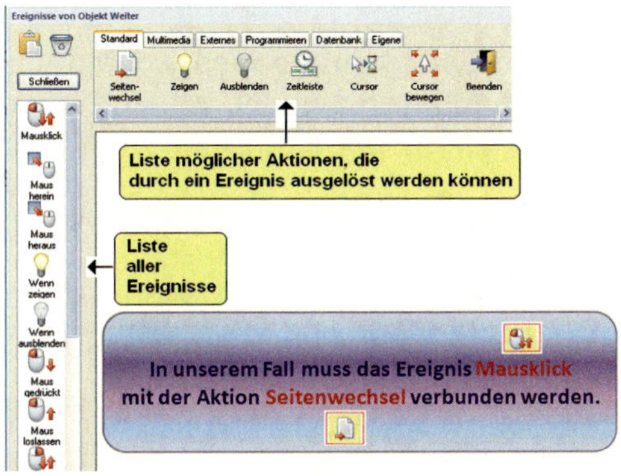

Erstellen Sie eine Verbindung zwischen den Seiten. Wer es in der Sprache der Ereignisorientierung wünscht:

Erstellen Sie Interaktivität zwischen den Seiten.

Hierzu dient der **Ereignis-Dialog**.

- ➔ Mausklick (rechte Maustaste) auf die Schaltfläche.
- ➔ Wählen Sie *Ereignisse* aus dem Kontextmenü.
- ➔ Ziehen Sie das Symbol des Ereignisses *Mausklick* aus der Liste links ins „Aktive Feld" rechts daneben.
- ➔ Ziehen Sie jetzt das Symbol der Aktion *Seitenwechsel* direkt hinter das *Ereignis Mausklick* (rechts davon) ins aktive Feld.
- ➔ Verknüpfen Sie Seite 1 mit Seite 2.
- ➔ Experimentieren Sie mit verschiedenen Übergangseffekten.
- ➔ Testen Sie die Abfolge, indem Sie die Taste F5 drücken.

Tipp

Um den Seitenwechsel-Effekt zu ändern, öffnen Sie den Ereignis-Dialog und doppelklicken die *Seitenwechsel-Aktion.* Dort können Sie andere Effekte auswählen. Um ein anderes Ziel (eine andere Seite) für den Seitenwechsel zu bestimmen (irgendwann werden Sie ja mehr als die jetzt verfügbaren Seiten im Dokument haben), klicken Sie die kleine Auswahl-Schaltfläche rechts neben dem Feld „Seite" an. Dadurch wird die Seitenliste geöffnet.

Arbeitsaufträge

1. Erweitern Sie die Präsentation mit weiteren Folien.
2. Hinterlegen Sie den Folien eigene Hintergrundbilder.

Hier spielt die Musik

3. Lassen Sie zu den Sehenswürdigkeiten des Burgberges und vor allem der Matthiaskirche z. B. die Ungarische Rhapsodie oder die Krönungsmesse von Franz Liszt erklingen.

→ Button einfügen und folgende Beschriftung anbringen.

→ Rechte Maustaste auf Button.

→ Ereignis *Mausklick* mit *Aktion Sound* aus der Registerkarte *Multimedia* verbinden.

→ Multimediaquelle für auszuwählenden Sound angeben.

→ Bestätigen auf der Schaltfläche OK.

Um den Sound zu stoppen, sobald der Mauszeiger den Bereich des Rechtecks verlässt, müssen Sie eine weitere Sound-Aktion einfügen:

→ Wählen Sie die *Sound-Aktion* aus dem *Multimedia Aktionen-Feld.*

→ Ziehen Sie diese ins aktive Feld und lassen Sie rechts die *Maus heraus-Ausblenden-Kombination* los.

→ Wählen Sie im Sound-Dialog *Aktuelle Wave-Sounds stoppen.*

→ Schließen Sie den Ereignis-Dialog.

→ Wählen sie *Überprüfen/Test/Dokument testen* oder drücken Sie die Taste F5.

Funktioniert Ihre Präsentation nicht wie erwartet?

→ Drücken Sie die ESC-Taste, um den Testmodus zu verlassen und zum Design-Modus zurückzukehren.

Videos einblenden

→ Neue Seite einfügen, auf der das Video platziert werden soll.

→ „Sprechenden" Namen eingeben, z. B. *Video_Fischerbastei.*

→ Klicken Sie auf das Video-Symbol der Gruppe *MediaClips.*

→ Ziehen Sie einen Positionsrahmen für das Video auf.

→ Beantworten Sie die Optionen des Lade-Dialogs.

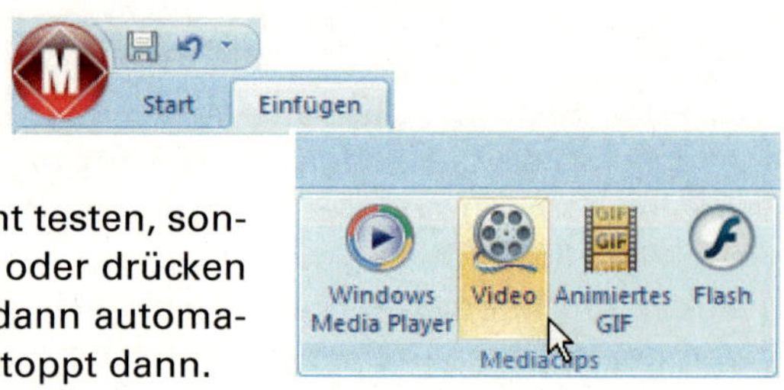

→ Wählen Sie diesmal nicht Dokument testen, sondern *Überprüfen/Test/Seite* testen, oder drücken Sie die Taste F6. Das Video startet dann automatisch, wird einmal abgespielt und stoppt dann.

4. Nehmen Sie die vorangegangenen Ausführungen als Anregung, die bisher erstellte Präsentation fortzuführen.

> Der Autor hat diesen Abschnitt bewusst mit „Kurzüberblick“ überschrieben. Wer sich intensiver mit den Möglichkeiten des Präsentierens befassen will, sollte u. a. folgende Adresse durcharbeiten.
>
> www.matchware.com/ge/products/mediator/tutorial.htm

STOP

4.6.8 Testen Sie Ihr Präsentationstalent

Folgende Aufgaben sollen Ihre Kreativität herausfordern. Nach der zuvor erarbeiteten Präsentation einer Städtetour wird es Ihnen sicher gelingen, verschiedene Inhalte ansprechend zu präsentieren.

Präsentation 1: Tabellenkalkulation – Werbekostenetat

Arbeitsauftrag

Erstellen Sie eine Präsentation, die einer anderen Person, die mit den „Geheimnissen“ der Tabellenkalkulation nicht vertraut ist, diese erklärt. Als Beispiel dient die Werbekostenverteilung der Berger OHG, so wie in der Tabelle unten dargestellt. Berechnen und präsentieren Sie die fehlenden Tabellenbereiche.

Zu präsentierende Inhalte:

- Tabellenaufbau (siehe Folie 1)
- Adressierungsarten (siehe Folie 2)
- Diagrammerstellung (siehe Folie 3)
- Verteilung I–IV Quartal (siehe Folie 4)

Verwenden Sie:

- Geeignete Folienübergänge
- Animationen und Effekte
- Animationsschemas

Nehmen Sie folgende Tabelle als Ausgangspunkt Ihrer Überlegungen.

	A	B	C	D	E	F	G
1	**Werbekostenverteilung 20..**						
2	**Jahreswerbeetat**	**1.520.000,00 €**		**Anteil in %**	**Anteil in %**	**Anteil in %**	**Anteil in %**
3				22,3	25	15,8	36,9
4							
5	**Werbemittel**	**Anteil in %**	**Jahresetat**	**I. Quartal**	**II. Quartal**	**III. Quartal**	**IV. Quartal**
6	Katalog	25,0					
7	Prospekt	20,0					
8	Anzeigen	35,0					
9	Messen	10,0					
10	Plakate	10,0					
11	**Summe**						
12	*Dateiname: proz_verteil_werbung_1*						
13	*Register: proz_verteil_werbung_1_aufg*						
14							

Die folgenden Folien dienen lediglich als Anregung für Ihre Ausarbeitung.

Folie 1: Tabellenaufbau

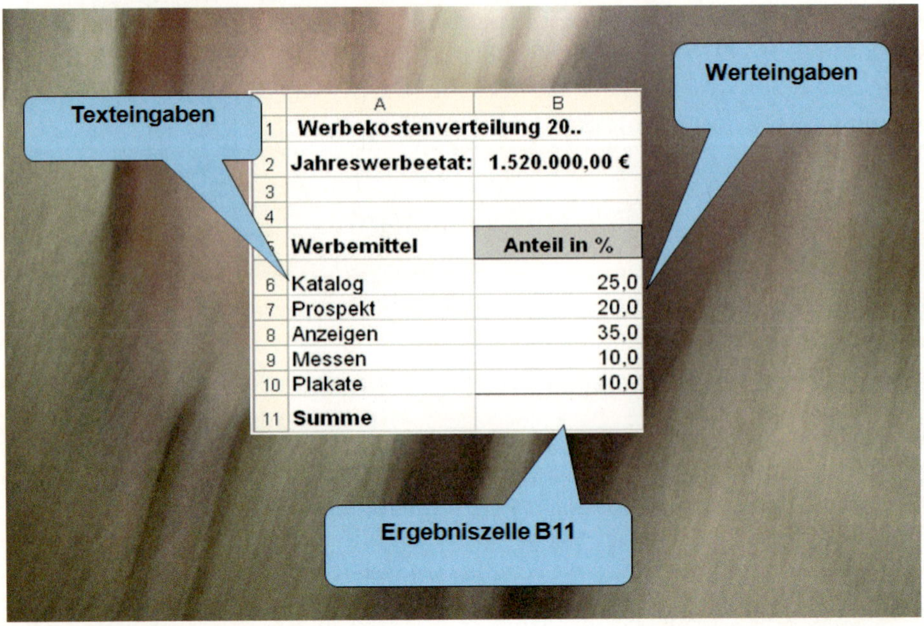

Folie 2: Adressierungsarten

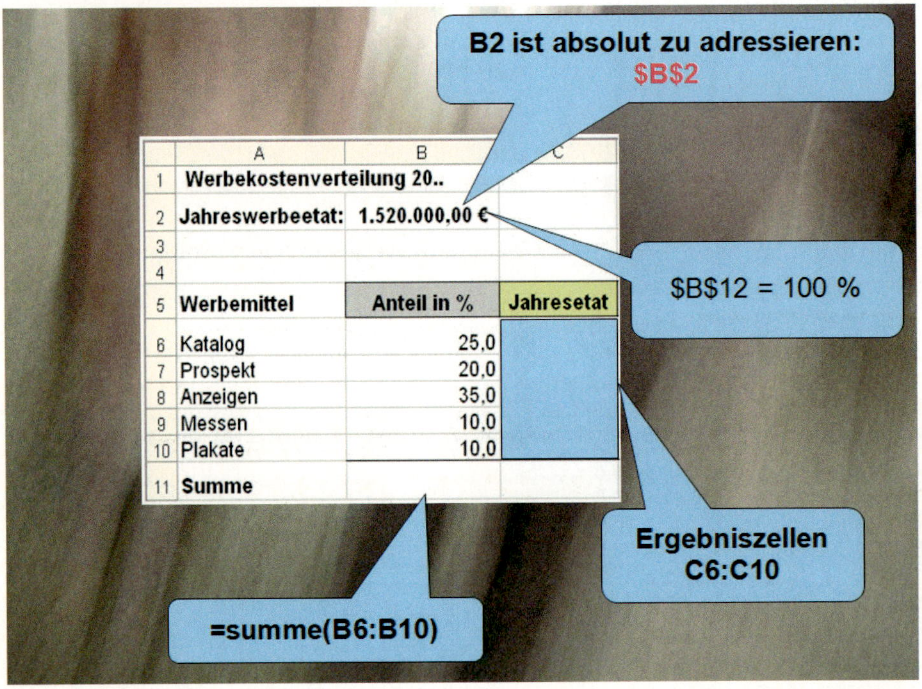

Folie 3: Diagrammerstellung

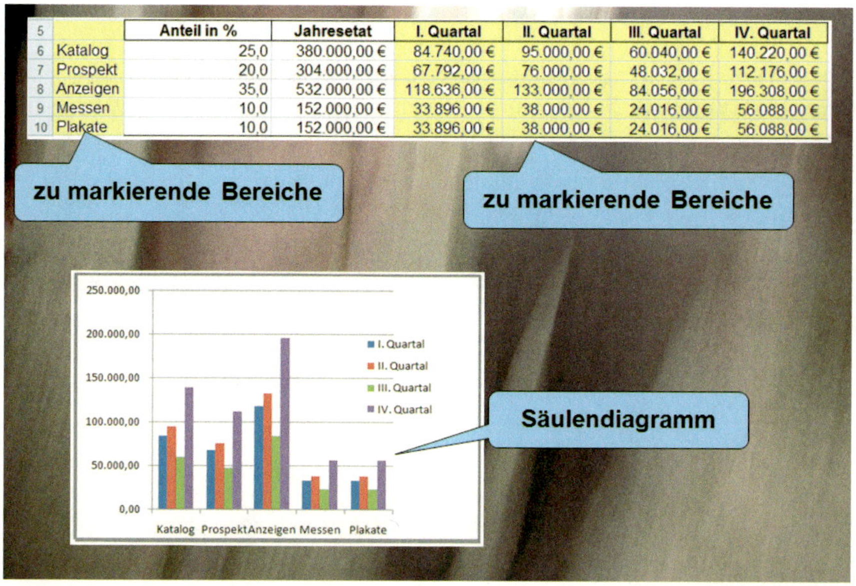

5		Anteil in %	Jahresetat	I. Quartal	II. Quartal	III. Quartal	IV. Quartal
6	Katalog	25,0	380.000,00 €	84.740,00 €	95.000,00 €	60.040,00 €	140.220,00 €
7	Prospekt	20,0	304.000,00 €	67.792,00 €	76.000,00 €	48.032,00 €	112.176,00 €
8	Anzeigen	35,0	532.000,00 €	118.636,00 €	133.000,00 €	84.056,00 €	196.308,00 €
9	Messen	10,0	152.000,00 €	33.896,00 €	38.000,00 €	24.016,00 €	56.088,00 €
10	Plakate	10,0	152.000,00 €	33.896,00 €	38.000,00 €	24.016,00 €	56.088,00 €

Folie 4: Verteilung I–IV Quartal

Lösungs- und Formeltabelle

	A	B	C	D	E	F	G
1	Werbekostenverteilung 20..						
2	Jahreswerbeetat:	1.520.000,00 €		Anteil in %	Anteil in %	Anteil in %	Anteil in %
3				22,3	25	15,8	36,9
4							
5	Werbemittel	Anteil in %	Jahresetat	I. Quartal	II. Quartal	III. Quartal	IV. Quartal
6	Katalog	25,0	380.000,00 €	84.740,00 €	95.000,00 €	60.040,00 €	140.220,00 €
7	Prospekt	20,0	304.000,00 €	67.792,00 €	76.000,00 €	48.032,00 €	112.176,00 €
8	Anzeigen	35,0	532.000,00 €	118.636,00 €	133.000,00 €	84.056,00 €	196.308,00 €
9	Messen	10,0	152.000,00 €	33.896,00 €	38.000,00 €	24.016,00 €	56.088,00 €
10	Plakate	10,0	152.000,00 €	33.896,00 €	38.000,00 €	24.016,00 €	56.088,00 €
11	Summe:	100,0	1.520.000,00 €	338.960,00 €	380.000,00 €	240.160,00 €	560.880,00 €

B	C	D	E	F	G
1520000		Anteil in %	Anteil in %	Anteil in %	Anteil in %
		22,3	25	15,8	36,9
Anteil in %	Jahresetat	I. Quartal	II. Quartal	III. Quartal	IV. Quartal
25	=$B$2*B6/100	=C6*$D$3/100	=C6*$E$3/100	=C6*$F$3/100	=C6*$G$3/100
20	=$B$2*B7/100	=C7*$D$3/100	=C7*$E$3/100	=C7*$F$3/100	=C7*$G$3/100
35	=$B$2*B8/100	=C8*$D$3/100	=C8*$E$3/100	=C8*$F$3/100	=C8*$G$3/100
10	=$B$2*B9/100	=C9*$D$3/100	=C9*$E$3/100	=C9*$F$3/100	=C9*$G$3/100
10	=$B$2*B10/100	=C10*$D$3/100	=C10*$E$3/100	=C10*$F$3/100	=C10*$G$3/100
=SUMME(B6:B10)	=SUMME(C6:C10)	=SUMME(D6:D10)	=SUMME(E6:E10)	=SUMME(F6:F10)	=SUMME(G6:G10)

Präsentation 2: Tabellenkalkulation – WENN-DANN-Analyse

PROBLEMSTELLUNG

Herr Berger verwaltet in einer tabellarischen Übersicht seine Aktien, die sich im Depot seiner Hausbank befinden. Als umsichtiger Kaufmann formuliert er bezüglich des Verkaufes der Papiere folgende Strategie:

Bedingung 1	Zwischen dem heutigen Datum und dem Kaufdatum muss mehr als ein Jahr liegen.
Bedingung 2	Der Kursgewinn in Prozent abzüglich des Mindestgewinns in Prozent muss größer null sein. Die Zahl in G3 ist eine Tastatureingabe.

Auszugebender Text in G6: „Verkaufen"/„Abwarten"

In der Zelle G2 soll immer das aktuelle Datum stehen.

Arbeitsauftrag

Stellen Sie die folgende Tabelle in einer Reihe von Präsentationsfolien dar:

	A	B	C	D	E	F	G	H
1								
2	**Aktiendepotverwaltung**					Datum:		
3						Mindestgewinn in %:	**10**	
4								
5		**Nennwert**	**Kaufkurs**	**Kaufdatum**	**aktueller Kurs**	**Kursgewinn in %**	**Empfehlung**	**Kursgewinn**
6	Aktie 1	50,00	320,00	16.08.2007	453,00 €			
7	Aktie 2	50,00	454,00	19.12.2005	432,00 €			
8	Aktie 3	50,00	320,00	13.02.2005	451,00 €			
9	Aktie 4	50,00	1.002,00	12.01.2008	1.034,00 €			
10	Aktie 5	50,00	223,00	23.01.2005	321,00 €			
11	Aktie 6	50,00	232,00	05.06.2005	453,00 €			
12	Aktie 7	50,00	253,00	12.06.2004	415,00 €			
13	*Dateiname: aktien1*							
14	*Register: aktien1_aufg*							
15								

Die folgenden Folien sind Gestaltungsvorschläge, also lediglich Ideen für Ihre Präsentation. Weitergehende Informationen zur WENN-DANN-Funktion finden Sie in Abschnitt 3.8.

Folie 1

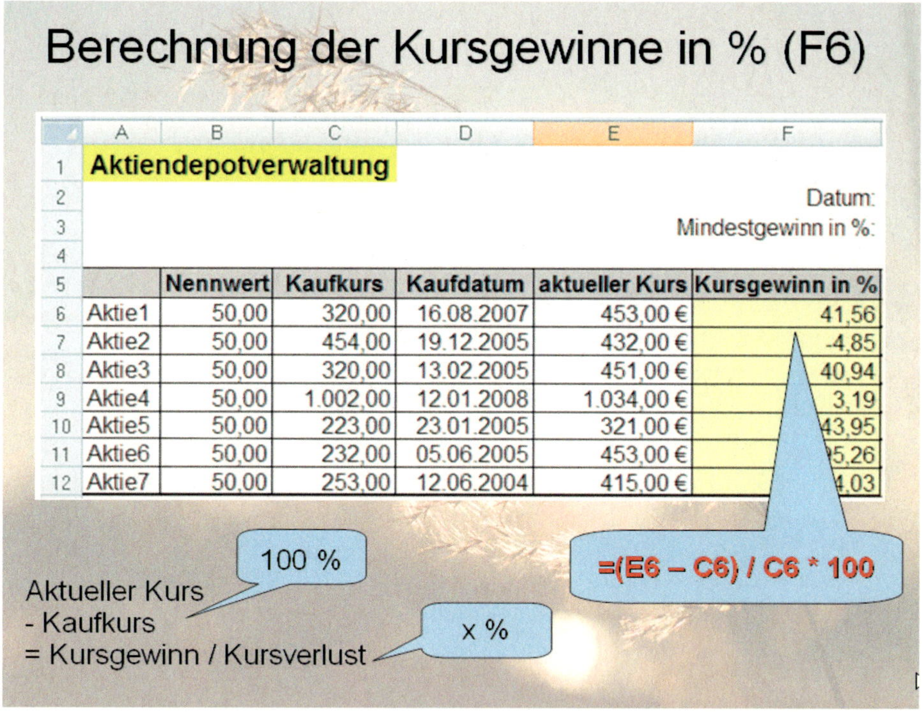

Folie 2

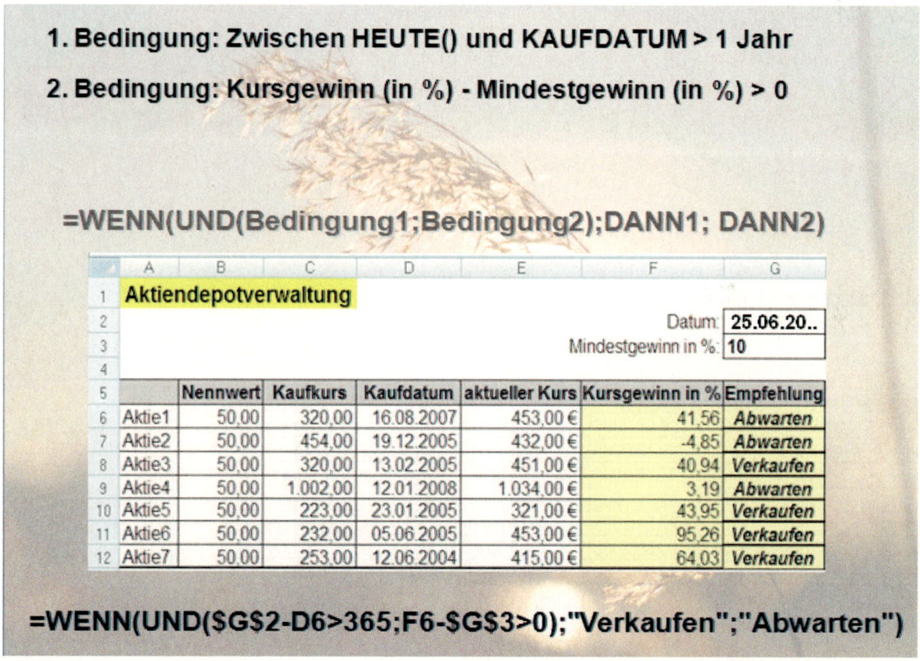

Folie 3

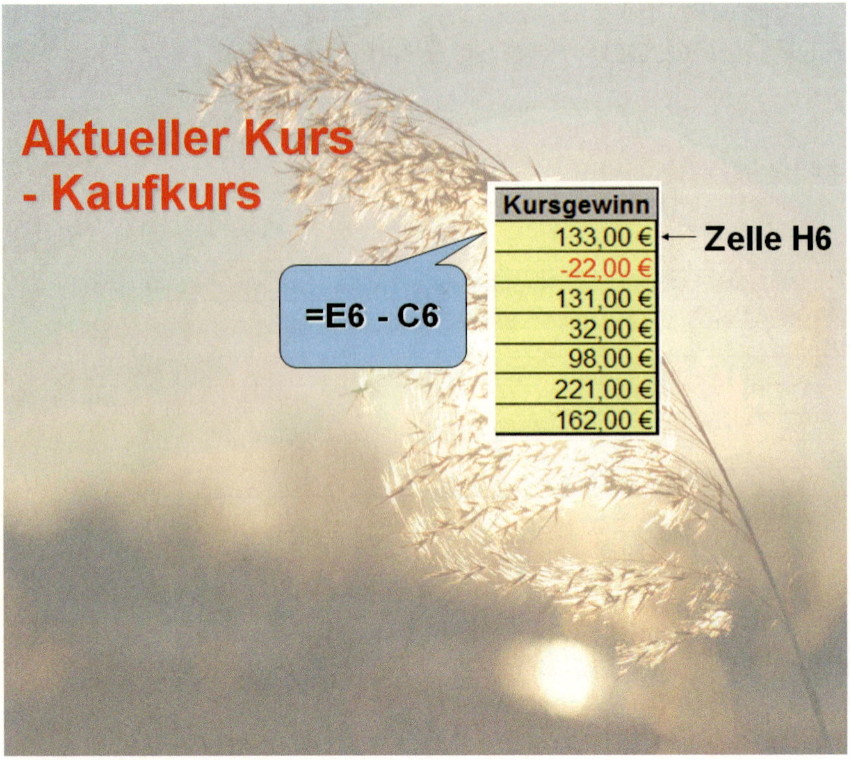

Folie 4

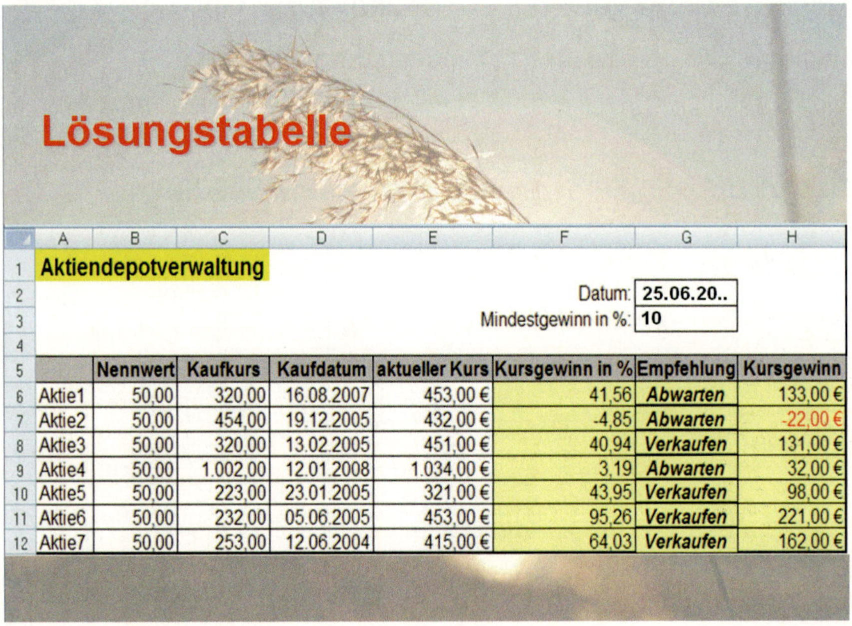

	A	B	C	D	E	F	G	H
1	**Aktiendepotverwaltung**							
2						Datum:	**25.06.20..**	
3						Mindestgewinn in %:	**10**	
4								
5		**Nennwert**	**Kaufkurs**	**Kaufdatum**	**aktueller Kurs**	**Kursgewinn in %**	**Empfehlung**	**Kursgewinn**
6	Aktie1	50,00	320,00	16.08.2007	453,00 €	41,56	***Abwarten***	133,00 €
7	Aktie2	50,00	454,00	19.12.2005	432,00 €	-4,85	***Abwarten***	-22,00 €
8	Aktie3	50,00	320,00	13.02.2005	451,00 €	40,94	***Verkaufen***	131,00 €
9	Aktie4	50,00	1.002,00	12.01.2008	1.034,00 €	3,19	***Abwarten***	32,00 €
10	Aktie5	50,00	223,00	23.01.2005	321,00 €	43,95	***Verkaufen***	98,00 €
11	Aktie6	50,00	232,00	05.06.2005	453,00 €	95,26	***Verkaufen***	221,00 €
12	Aktie7	50,00	253,00	12.06.2004	415,00 €	64,03	***Verkaufen***	162,00 €

Folie 5

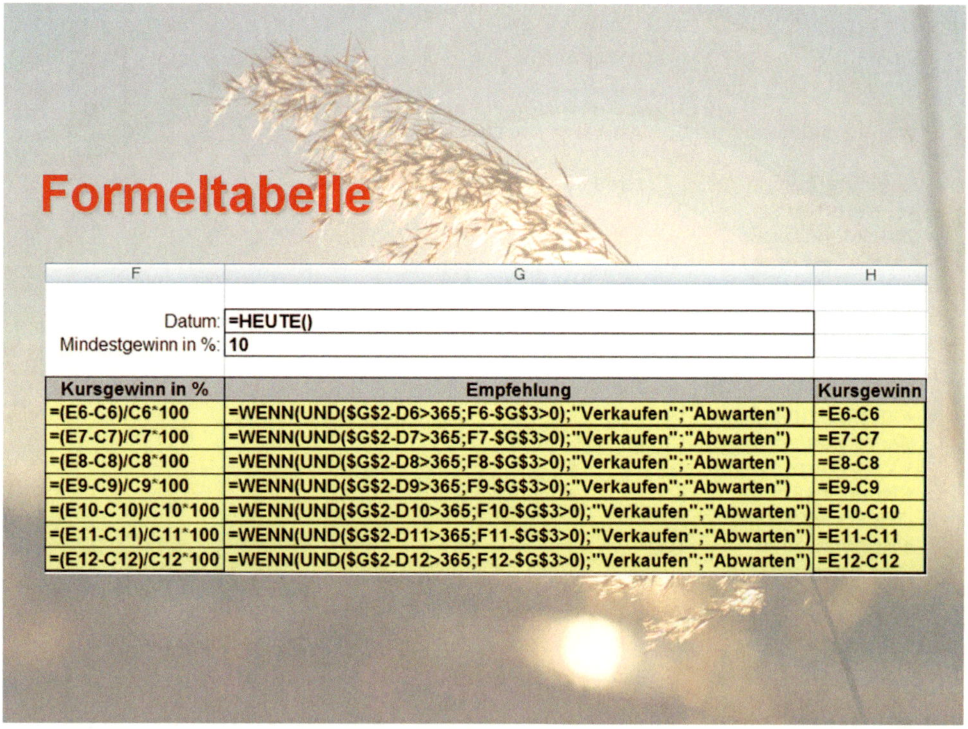

F	G	H
Datum:	=HEUTE()	
Mindestgewinn in %:	10	
Kursgewinn in %	**Empfehlung**	**Kursgewinn**
=(E6-C6)/C6*100	=WENN(UND($G$2-D6>365;F6-$G$3>0);"Verkaufen";"Abwarten")	=E6-C6
=(E7-C7)/C7*100	=WENN(UND($G$2-D7>365;F7-$G$3>0);"Verkaufen";"Abwarten")	=E7-C7
=(E8-C8)/C8*100	=WENN(UND($G$2-D8>365;F8-$G$3>0);"Verkaufen";"Abwarten")	=E8-C8
=(E9-C9)/C9*100	=WENN(UND($G$2-D9>365;F9-$G$3>0);"Verkaufen";"Abwarten")	=E9-C9
=(E10-C10)/C10*100	=WENN(UND($G$2-D10>365;F10-$G$3>0);"Verkaufen";"Abwarten")	=E10-C10
=(E11-C11)/C11*100	=WENN(UND($G$2-D11>365;F11-$G$3>0);"Verkaufen";"Abwarten")	=E11-C11
=(E12-C12)/C12*100	=WENN(UND($G$2-D12>365;F12-$G$3>0);"Verkaufen";"Abwarten")	=E12-C12

Präsentation 3: Tabellenkalkulation – Handelskalkulation

Arbeitsauftrag

Präsentieren Sie den Aufbau einer Handelskalkulation, erstellt mit einem Tabellenkalkulationsprogramm. Orientieren Sie sich dabei an den folgenden Folien. Detaillierte Informationen finden Sie in den Abschnitten 3.6.5 ff. Wie bei den Präsentationen 1 und 2 sind die abgebildeten Folien lediglich Vorschläge für Ihre Präsentation.

Folie 1

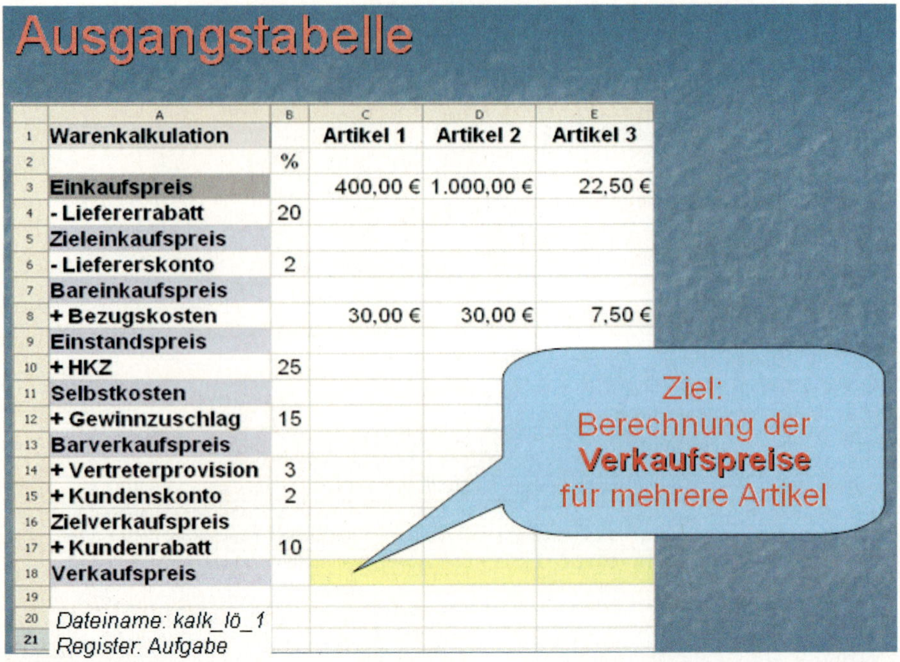

	A	B	C	D	E
1	Warenkalkulation		Artikel 1	Artikel 2	Artikel 3
2		%			
3	Einkaufspreis		400,00 €	1.000,00 €	22,50 €
4	- Liefererrabatt	20			
5	Zieleinkaufspreis				
6	- Liefererskonto	2			
7	Bareinkaufspreis				
8	+ Bezugskosten		30,00 €	30,00 €	7,50 €
9	Einstandspreis				
10	+ HKZ	25			
11	Selbstkosten				
12	+ Gewinnzuschlag	15			
13	Barverkaufspreis				
14	+ Vertreterprovision	3			
15	+ Kundenskonto	2			
16	Zielverkaufspreis				
17	+ Kundenrabatt	10			
18	Verkaufspreis				
19					
20	*Dateiname: kalk_lö_1*				
21	*Register: Aufgabe*				

Folie 2

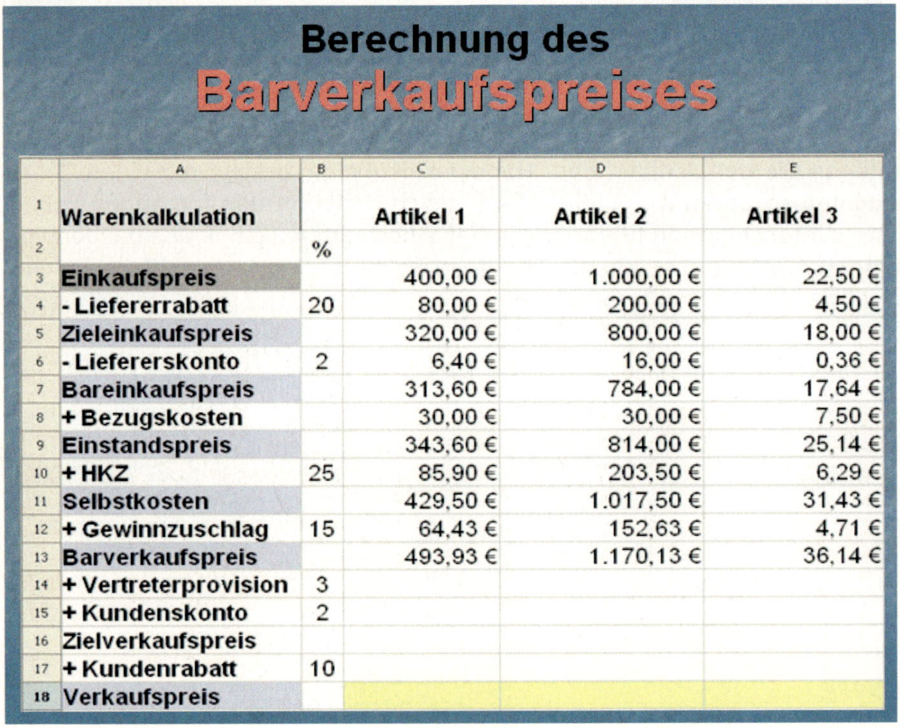

	A	B	C	D	E
1	Warenkalkulation		Artikel 1	Artikel 2	Artikel 3
2		%			
3	Einkaufspreis		400,00 €	1.000,00 €	22,50 €
4	- Liefererrabatt	20	80,00 €	200,00 €	4,50 €
5	Zieleinkaufspreis		320,00 €	800,00 €	18,00 €
6	- Liefererskonto	2	6,40 €	16,00 €	0,36 €
7	Bareinkaufspreis		313,60 €	784,00 €	17,64 €
8	+ Bezugskosten		30,00 €	30,00 €	7,50 €
9	Einstandspreis		343,60 €	814,00 €	25,14 €
10	+ HKZ	25	85,90 €	203,50 €	6,29 €
11	Selbstkosten		429,50 €	1.017,50 €	31,43 €
12	+ Gewinnzuschlag	15	64,43 €	152,63 €	4,71 €
13	Barverkaufspreis		493,93 €	1.170,13 €	36,14 €
14	+ Vertreterprovision	3			
15	+ Kundenskonto	2			
16	Zielverkaufspreis				
17	+ Kundenrabatt	10			
18	Verkaufspreis				

Folie 3

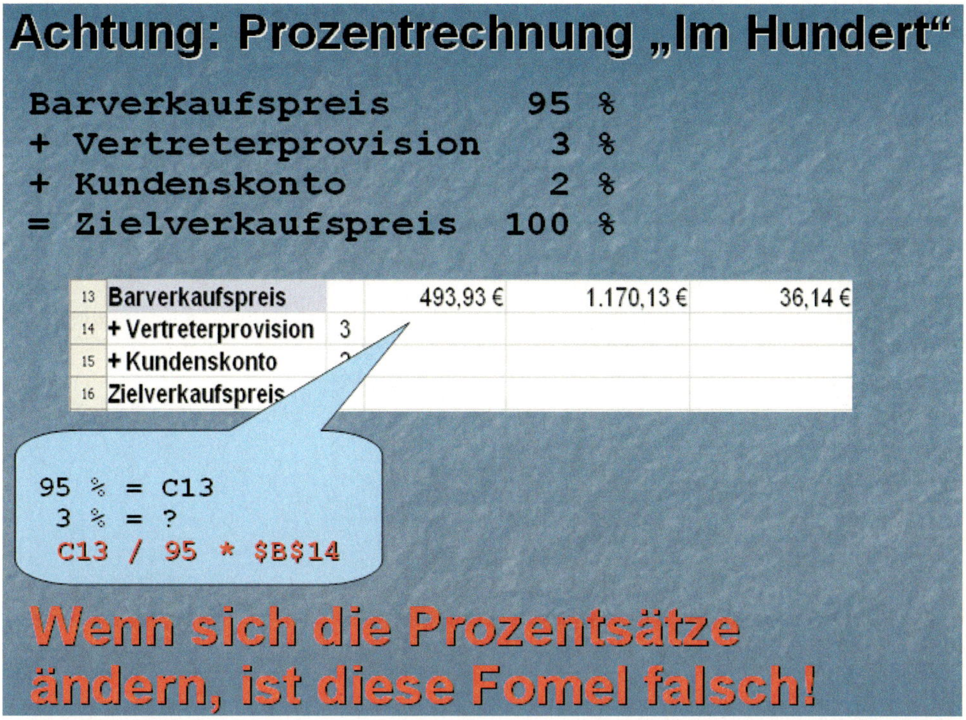

Folie 4

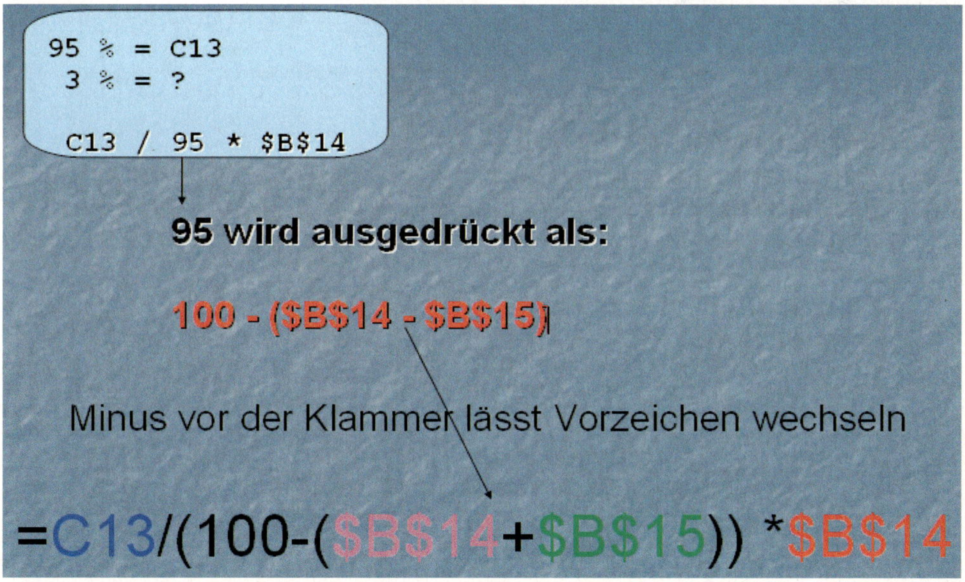

Folie 5

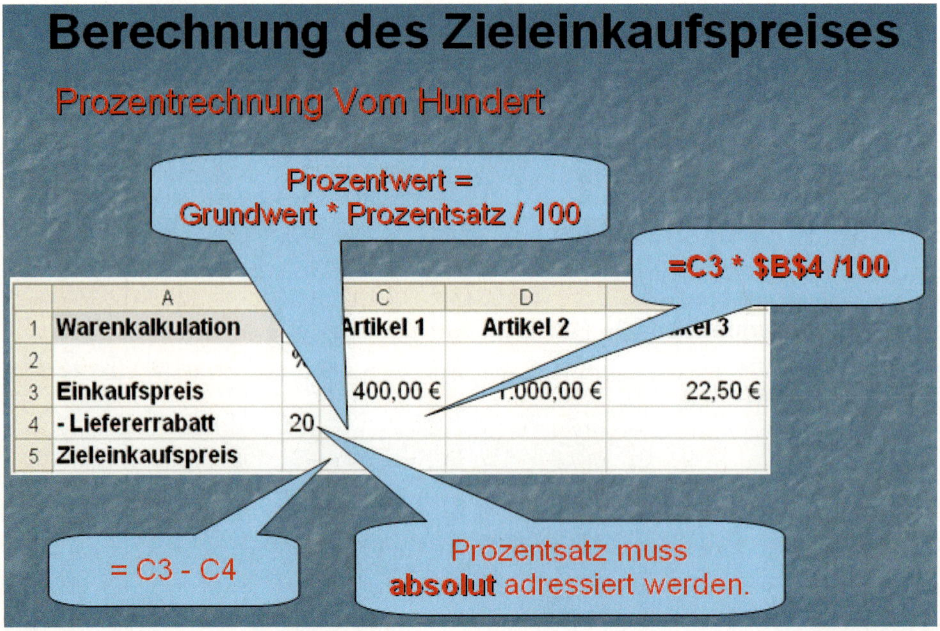

Folie 6

Formeltabelle

	A	B	C
1	Warenkalkulation		Artikel 1
2		%	
3	Einkaufspreis		400,00 €
4	- Liefererrabatt	20	=C3*$B$4/100
5	Zieleinkaufspreis		=C3-C4
6	- Liefererskonto	2	=C5*$B$6/100
7	Bareinkaufspreis		=C5-C6
8	+ Bezugskosten		30,00 €
9	Einstandspreis		=C7+C8
10	+ HKZ	25	=C9*$B$10/100
11	Selbstkosten		=C9+C10
12	+ Gewinnzuschlag	15	=C11*$B$12/100
13	Barverkaufspreis		=C11+C12
14	+ Vertreterprovision	3	=C13*$B$14/(100-($B$14+$B$15))
15	+ Kundenskonto	2	=C13*$B$15/(100-($B$14+$B$15))
16	Zielverkaufspreis		=C13+C14+C15
17	+ Kundenrabatt	10	=C16*$B$17/(100-$B$17)
18	Verkaufspreis		**=C16+C17**

Anhang

ANSI-CODE Zeichensatz (0–255)

➔ Drücken Sie die Taste Alt. Tippen Sie auf dem Zahlenblock der Tastatur die Zahl 0 und anschließend die gewünschte Ziffernfolge der Tabelle.

0	■	32	[Leer]	64	@	96	`	128	■	160	[Leer]	192	À	224	à
1	■	33	!	65	A	97	a	129	■	161	¡	193	Á	225	á
2	■	34	"	66	B	98	b	130	■	162	¢	194	Â	226	â
3	■	35	#	67	C	99	c	131	■	163	£	195	Ã	227	ã
4	■	36	$	68	D	100	d	132	■	164	¤	196	Ä	228	ä
5	■	37	%	69	E	101	e	133	■	165	¥	197	Å	229	å
6	■	38	&	70	F	102	f	134	■	166	¦	198	Æ	230	æ
7	■	39	'	71	G	103	g	135	■	167	§	199	Ç	231	ç
8	**	40	(	72	H	104	h	136	■	168	¨	200	È	232	è
9	**	41	)	73	I	105	i	137	■	169	©	201	É	233	é
10	**	42	*	74	J	106	j	138	■	170	ª	202	Ê	234	ê
11	■	43	+	75	K	107	k	139	■	171	«	203	Ë	235	ë
12	■	44	,	76	L	108	l	140	■	172	¬	204	Ì	236	ì
13	**	45	-	77	M	109	m	141	■	173	-	205	Í	237	í
14	■	46	.	78	N	110	n	142	■	174	®	206	Î	238	î
15	■	47	/	79	O	111	o	143	■	175	¯	207	Ï	239	ï
16	■	48	0	80	P	112	p	144	■	176	°	208	Ð	240	ð
17	■	49	1	81	Q	113	q	145	‘	177	±	209	Ñ	241	ñ
18	■	50	2	82	R	114	r	146	’	178	^{2}	210	Ò	242	ò
19	■	51	3	83	S	115	s	147	■	179	^{3}	211	Ó	243	ó
20	■	52	4	84	T	116	t	148	■	180	´	212	Ô	244	ô
21	■	53	5	85	U	117	u	149	■	181	µ	213	Õ	245	õ
22	■	54	6	86	V	118	v	150	■	182	¶	214	Ö	246	ö
23	■	55	7	87	W	119	w	151	■	183	■	215	×	247	÷
24	■	56	8	88	X	120	x	152	■	184	¸	216	Ø	248	ø
25	■	57	9	89	Y	121	y	153	■	185	^{1}	217	Ù	249	ù
26	■	58	:	90	Z	122	z	154	■	186	º	218	Ú	250	ú
27	■	59	;	91	[	123	{	155	■	187	»	219	Û	215	û
28	■	60	<	92	\	124	|	156	■	188	¼	220	Ü	252	ü
29	■	61	=	93	]	125	}	157	■	189	½	221	Ý	253	ý
30	■	62	>	94	^	126	~	158	■	190	¾	222	Þ	254	þ
31	■	63	?	95	_	127	■	159	■	191	¿	223	ß	255	ÿ

** Die Werte 8, 9, 10 und 13 werden in Rückschritt-, Tabulator-, Zeilenvorschub- und Wagenrücklaufzeichen umgewandelt. Sie können nicht grafisch dargestellt werden, beeinflussen aber (abhängig von der Anwendung) die Anzeige von Text auf dem Bildschirm.

■ Diese Zeichen werden von Microsoft WINDOWS nicht unterstützt.

Häufig verwendete Bildformate und deren Verwendungszwecke

TIF (tagged image format)	Bildformat, das von fast allen Bildbearbeitungsprogrammen unterstützt wird	**Vorteil** ◆ verlustfrei arbeitend **Nachteil** ◆ wenig geeignet für Veröffentlichungen im WEB
GIF (graphics interchange format)	Weit verbreitetes Bildformat. Vor allem im Unterhaltungs- und Multimediabereich anzutreffen, da fast alle Browser dieses Format darstellen können.	**Vorteile** ◆ Animationen mit Zeitintervallen möglich ◆ geringer Speicherbedarf und somit geeignet für den WEB-Einsatz ◆ hoher Komprimierungsgrad mit verlustfreier Kompression möglich **Nachteile** ◆ mit 8-Bit Farbtiefe werden nur 256 Farben unterstützt. ◆ in der Fotografie nur bedingt einsetzbar.
JPEG (Joint Photographic Expert Group)	Farbtiefe von bis zu 24 Bit; das entspricht 16,7 Millionen Farben. Dieses Grafikformat findet als Datenformat in digitalen Kameras seine Verwendung.	**Vorteil** ◆ bestens geeignet für die Datenpräsentation in jeder erdenklichen Form (Multimedia-Präsentationen) **Nachteile** ◆ verlustbehaftete Komprimierung ◆ weniger geeignet für wissenschaftliche Applikationen
PNG (Portable Network Graphics)	Weiterentwicklung des GIF-Formates mit 24 bit Truecolor, Transparenz und Interlace. Hochkomprimierendes Bildformat. Im Gegensatz zum verlustbehafteten JPEG-Format werden Daten verlustfrei komprimiert abgespeichert. PNG vereint die Vorteile von GIF und JPG ohne deren Nachteile.	**Vorteile** ◆ geringer Speicherbedarf ◆ gut geeignet für Bilddarstellungen im WEB ◆ Unterstützung von Transparenzen **Nachteile** ◆ kaum einsetzbar im Druckbereich ◆ wird (noch) nicht von allen Browsern bzw. Bildprogrammen unterstützt
BMP (bitmap)	Von Microsoft eingeführtes unkomprimiertes Rastergrafik-Format das hauptsächlich von Windows Programmen genutzt wird.	**Vorteil** ◆ mit allen Windows Programmen kompatibel **Nachteile** ◆ keine transparente Bereiche ◆ relativ großer Speicherbedarf
RAW (raw = roh, unbearbeitet)	Die Berechnung des Farbbildes geschieht mit dem Computer und nicht in der Kamera.	**Vorteil** ◆ verlustfreie Wiedergabe der Ausgangsinformation **Nachteile** ◆ bis dreifach so großer Speicherbedarf wie bei JPEG
PSD (Photoshop Document)	„Hausformat" von Adobe Photoshop	**Vorteile** ◆ exakte Darstellung aller Ebenen und/oder Transparenzen ◆ häufiger Einsatz im Druckbereich **Nachteile** ◆ großer Speicherbedarf ◆ geringe Einsatzmöglichkeiten beim Webdesign

Farbe.com: 151.3;

fotolia.com: 9.1 (ivan kmit), 9.2 (Nataly Korennaya), 9.3 (Tyler Boyes), 14.2 (Mikko Pitkänen), 14.3 (Sebastian Kaulitzki), 17 (Mikhail Tolstoy), 20 (FotoLyriX), 25 (Johnny Lye), 28 (Sean Gladwell), 29 (Dark Vectorangel), 31.2 (bilderbox), 32 (ktsdesign), 37.1 (V. Yakobchuk), 46.2 (Ronald Hudson), 49.1 (creative studio), 49.2 (Orlando Florin Rosu), 53.3 (Stephen Sweet), 54.2 (LaCatrina), 55 (THesIMPLIFY), 58 (Frog 974), 59.3 (Scott Maxwell), 61.2 (V. Yakobchuk), 63 (Hans-Günter Sünbold), 64.1 (mankale), 68.2 (Cachaco), 70.1 (Anyka), 70.3 (sk_design), 73.1 (DomLortha), 73.2 (bilderbox), 77 (Cousin_Avi), 86.2 (JJAVA), 119.5 (Alexey Bannykh), 130.3 (ChristArt), 131 (Garteneidechse), 132 (Volker Wille), 138.1 (fotoman_65), 146.1 (gourmecana);

Janssen, Wilhelm, Goslar: 165.1;

nXio,LLC., US-Overland Park: 68.1;

Pratzner, Axel, Tübingen www.studium-und-pc.de: 70.2;

ScanDig, Unterhaching: 150;

Win-Seminar, Bonn: 154.3;

Trotz intensiver Nachforschungen ist es uns in manchen Fällen nicht gelungen, die Rechteinhaber zu ermitteln. Wir bitten diese, sich mit dem Verlag in Verbindung zu setzen

4660215